境外机构投资者与中国上市公司投资决策：基于并购、创新和效率的视角

庄明明　著

中国财经出版传媒集团

经济科学出版社
Economic Science Press

图书在版编目（CIP）数据

境外机构投资者与中国上市公司投资决策：基于并
购、创新和效率的视角 / 庄明明著 . -- 北京：经济科
学出版社，2022.9
ISBN 978 - 7 - 5218 - 3949 - 4

Ⅰ.①境…　Ⅱ.①庄…　Ⅲ.①外商投资 - 机构投资者
- 关系 - 上市公司 - 投资决策 - 研究 - 中国　Ⅳ.
①F832.48 ②F279.246

中国版本图书馆 CIP 数据核字（2022）第 156834 号

责任编辑：王红英　汪武静
责任校对：蒋子明
责任印制：王世伟

境外机构投资者与中国上市公司投资决策：
基于并购、创新和效率的视角
庄明明　著

经济科学出版社出版、发行　新华书店经销
社址：北京市海淀区阜成路甲 28 号　邮编：100142
总编部电话：010 - 88191217　发行部电话：010 - 88191522
网址：www.esp.com.cn
电子邮箱：esp@esp.com.cn
天猫网店：经济科学出版社旗舰店
网址：http://jjkxcbs.tmall.com
北京季蜂印刷有限公司印装
880×1230　32 开　8.875 印张　240000 字
2022 年 9 月第 1 版　2022 年 9 月第 1 次印刷
ISBN 978 - 7 - 5218 - 3949 - 4　定价：68.00 元
（图书出现印装问题，本社负责调换。电话：010 - 88191510）
（版权所有　侵权必究　打击盗版　举报热线：010 - 88191661
QQ：2242791300　营销中心电话：010 - 88191537
电子邮箱：dbts@esp.com.cn）

前　言

自 20 世纪 80 年代以来，发达国家以及部分发展中国家陆续放松对境外资本进入的限制，允许境外投资者在本国资本市场开展投资活动。然而，资本市场开放到底会对一国的实体经济和金融市场产生怎样的影响，无论是理论界还是实务界都存在很大的争议。中国是全球最主要的境外资本目标投向国之一，自改革开放以来，境外资本流入持续快速增长，成为支撑中国长期经济增长的重要力量。但是，由于我们对金融及资本市场开放的实际经济后果及潜在风险难以准确地评估，相比于经济整体的开放进程，中国资本市场的开放步伐仍然明显滞后。近年来，伴随着经济增长的持续放缓，中国的金融市场开放（包括资本市场开放）进入了新的提速阶段，如先后推出了"沪港通"和"深港通"，取消了合格境外机构投资者（qualified foreign institutional investor，QFII）的投资额度限制，A 股陆续被纳入摩根士丹利资本国际公司（Morgan Stantey capital intemational，MSCI）指数和金融时报证券交易所（finacial times stock exchange，FRSE）全球股票指数。在这样的背景下，有关境外资本如何影响中国企业的实际经济活动，其作用的具体机制和渠道如何，更具体地，境外股东持股是否影响我国微观企业的投资决策，如何影响中国微观企业的投资决策成为当前亟待研究的重要理论和现实问题。

本书基于中国持续深化改革的制度背景和中国上市公司特有的治理结构特征，从公司投资决策的视角，研究境外资本进入如何影响中国微观企业的实际经济活动。通过手工收集上市公司 2003 ~

2016 年可细分到来源地的境外股东持股数据，研究境外机构投资者持股对中国上市公司投资活动（包括并购重组、创新活动和投资效率）的影响及作用机制。

本书的主要研究结果有以下三点。第一，境外机构投资者持股比例与公司并购绩效显著正相关，表明境外股东持股有助于提升公司在并购重组过程中的价值创造。进一步地，本书分别从监督、知识溢出和风险容忍度三个渠道检验境外机构投资者影响公司并购绩效的具体作用机制。对监督渠道的检验发现：（1）当来源地为海洋法系或公司治理水平较高的国家（地区）时，境外机构投资者持股能够显著提升公司并购绩效；而当来源地为大陆法系或公司治理水平较低的国家（地区）时，境外机构投资者持股对公司并购绩效的影响不显著；（2）境外股东持股与公司并购绩效之间的正向关系主要是由大额境外机构投资者（持股 5% 以上）驱动的，小额境外机构投资者（持股小于 5%）对公司并购绩效的影响不显著；（3）境外机构投资者持股增加了公司聘任外籍高管的数量，提高了 CEO 变更对公司业绩的敏感性；（4）当股东对管理者的"退出威胁"更大（公司股票流动性更高）时，境外机构投资者持股对公司并购绩效的影响更为显著。上述结果验证了境外机构投资者影响公司并购绩效的监督渠道效应，即来自海洋法系国家（地区）或公司治理环境较好国家（地区），以及持股比例较高的境外机构投资者具有更强的激励和能力，通过增加外籍高管数量、更换业绩较差的 CEO 或施加"退出威胁"等直接或间接手段监督和约束管理者的卸责行为，提升公司的并购绩效。对知识溢出渠道的检验发现：（1）在控制了来源地公司治理水平的影响后，当境外机构投资者的并购经验更为丰富（来源地上市公司平均并购数量更高）时，其对公司并购绩效的提升作用更强；（2）当来源地的管理技术更为先进时，境外机构投资者对公司并购绩效的正向作用更为显著。这些研究结果表明，境外机构投资者持股具有知识溢出效应，能够为公司提供先进的管理技术和并购经验，从而提升公司在并购中的价值创造能力。

对风险容忍渠道的检验发现，境外机构投资者对高科技企业并购绩效的提升作用更加明显，表明境外机构投资者具有更高的风险容忍度，能够推动公司实施高风险—高收益的并购项目。

第二，本书对境外机构投资者持股与其他公司治理机制之间的交互效应的研究发现，境外机构投资者与公司其他的内外部治理机制之间存在互补关系。具体而言，本书发现当公司所在地的市场化程度较高、政府干预较少、产品市场竞争更加激烈，或公司的代理成本较低时，境外机构投资者对公司并购绩效的提升作用更加明显。本书还发现境外股东持股对公司并购绩效的影响仅存在于非国有企业中，在国有企业中二者的关系不显著。此外，本书还考察了境外机构投资者对公司并购决策的影响，发现境外机构投资者持股降低了公司发起并购的频率和单次并购的金额，增加了公司发起海外并购的概率；并且，境外机构投资者持股使得公司在并购中更有可能选择现金支付方式。

第三，境外机构投资者持股促进了企业创新。通过对企业所属行业异质性分析发现，在研发投入密集型的公司和创新难度较大的公司中，境外机构投资者对公司创新活动的促进作用更加明显。进一步研究发现，境外机构投资者持股显著提升了公司的创新效率（单位研发投入的创新产出）。此外，考虑境外机构投资者来源地治理水平的差异，本书发现，当境外机构投资者来源地的公司治理水平较高时，其对公司创新具有显著的促进作用；而当境外机构投资者来源地的公司治理水平较低时，其对公司创新的影响不显著。说明境外机构投资者通过发挥监督作用促进公司创新的提升。考虑境外机构投资者来源地创新水平的差异，研究发现，当境外机构投资者来源地创新水平较高时，对企业创新的促进作用更加明显。

第四，境外机构投资者促进了公司投资效率的提升。具体地，境外机构投资者有助于缓解企业的投资不足以及抑制企业的过度投资。通过对境外机构投资者的异质性分析发现，较大持股比例（持股比例在5%以上）和来源地治理水平较高的境外机构投资者是驱动企业投资效率提升的主要力量。进一步研究发现，境外机构投资者提升了企业投资支出的利润转化率，同时为其促进企业投资效率提升提供了经验证据。

本书的研究表明，来源地法律制度环境较好和公司治理水平较高的境外机构投资者是驱动公司并购绩效、创新和投资效率提升的主要力量，且在治理机制更为完善的公司中发挥作用。基于以上发现，本书为中国资本市场开放政策提供了相应的经验参考。

目　　录

第1章

绪　　论

1.1

选题依据

1.1.1　研究背景

资本市场开放到底会对经济体的实体经济和金融市场产生怎样的影响，无论是理论界还是实务界仍存在较大的争议。资本市场开放的支持者认为，境外长期资本进入不仅能够带来增量资金，还能够带来先进的管理技术、市场营销知识及商业联系等（Stiglitz，2000；Li et al.，2011）。并且，境外长期资本进入能够与国内投资者分担风险，有助于提升公司的风险管理和控制能力（Merton，1987；Bekaert and Harvey，1997；Doidge et al.，2004；Mitton，2006；Wang，2007；Gupta and Yuan，2009；Umutlu et al.，2010；Chen et al.，2013）。另外，境外机构投资者更倾向于选择治理好的公司进行投资，能够促进公司提高信息披露质量，从而有助于提升公司的治理水平、降低交易成本和风险暴露（Stulz，1999；Rossi and Volpin，2004；Kelley and Woidtke，2006；Leuz et al.，2009；Chari et al.，2010；Li et al.，2011）。有一部分研究验证了境外资本进入对东道主国家（地区）实体经济和资本市场的积极作用。例如，现有的研究发现资本市场开放能够促进东道主国家（地区）全要素生产率增长（Levine，2001；Bonfiglioli，2008；Gupta and Yuan，2009；Bekaert et al.，2011），提升企业的成长能力（Mitton，2006），以及提高国家（地区）整体的经济增长水平（Bekaert et al.，2005）。

资本市场开放的反对者则认为境外资本（特别是短期的投机资本）流入会增加一国经济和金融市场的国际风险暴露，增加该国经济和金融体系的脆弱性（Stiglitz，1999，2000；Bae et al.，2004）。这部分的研究者大都认为资本市场开放要发挥正面效应需要具备一系列的基础条件，包括完备的法律制度环境、完善的投资者保护机制、好的会计准则、发达的金融体系、高效的政府管理、较高的工业化水平等（Eichengreen et al.，2011；Kose et al.，2011；Kaya et al.，2012）。因此，对于上述基础条件比较弱的国家（地区）而言，过早过快地开放资本市场可能反而会伤害本国的实体经济。斯蒂格利茨（Stiglitz，1999，2000）结合亚洲金融危机的背景指出，应当根据具体国家（地区）的制度背景和金融环境来评判开放资本市场的利弊，快速推行资本市场开放并不一定能够带来经济增长。2008 年金融危机对世界各国经济衰退和风险跨国蔓延的影响，他们发现过快开放资本市场会加剧金融危机的负面冲击（Semmler and Young，2010）。福沃韦（Fowowe，2011）研究了撒哈拉以南非洲国家（地区）的资本市场开放的经济效应，发现由于该地区宏观经济制度的落后而且经济缺乏稳定性，资本市场开放对储蓄、投资和经济增长均产生了显著的负面影响。

尽管现有的大量研究发现资本市场开放会对东道主国家（地区）的实体经济产生重要的影响，但对于境外资本影响东道主国家（地区）经济的具体机制，仍然缺乏系统的认识（Moshirian et al.，2018）。有一部分文献考察资本市场开放对股票市场的影响，包括股票流动性（Bekaert et al.，2007；Rhee and Wang，2009；邓柏峻等，2016）、股价波动率（Bae et al.，2004；Li et al.，2011；Chen et al.，2013）、股权融资成本（Bekaert and Harvey，2000；Henry，2000）等，但直接研究资本市场开放如何影响企业实际经济活动的文献仍然较少。莫希瑞安等（Moshirian et al.，2018）基于 20 个国家（地区）的跨国研究发现，资本市场开放能够促进企业创新，从而提高经济增长水平。贝纳等（Bena et al.，2017）利用 30 个国家（地区）的公司样本，研究境外资本进入的长期经济效应，发现境外机构投资者持股能够促进公司进行长期投资，包括更多地投资于固定资产、无形资产和人力资本。本书基于中国不断改革变化的背景，从公司投资行为的视角研究境外资本进入后如何影响中国微观企业的实体经济活动。具体地，本书将分别考察境外机构投资者持股对公司并购重组、创新活动和投资效率的影响。

中国是全球最主要的境外资本目标投向国之一，自改革开放以来，境外资本流入量持续保持快速增长。根据联合国贸易和发展组织 2019 年初发布的《全球投资趋势监测报告》统计数据，中国 2018 年吸收外资约为 1,420 亿美元，同比增长 3%，是全球第二大外资流入国，也是外资流入最多的发展中国家（地区），而同期的全球外商直接投资下降 19%。2002 年 11 月，中国证监会和中国人民银行联合发布了《合格境外机构投资者境内证券投资管理暂行办法》，正式允许境外投资者进入中国的股票市场。中国人民银行公布的统计数据显示，截至 2019 年 6 月初，境外机构和个人持有的境内人民币股票资产达到 1.65 万亿元。已有的大量研究表明，境外资本在中国改革开放以来的长期经济增长中发挥了重要的作用（Berthelemy and Demurger，2000；Whalley and Xin，2006，2010；Yao，2006；Kuo and Yang，2008）。例如，华里和辛（Whalley and Xin，2006）发现外商投资的公司在 2003 年和 2004 年对中国 GDP 的贡献率高达 40%。赖等（Lai et al.，2006）指出，境外资本是中国经济吸收国际技术溢出的重要渠道。

中国自从加入世界贸易组织（WTO）以来，相比于经济整体的开放进程，资本市场的开放步伐明显滞后，其中一个重要的原因是我们对金融及资本市场开放的经济后果难以准确地评估，担心无法将开放风险置于可控或可接受的范围（刘少波和杨竹清，2012）。近年来，伴随着中国经济增长持续放缓，党的十八大明确表示中国经济步入新常态，应实施更加积极主动的开放策略以构建开放型经济新体制，资本市场开放成为中国对外开放的重要内容，此后，资本市场开放进入了新的提速阶段。例如，2014 年和 2016 年，"沪港通"（2014 年）和"深港通"（2016 年）互联互通机制先后推出。2018 年 6 月，A 股正式纳入摩根士丹利资本国际指数（morgan stantey capital internationalindex，MSCI）指数；随后，纳入金融时报证券交易所（financial times stock exchange，FTSE）全球股票指数。2019 年 9 月全面取消合格境外机构投资者（qualified foreign institutional investors，QFII）投资额度限制。值得一提的是，党的十八大之后，中国对外开放的重点，从过去 40 多年的要素流量型的开放，转变为制度规则型的开放，更加有效地利用外资。

1.1.2　研究目的

在上述研究背景下，有关境外资本进入到底会产生怎样的实际经济效应，其作用的具体机制和渠道如何，特别地，境外股东持股是否影响中国实体经济活动，如何影响中国实体经济活动，中国应该如何更加有效地利用外资，成为当前亟待研究的重要课题。

本书基于中国不断改革变化的背景，聚焦于境外机构投资者，从公司投资行为的视角研究外资进入中国资本市场对微观企业经济活动的影响。具体地，本书将分别研究境外机构投资者持股对公司并购重组、创新活动和投资效率的影响及作用机制。并在此基础上，结合中国现阶段对外开放政策中"高质量引外资"和"有效利用外资"这两大关键点，进一步挖掘对中国上市公司具有正向促进作用的境外机构投资者特征，如不同来源地特征（法律制度环境、公司治理水平、并购活跃程度、创新水平），以及是否属于长期投资类型（持股比例较大，通常在 5% 以上）。除此之外，从中国上市公司内外部治理机制、代理成本和产权性质几个维度分别研究境外机构投资者对公司投资的影响差异，揭示境外机构投资者对公司发挥正向促进作用的前提条件。

1.1.3 研究意义

从理论层面上来看，本书的研究将为理解经济全球化和金融一体化背景下资本跨国流动对新兴经济体实体经济的影响及其作用机制提供新的视角和经验证据。现有的大量研究达成的一个基本共识是，开放金融市场对一国实体经济的利弊在很大程度上取决于该国所具备的政治、经济、法律、制度等初始基础条件，但关于境外资本发挥作用需要怎样的具体条件，我们仍然缺乏系统的认识。例如吉兰和斯塔克（Gillan and Stark，2003）在研究中指出，干预成本、可联合的其他机构投资者、法律对持股比例以及投票权的限制等因素成为境外机构投资者发挥作用的障碍。世图兹（Stulz，2005）认为当来自政府部门的"侵占"和公司内部人的"侵占"同时存在时（存在"孪生代理问题"），境外机构投资者的积极治理作用会受到很大的限制。博巴克里等（Boubakri et al.，2013）发现境外机构投资者在东道主国家（地区）治理水平更高时对公司的风险承担水平促进作用更加明显。何等（He et al.，2013）研究发现，大额境外机构投资者促进股价信息含量的提升仅在投资者保护较强以及信息透明度较高的东道主发挥作用。但阿加沃尔等（Aggarwal et al.，2011）的研究则表明，境外机构投资者促进公司治理水平提升，但仅对东道主国家（地区）法律环境较弱（采用大陆法系）和公司治理水平较差的公司有作用。贝纳等（Bena et al.，2017）研究发现，当东道主国家（地区）的外部治理环境越差、投资者保护越弱时，境外机构投资者对固定资产、无形资产和人力资本等长期投资的正面效应更强。莱尔（Lel，2018）研究发现，境外机构投资者对投资者保护较弱的东道主国家（地区）公司的盈余管理抑制更为明显。

现有的大部分理论和经验研究认为，境外资本需要完善的外部治理环境与之匹配才能发挥积极作用，但这些理论和经验证据并不能解释中国的特征事实：一方面，相比于大部分的发达国家，中国在法律对投资者保护、公司治理环境、会计准则和政府监管质量等方面的法律制度环境仍有待进一步完善（Allen et al.，2005）；另一方面，境外资本的长期大量流入对中国实体经济的长期增长起到了非常重要的支撑作用（Berthelemy and Demurger，2000；Whalley and Xin，2006，2010）。中国作为全球最大的新兴经济体，其过去四十多年渐进式改革开放（包括资本市场的渐进式开放）的过程为我们厘清跨境资本的作用提供了独一无二的"自然实验"平台。

从实践层面上来看，本书的研究可以为我们理解和评估中国开放资本市场的实际经济效应和潜在政策风险提供新的视角，也为后续的开放政策制定提供参考。20世纪80年代以来，发生金融危机的发展中国家（地区）的资本市场开放程度普遍较高，这些国家（地区）对外资的准入门槛较低，甚至有的国家（地区）对外资出入本国不设限制。完全的开放有助于吸引大规模境外资本进入本国资本市场，但却为金融危机留下隐患。主要因为推行资本市场开放的国家（地区）往往伴随经济快速增长，法律制度发展以及政府对资本市场风险的管控能力相对滞后，经济结构尚不稳定，金融系统抵抗风险的能力脆弱。特别是开放国家（地区）投资者保护较差，公司治理水平较低时，外资倾向于短期投机而不是进行长期投资，不但不会促进开放国家（地区）公司治理水平的提升，而且发生逆向流动的可能性较大。一旦开放国家（地区）宏观经济或者政策有较大的变化，资本市场的外资会在短时间内以较大规模发生逆转，从而引发本国（地区）的金融危机。因此，研究境外机构投资者对中国上市公司实际经济活动的影响，以及相应的作用机制，对于防范和化解金融市场开放的风险，促进中国资本市场健康有序发展具有重要的实践意义和政策含义。

1.2

研究内容及本书结构

本书研究内容和本书结构安排如下：

第 1 章是绪论。首先，通过对研究背景的介绍提出研究目的，说明本书工作的重要性；其次，介绍本书研究的主要研究内容和结构安排；最后，对本书的研究发现进行简要总结并说明本书研究的主要贡献。

第 2 章主要介绍中国资本市场开放制度历史演变和资本市场发展状况，以及回顾资本市场开放、境外机构投资者和公司投资行为的已有研究文献。首先，梳理资本市场开放对经济增长、投资、证券市场以及微观层面公司治理几个方面影响的相关文献；其次，归纳现有的境外机构投资者对微观公司经营活动的研究文献，并进行对比分析，总结现有研究的不足，以及可能的研究方向；最后，从公司并购重组和创新两类重要的公司投资行为以及企业投资效率三个方面，综述公司的投资相关研究。

第 3 章研究境外机构投资者与公司并购。首先，结合中国资本市场开放的制度背景，综合吸收国内外最新的研究成果，厘清中国制度背景下，境外机构投资者影响企业并购绩效的内在逻辑，提出可检验的理论研究假设。其次，基于丰富而翔实的企业微观数据，来检验境外机构投资者与企业并购的因果关系，并从境外机构投资者的监督效应、知识溢出效应和风险容忍效应三个方面验证境外机构投资者对企业并购绩效影响的作用机制。再次，分别从公司外部治理机制（政府干预程度和产品市场竞争）和公司内部治理机制（多个大股东）检验与境外机构投资者的交互效应（替代效应还是互补效应）；分别从公司代理冲突（高管在职消费）和企业产权性质两个方面，检验境外机构投资者对公司并购绩效促进作用的差异。最后，进一步检验境外机构投资者对并购决策的影响。其中，并购决策包括发生并购的概率、并购次数、并购金额、发起跨国并购的概率和并购支付方式。

第4章研究境外机构投资者与公司创新。首先，检验境外机构投资者对企业创新产出的影响；其次，区分企业所属行业的异质性（研发投入密集程度和创新难度），检验境外机构投资者对不同行业特征的企业创新产出的影响；最后，进一步研究境外机构投资者对企业创新效率（单位 R&D 投入的创新产出）的影响。除此之外，考虑境外机构投资者来源地治理水平和创新水平差异，对比研究高治理水平来源地的境外机构投资者和低治理水平来源地的境外机构投资者对企业创新的影响差异，并进一步对比研究不同创新水平来源地的境外机构投资者对企业创新的影响差异。

第5章研究境外机构投资者与企业投资效率。首先，通过研究境外机构投资者对公司投资支出—投资机会敏感性的影响，来捕捉境外机构投资者对企业投资效率的影响；其次，结合境外机构投资者持股比例差异，把境外机构投资者划分为大额股东（持股比例在5%以上）和小额股东（持股比例在5%以下），分别研究对企业投资效率的影响，并对比两者对投资效率的影响差异，同样地，根据境外机构投资者来源地治理水平的差异，对比研究高治理水平来源地的境外机构投资者和低治理水平来源地的境外机构投资者对投资效率的影响；最后，为了体现工作的完整性，我们还将进行一系列的其他测试，包括以下四点：第一，借助中国 2005 年股权分置改革事件，研究股权分置改革前后，境外机构投资者投资支出对投资机会敏感性的影响差异，进而验证境外机构投资者"退出威胁"的治理效应；第二，检验境外机构投资者是否通过缓解企业融资约束的渠道影响企业投资效率；第三，分别测试境外机构投资者对企业过度投资和投资不足的影响；第四，境外机构投资者对企业投资的利润转化率的影响。

第6章研究结论、政策含义与研究展望。总结全书的研究发现并揭示其政策含义，提出未来进一步丰富和推进本书工作的一些可能方向。本书内容和结构框架如图 1-1 所示。

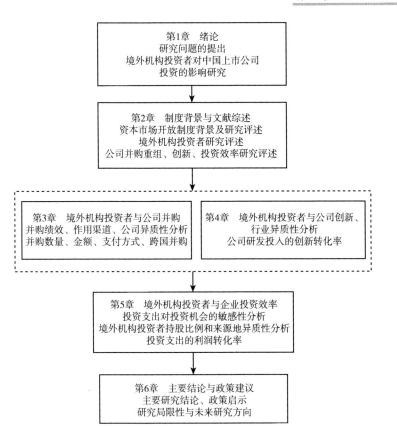

图 1-1　主要研究内容和结构框架

资料来源：笔者绘制。

1.3

本书的主要创新

基于已有相关的研究，本书的贡献主要有以下三点：

第一，本书聚焦中国市场，探究资本市场开放对实体经济的影响，丰富和推进了资本市场开放和资本跨国流动的经济后果及作用机制的研究。首先，现有的关于资本市场开放经济后果的研究结论并不一致，相应的作用机制也不清晰。一个重要的原因是各国在法律制度和资本市场开放具体政策方面存在较大的差异，而国家（地区）的法律制度是否与外资相匹配是外资能否有效发挥作用的关键因素，具体的资本市场开放政策也直接影响引进的外资质量以及外资流入情况。其次，中国是最大的发展中国家，且经济高速增长，是外资流向的重要目标国家。中国在过去的四十多年同时经历了改革开放和向社会主义市场经济转型，特别是渐进式的资本市场开放政策，促使多种类的境外投资者（包括非流通股东中的境外股东、B股和H股股东、合格境外机构投资者、通过"陆港通"持股的股东、中国公司在境外上市而引进的境外股东、境外股东在华合资或独资分公司对中国股市的投资、在华合资的基金公司作为机构投资者对中国股市的投资）活跃在资本市场，为资本市场开放以及境外机构投资者的研究提供了很好的自然实验平台。然而，学者们对中国资本市场开放的研究还远远不足。因此，本书聚焦中国资本市场，结合中国特殊的制度背景研究境外机构投资者对微观企业兼并与收购、创新活动以及投资效率的影响和作用机制，是对资本市场开放相关研究的一项重要补充。

第二，本书聚焦于境外机构投资者持股，有助于全面深入研究资本市场开放对微观公司投资活动的影响。本书的研究对象涵盖了不同形式的境外机构投资者。不同于已有的文献仅局限于某一种形式的境外股东展开研究，如直接采用合格境外机构投资者作为资本市场开放的代理变量研究资本市场开放对微观公司经营活动的影响。据本书2003~2016年样本数据统计结果显示，合格境外机构投资者的平均持股比例仅为0.21%，而总的境外机构投资者的平均持股比例为3.07%。采用单一类别的境外机构投资者数据不仅存在较大的测量误差，也不利于深入考察境外机构投资者作用的经济后果和作用机制。除此之外，本书还进一步追踪到境外机构投资者的来源地，加入了对境外机构投资者来源地的异质性分析，能够更加全面、多维度、深入细致地考察资本市场开放对中国实体经济的影响及作用机制。

第三，本书的研究发现境外机构投资者通过发挥监督作用、传递知识和增加公司风险容忍促进上市公司并购绩效的提升，是对公司并购研究的一项有益补充，特别是丰富了机构投资者在公司并购价值创造过程中的作用的相关研究。

首先，机构投资者是否对公司并购绩效产生影响以及作用机制，现有研究结论并不一致。康等（Kang et al.，2006）和陈等（Chen et al.，2007）研究发现，长期持股的机构投资者通过发挥监督作用，有助于促进并购绩效提升。纳因和姚（Nain and Yao，2013）研究发现，短期持股的机构投资者对公司监督的作用有限，其所特有的股票挑选技术和能力是驱动并购绩效提升的主要力量。而加斯帕等（Gaspar et al.，2005）基于目标方并购绩效的视角研究发现，短期的机构投资者促使公司更容易接受主并方的收购，并且获得较低的并购溢价，进而导致管理者进行价值毁损的并购。除此之外，费里尔等（Ferrier et al.，2010）通过对全球上市公司的并购活动研究发现，境外机构投资者通过降低交易成本和缓解信息不对称，提升公司跨国并购概率和相应的并购绩效。布鲁克斯等（Brooks et al.，2018）针对美国市场研究发现，机构投资者同时持股主并方和目标方股票，有助于降低并购的交易成本和提升信息披露质量，进而促进并购绩效提升。而艾拉诺塔等（Goranova et al.，2010）研究发现，当机构投资者同时持有主并方和目标方股票时，由于更多关注合并后的总体收益，因而会降低对经理人的监督作用，最终导致主并方的并购收益下降。哈福德等（Harford et al.，2011）研究发现，由于同时持股主并方和目标方的机构投资者数量太少，以至于对并购绩效不具有影响。还有学者就对冲基金积极参与企业并购展开研究。博伊森等（Boyson et al.，2017）研究发现，对冲基金增加了企业的收购要约，有更高的并购超额回报和完成率。当对冲基金持股的公司是主并方时，对冲基金的价值创造源于并购过程中对目标管理的监控，而非对目标方的估值偏差。而格林伍德和肖尔（Greenwood and Schor，2009）研究发现，对冲基金倾向于投资被低估的公司，推动公司控制权转移进而获利，他们往往没有改善公司治理状况的动机。

其次，大量研究表明，境外机构投资者与境内机构投资者对公司的治理作用存在较大差异。吉兰和斯塔克（Gillan and Stark，2003）研究指出，境内机构投资者可能会与国内公司有商业关联，更容易迎合管理者而无法对公司进行有效监督，而境外机构投资者相对于境内机构投资者更具独立性，因此，有更强的公司治理作用。费雷里亚等（Ferreria et al.，2010）研究发现，境外机构投资者促进了公司的海外并购，而境内机构投资者往往与持股公司由于利益上的关联，而无法优化公司的经营决策。金等（Jeon et al.，2011）研究韩国证券市场发现，相比于境内机构投资者，境外机构投资者会促进持股公司分红。阿加沃尔等（Aggarwal et al.，2011）通过对23个国家（地区）的样本研究发现，境外机构投资者促进了公司治理水平的提升，而境内机构投资者未能发挥治理作用。黄和朱（Huang and Zhu，2015）借助中国股权分置改革这一事件，研究发现，合格境外机构投资者和境内机构投资者（共同基金）之间公司治理作用的差异。莱尔（Lel，2018）在研究中指出，境外机构投资者更加注重自身声誉，相比于境内机构投资者，他们更无法容忍公司经营过程中管理者的机会主义行为。

最后，补充了境外机构投资者的相关文献，特别是丰富了其对发展中国家（地区）上市公司实际经营活动影响的研究。首先，相比于发达国家（地区），发展中国家（地区）往往存在企业融资难，法律制度、公司治理水平以及资本市场发育程度相对较低等问题，因此，涌现了一批专门针对发展中国家（地区）境外机构投资者对资本市场影响的研究。如境外机构投资者对股价波动性（Bea et al.，2004；Li et al.，2011；Chen et al.，2013）、证券市场定价效率（Bae et al.，2012）、股票价格（Bae and Goyal，2010）等的影响，还没有文献研究境外机构投资者对具体的发展中国家（地区）公司实际经济活动的影响。其次，境外机构投资者对企业并购影响研究现有文献为费雷里亚等（Ferreria et al.，2010）和安德里奥索普洛斯和杨（Andriosopoulos and Yang，2015）。费雷里亚等（Ferreria et al.，2010）主要研究了境外机构投资者对企业跨国并购的影响；安德里奥索普洛斯和杨（Andriosopoulos and Yang，2015）研究了境外机构投资者对英国上市公司跨国并购概率、并购数量和并购规模的影响。而本书聚焦于最大体量的发展中国家，研究境外机构投资者对中国上市公司并购绩效的影响和作用机制。再次，境外机构投资者对企业创新的影响研究方面，现有文献梁等（Luong et al.，2017）通过全球上市公司样本研究发现，境外机构投资者有助于促进企业创新。本书在此基础上，进一步研究中国资本市场中，境外机构投资者对不同行业类型（研发投入密集度和创新难度）的企业创新的影响，同时研究不同类型的境外机构投资者对企业创新的作用差异，有助于全面理解境外机构投资对中国企业创新行为的影响。最后，境外机构投资者对企业投资效率影响研究方面，现有文献陈等（Chen et al.，2017）通过全球 64 个国家（地区）的国有企业私有化样本，对比研究了政府持股和境外股东持股对企业投资效率的影响。该研究选择的样本较为特殊，而且并未揭示境外股东持股对投资效率的作用机制。而本书采用中国上市公司全样本展境外机构投资者对投资效率的影响研究，并同时对比了境外机构投资者与境内机构投资者在影响企业投资效率方面的差异。综上所述，本书丰富了境外机构投资者对企业经营决策的影响相关研究。

第 2 章

制度背景与文献综述

2.1
中国资本市场开放进程

2.1.1 B 股和 H 股市场

20 世纪 80 年代，中国正处于改革开放初期，经济发展处于起步阶段，需要大量的资本来启动各项经济活动。当时，中国主要通过发行债券、向境外市场借款和境外资本直接在境内投资的方式引进外资。为了通过外资融资，但又不受人民币无法自由流通的限制，中国推出了 B 股融资模式。B 股是在中国境内对境外和港澳台的自然人、法人和机构等发行的人民币特种股票，是境内公司吸引外汇资金的特殊市场。因此，B 股是中国改革开放初期，外汇短缺并且管制严格，人民币无法自由流通条件下，引进外资的一种权宜之计。B 股市场在某种意义上是中国资本市场对外开放的起点。

B 股市场的发展经历了两个阶段。第一个阶段是创立和快速发展阶段（1991～1999 年）。由于 B 股融资制度设计符合当时的国情，加之中国改革开放背景下经济迅猛增长，境外投资者将 B 股视为中国资本市场开放的一扇大门。自 1991 年 11 月上海真空电子器件股份有限公司发行第一只 B 股开始，境外机构投资者竞相追捧投资，B 股市场在当时全球资本市场中表现最佳。第二个阶段是停滞期（1999 年至今）。在 1999 年之后，随着中国外汇储备的快速增加，外汇短缺已不再是中国经济发展的主要障碍。因此，B 股市场的外汇筹措功能已不再重要，市场步入停滞阶段。1999 年之后 B 股市场发行上市已基本停止。2001 年之后，中国对内开放 B 股市场，允许境内居民通过合法外汇买卖 B 股，这在一定程度上促进了 B 股市场的发展。B 股市场对中国证券市场的早期发展发挥了重要作用。

H 股主要指在中国境内注册的国有企业，经中国证监会批准在香港上市的外资股票，境外投资者可以直接对其投资。1993 年 7 月国有企业青岛啤酒（00168）成为第一家获准在香港主板发行股票的公司。随后一批国有企业同时在内地发行 A 股和在香港发行 H 股。中国推出 H 股融资模式的目的一方面是吸引外资，另一方面是使国有企业参与到国际竞争环境中，以促进其与国际接轨，提升公司治理水平。

2.1.2　合格境外机构投资者（QFII）制度

合格境外机构投资者制度，是指允许境外投资者在一定限度内在中国资本市场投资的一种制度安排。早在 1998 年，政府便有了该制度的雏形，希望以股权投资的方式引入外资，作为对外商直接投资的有益补充。中国参考其他国家（地区）资本市场开放的经验，并在他们的基础上结合中国人民币无法自由兑换和资本市场建立初期的实际情况，逐步有限度地开放中国主板市场。于是，政府将合格境外机构投资者提上日程，允许他们在中国资本市场对 A 股进行有限额的投资。最终，中国在 2002 年 11 月发布《合格境外机构投资者境内证券投资管理暂行办法》，并于 2002 年 12 月实施，自此拉开了资本市场开放的序幕。

中国合格境外机构投资者制度的基本框架符合渐进式的制度变革特点。为了降低资本市场开放可能带来的风险冲击，政府对境外投资者的投资资格、持股额度和持股比例进行了较为严格的限制。如在《上海证券交易所合格境外机构投资者证券交易实施细则》中，规定合格境外机构投资者对所持有的上市公司股票数额合计不高于该公司总股本的10%；对同一家上市公司，所有合格境外机构投资者持股比例总和不超过20%，且达到16%后，每增加2%要在上海证券交易所官方网站披露合格境外机构投资者总的持股情况。为了增加合格境外机构投资者的影响力，充分发挥其对市场的正面促进作用，中国在对合格境外机构投资者的持股比例以及持股额度限制的大方针下，根据实际情况对具体数额弹性管理。随着资本市场开放进程提速，合格境外机构投资者的数量以及批准额度都在迅速提升，并于2019年9月全面放开对合格境外机构投资者投资额度的限制。

为了规范合格境外机构投资者在中国资本市场的投资行为，政府各相关部门颁布了相应法律法规，以构建合格境外机构投资者的法律框架。中国证券监督管理委员会和中国人民银行在2002年12月1日颁布施行《合格境外机构投资者境内证券投资管理暂行办法》，共计七章三十九条；与此同时，中国证券登记结算有限责任公司发布《中国证券登记结算有限责任公司合格境外机构投资者境内证券投资登记结算业务实施细则》；沪深证券交易所分别发布《上海证券交易所合格境外机构投资者证券交易实施细则》《深圳证券交易所合格境外机构投资者证券交易实施细则》；国家外汇管理局发布《合格境外机构投资者境内证券投资外汇管理暂行规定》等。这些法律法规形成了对合格境外机构投资者的有效管理体系，为制度的顺利执行提供了完善的法律环境。表2-1汇总了主要的文件名称以及发文内容。

表 2 - 1　合格境外机构投资者（QFII）相关的主要文件及内容概览

发布时间	发文机构和文件名称	主要内容及发文目的
2002 年 12 月	中国证券监督管理委员会和中国人民银行《合格境外机构投资者境内证券投资管理暂行办法》	正式推出 QFII，规范 QFII 的投资行为
2002 年 12 月	中国证券登记结算有限责任公司《中国证券登记结算有限责任公司合格境外机构投资者境内证券投资登记结算业务实施细则》	规范 QFII 及其委托的托管人和境内证券公司办理相关的登记结算业务
2002 年 12 月	上海证券交易所《上海证券交易所合格境外机构投资者证券交易实施细则》	规范 QFII 在上海证券交易所的证券交易活动
2002 年 12 月	深圳证券交易所《深圳证券交易所合格境外机构投资者证券交易实施细则》	规范 QFII 在深圳证券交易所的证券交易活动
2002 年 12 月	国家外汇管理局《合格境外机构投资者境内证券投资外汇管理暂行规定》	规范资本项目兑换活动
2006 年 8 月	中国证券监督管理委员会、中国人民银行、国家外汇管理局《合格境外机构投资者境内证券投资管理办法》	放宽 QFII 的资格限制：为鼓励中长期投资，对于符合该办法规定的养老基金、保险基金、共同基金、慈善基金等长期资金管理机构，予以优先考虑
2007 年 12 月	国家外汇管理局	增加 QFII 投资额度：为进一步提高中国资本市场的对外开放水平，QFII 投资额度从 100 亿美元扩大到 300 亿美元
2009 年 9 月	国家外汇管理局《合格境外机构投资者境内证券投资外汇管理规定》	增加单家 QFII 投资上限额度：单个合格投资者申请投资额度每次不得低于等值 5,000 万美元，累计不得高于等值 10 亿美元（初始为 8 亿美元）

发布时间	发文机构和文件名称	主要内容及发文目的
2012 年 5 月	国家外汇管理局	国务院已经批准将 QFII 投资总额度提高到 800 亿美元。为支持境内证券市场的改革发展，外汇局在投资额度及汇兑管理方面也进行积极调整，如大幅加快 QFII 投资额度审批节奏，对于具有政府背景的投资资金，以及境外养老基金、保险基金等中长期资金提供额度审批快速通道，在初始投资额度规模上给予一定的倾斜，提高上述 QFII 机构初始获批额度，并适当简化 QFII 机构外汇账户和人民币账户的管理流程
2012 年 7 月	中国证券监督管理委员会《关于实施〈合格境外机构投资者境内证券投资管理办法〉有关问题的规定》	扩大 QFII 可投资范围：合格投资者在经批准的投资额度内，可以投资于下列人民币金融工具：（一）在证券交易所交易或转让的股票、债券和权证；（二）在银行间债券市场交易的固定收益产品；（三）证券投资基金；（四）股指期货；（五）中国证监会允许的其他金融工具。合格投资者可以参与新股发行、可转换债券发行、股票增发和配股的申购。扩大 QFII 持股总和的比例：境外投资者的境内证券投资，应当遵循下列持股比例限制：（一）单个境外投资者通过合格投资者持有一家上市公司股票的，持股比例不得超过该公司股份总数的 10%；（二）所有境外投资者对单个上市公司 A 股的持股比例总和，不得超过该上市公司股份总数的 30%。（初始为 20%）。境外投资者根据《外国投资者对上市公司战略投资管理办法》对上市公司战略投资的，其战略投资的持股不受上述比例限制

续表

发布时间	发文机构和文件名称	主要内容及发文目的
2013 年 7 月	国家外汇管理局	增加 QFII 投资额度：从 800 亿美元增加到 1,500 亿美元
2016 年 2 月	国家外汇管理局《合格境外机构投资者境内证券投资外汇管理规定》	对 QFII 外汇管理制度进行改革：一是放宽单家 QFII 机构投资额度上限。不再对单家机构设置统一的投资额度上限，而是根据机构资产规模或管理资产规模的一定比例作为其获取投资额度（基础额度）的依据。二是简化额度审批管理。对 QFII 机构基础额度内的额度申请采取备案管理；超过基础额度的，才需外汇局审批。三是进一步便利资金汇入汇出。对 QFII 投资本金不再设置汇入期限要求；允许 QFII 开放式基金按日申购、赎回。四是将锁定期从一年缩短为三个月，保留资金分批、分期汇出要求，QFII 每月汇出资金总规模不得超过境内资产的 20%
2016 年 9 月	中国证券监督管理委员会	取消 QFII 资产配置限制：取消股票投资比例不低于 50% 限制
2018 年 6 月	国家外汇管理局《合格境外机构投资者境内证券投资外汇管理规定》	为贯彻落实中央关于深化金融改革开放的精神，主要政策措施包括：一是取消 QFII 资金汇出 20% 比例要求，QFII 可委托托管人办理相关资金汇出。二是取消 QFII、RQFII 本金锁定期要求，QFII、RQFII 可根据投资情况汇出本金。三是允许 QFII、RQFII 开展外汇套期保值，对冲境内投资的汇率风险

发布时间	发文机构和文件名称	主要内容及发文目的
2019 年 1 月	国家外汇管理局	增加 QFII 投资额度： 为满足境外投资者扩大对中国资本市场的投资需求，经国务院批准，合格境外机构投资者（QFII）总额度由 1,500 亿美元增加至 3,000 亿美元

从颁布的合格境外机构投资者相关法律法规可以发现，合格境外机构投资者的运作模式关键点在于资格审查、投资额度、投资产品范围等。中国证监会要求合格境外机构投资者具备财务稳健、信用良好、拥有一定投资经验等。合格境外机构投资者的投资资格需要经过中国证监会的审查，并经过国家外汇管理局审批其可在中国资本市场的投资额度。在合格境外机构投资者可以投资的产品范围方面，股票类包括除了 B 股以外的股票；债券类包括企业债券、可转换债券和在证券交易所挂牌的国债；其他金融产品包括证券投资基金等。

2.1.3 "深港通"和"沪港通"开通

2014 年 4 月 10 日，李克强总理在博鳌论坛上的主题演讲中强调推动新一轮高水平对外开放，特别是资本市场的对外开放。政府将积极为资本市场开放创造条件，建立内地与香港股票市场交易互联互通机制，进一步促进与香港资本市场的双向开放。随后，2014 年 11 月"沪港通"正式开通，2016 年 12 月"深港通"也正式启动。"沪港通"和"深港通"统称为"陆港通"，指内地证券交易所（上海证券交易所和深圳证券交易所）和香港联合交易所，允许两地投资者通过当地证券公司（或经纪商）买卖符合政府资格限定的对方交易所上市的股票，是香港和内地股票交易的互联互通机制。

以"沪港通"为例，交易机制如图 2－1 所示。图左侧为内地股票市场，右侧为香港股票市场。上海证券交易所在香港设立上交所子公司，境内投资者可以通过境内股票市场直接购买境外股票；同样地，港交所在内地设立子公司以支撑境外投资者直接在港交所购买大陆股票，最终实现互联互通。"沪港通"的可购股票范围是上海证券交易所上证 180 指数和 380 指数的成分股，以及在上交所发行的 A＋H 股公司股票。"港股通"的股票范围是香港联合交易所恒生综合大型股指数和中型股指数的成分股，以及同时在香港联合交易所和上海证券交易所上市的 A＋H 股公司股票。并且双方可根据试点情况对投资标的范围进行调整。

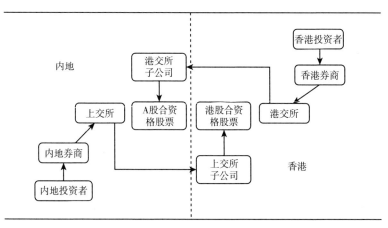

图 2－1 "沪港通"交易机制

资料来源：证监会、海通证券研究所整理。

除了"沪港通"和"深港通"的相继开通，内地和香港地区的资本市场投资限制也进一步放宽。"沪港通"开通时对每日投资额度和投资总额进行了限制，到"深港通"开通时，便取消了对投资总额的限制。更进一步地，2018 年 5 月国家扩大"陆港通"每日投资额度到原来的四倍。"陆港通"是中国资本市场对外开放的里程碑，真正实现了中国证券市场与香港证券市场的互联互通。相比于合格境外机构投资者制度，"陆港通"放宽了对投资者资格和投资额度等规则的限制，更重要的是资本可以在内地与香港之间双向流动。具体地，所有香港地区以及境外的投资者均可以通过"陆港通"对沪深两市的股票进行投资，与此同时，内地投资者也可以自由投资港股，外汇兑换管理更加简便。"陆港通"在很大程度上降低了投资者在证券市场投资的交易成本。

2.1.4　中国 A 股纳入 MSCI 和 FTSE 指数

MSCI 是美国摩根士丹利资本国际公司，主要提供全球指数及进行衍生金融产品标的的相关指数的编制工作。全球投资组合经理投资标的选用最多的便是 MSCI 指数。在北美和亚洲国家（地区）中，MSCI 指数被超过 90% 的机构性质的国际股本资产选作标的。除此之外，全球最大的 100 家资产管理公司中，MSCI 的客户高达 97 家。由于全球资产管理机构普遍使用 MSCI 指数作为标的，因此，MSCI 指数的每一次调整都会成为全球投资者资产配置的风向标，加入 MSCI 指数成为全球各国资本市场吸引境外资金最重要的一环。

随着中国资本市场开放力度不断加大，中国资本市场 A 股于 2018 年 6 月纳入 MSCI 指数，并于同年 9 月纳入 FTSE 全球股票指数。中国 A 股从 2013 年首次入选"潜在升级市场观察名单"到正式纳入 MSCI 全球指数历时 5 年，过程一波三折。由于中国资本市场开放程度不高，如合格境外机构投资者额度限制、资本流动限制、合格境外机构投资者赎回限制、股票停牌制度等原因，MSCI 在 2014～2016 年连续三年均对中国 A 股作出暂不纳入的决定。中国在 2014 年之后加大了资本市场开放推行力度，最终在 2018 年纳入 MSCI 指数，并在 2019 年进行了三次扩大纳入因子调整。MSCI 新兴市场指数的预计成分股中有 421 只 A 股，其中大盘股 253 只，中盘股 168 只（包括 27 只创业股），在 MSCI 指数中的预计权重约

3.3%。充分说明中国推行资本市场开放取得了阶段性的进展。中国纳入 MSCI 指数主要进程如表 2 - 2 所示。

表 2 - 2　　　　　中国 A 股纳入 MSCI 指数的进程

时间	纳入 MSCI 指数进程	说明
2013 年 6 月	中国 A 股市场首次入选潜在省级市场观察名单	向 MSCI 指数迈出的第一步
2014 年 6 月	暂不纳入	存在的问题： （1）QFII 和 RQFII 额度分配 （2）资本流动受限制 （3）资本利得税征收
2015 年 6 月	暂不纳入	存在的问题： （1）QFII 和 RQFII 额度分配 （2）资本流动受限制 （3）实际权益拥有权
2016 年 6 月	暂不纳入	存在的问题： （1）QFII 赎回限制 （2）股票停牌制度 （3）金融产品预先审批限制
2017 年 6 月	计划于 2018 年将 A 股纳入 MSCI 全球指数和 MSCI 新兴市场指数	中国资本市场开放获得国际认可
2018 年 6 月	纳入 MSCI 指数	第一步纳入，纳入因子为 2.5%
2018 年 9 月	纳入 MSCI 指数	第二步纳入，纳入因子为 5%
2019 年 5 月	MSCI 扩大纳入 A 股	纳入因子从 5% 增加至 10%
2019 年 8 月	MSCI 扩大纳入 A 股	纳入因子从 10% 增加至 15%
2019 年 11 月	MSCI 扩大纳入 A 股	纳入因子从 15% 增加至 20%，MSCI 新兴市场指数的预计成分股中有 421 只 A 股，这些 A 股在 MSCI 指数中的预计权重约 3.3%

资料来源：MSCI 官方网站（网址：http://www.msci.com），《券商研报》。

虽然中国持续推进资本市场开放，但相比其他发展中国家（地区）仍然有较大差距。在中国纳入 MSCI 之前已有 13 个发展中国家（地区）纳入 MSCI 指数。表 2 – 3 列示了已纳入 MSCI 的发展中国家（地区）以及纳入年份。印度尼西亚和土耳其在 1989 年最早纳入 MSCI 新兴市场指数，中国台湾地区在 1996 年纳入，首次纳入市值为 50%，韩国于 1992 年以市值 20% 纳入。值得一提的是，韩国与中国 A 股的纳入模式类似，采用逐步纳入的方式。中国纳入 MS-CI 指数，无疑成为中国资本市场国际化改革的助推器。此外，在 MSCI 宣布将中国证券市场 A 股纳入指数后，FTSE 宣布从 2019 年 6 月开始逐步将中国 A 股纳入 FTSEGEIS（富时全球股票指数系列），初步计划分三步达到纳入因子 25%。

表 2 – 3   MSCI 新兴市场指数纳入国家（地区）及年份

国家（地区）	纳入年份	国家（地区）	纳入年份
印度尼西亚	1989	俄罗斯	1997
土耳其	1989	埃及	2001
韩国	1992	卡塔尔	2013
印度	1994	阿联酋	2013
捷克	1996	中国	2018
匈牙利	1996	沙特阿拉伯	2018
中国台湾	1996		

资料来源：万得（wind）金融数据库。

2.2

资本市场开放与境外机构投资者文献综述

2.2.1   关于资本市场开放的研究

学术界关于资本市场开放的研究主要集中在以下几个领域：在

国家宏观层面包括对经济增长、资本流入和投资增长及金融稳定性的影响，在企业微观层面包括对证券市场风险、市场效率及资本成本的影响和对公司治理及公司绩效的影响。

1. 资本市场开放对经济增长和金融稳定性的影响

（1）资本市场开放对经济增长的影响

资本市场开放是否有利于经济增长，学术界并未达成一致结论。大部分的研究表明资本市场开放有助于促进国家（地区）经济增长（Stulz, 1999; Levine, 2001; Bekaert et al., 2005; Mitton, 2006; Gupta and Yuan, 2009; Bekaert et al., 2011）。贝卡尔特等（Bekaert et al., 2005）研究资本市场开放对实体经济的影响发现，资本市场开放能够为国家（地区）带来 1% 的 GDP 增长。米顿等（Mitton et al., 2006）选取全球 28 个国家（地区）1,100 家公司为样本，通过公司微观层面的研究发现，资本市场开放有助于促进公司经营绩效的提升，包括公司成长性增强、负债率降低、利润增加等。莫希瑞等（Moshirian et al., 2018）通过对全球上市公司样本研究发现，资本市场开放有助于促进企业创新。古普塔和袁（Gupta and Yuan, 2009）通过对新兴经济体的研究发现，资本市场开放有助于缓解企业的融资约束，进而促进企业扩张。还有一系列研究围绕资本市场开放带来的生产要素的增长展开（Levine, 2001; Bonfiglioli, 2008; Klein & Olivei, 2008; Yang&Yi, 2008; Quinn & Toyoda, 2008; Bekaert et al., 2011）。

除此之外，也有学者认为资本市场开放对经济增长没有作用。斯蒂格利茨（Stiglitz, 2000）以亚洲金融危机为背景，探讨了国家是否推行资本市场开放应当纳入开放国具体的制度背景以及金融环境框架下来判定，快速推行资本市场开放并不一定能够带来经济增长。纳塞尔等（Naceur et al., 2008）以中东国家（地区）为研究对象，发现资本市场开放并没有给这些国家带来经济增长，并指出在国家（地区）进行资本市场开放之前应当先进行自身制度层面的改革，以适应资本市场开放。甚至有学者研究发现资本市场开放对国家（地区）经济增长具有负面影响。福沃韦（Fowowe，2011）研究撒哈拉以南非洲国家（地区）资本市场开放对经济增长的影响，发现由于该地区基本宏观经济制度的落后，并且经济缺乏稳定性，导致资本市场开放反而负向影响储蓄、投资和经济增长。塞姆莱尔和杨（Semmler and Young，2010）分析了2008年金融危机给世界范围内经济衰退以及风险跨国蔓延而带来的金融稳定性的影响，同样认为过快的资本开放不利于经济增长。

针对资本市场开放对经济增长结论不一致的情况，学者们从改进估计方法以及资本市场开放门槛效应进一步展开了研究。霍尼格（Honig，2008）通过使用工具变量法研究发现，资本市场开放在制度更好的国家（地区）对经济增长的促进作用更加明显。伽马（Gamra，2009）研究东亚6个典型的国家（地区）发现，完全的资本市场开放反而对经济增加促进作用较小，部分的资本市场开放则会带来快速经济增长。维特森提和通古莱（Vithessonthi and Tongurai，2012）以泰国为研究对象，发现资本市场开放短期内可以促进公司价值提升，长期来看能够促进经济增长。卡尔特等（Bekaert et al.，2010）研究指出资本市场开放能够提升生产率，进而永久性地影响一国经济，尤其有助于提升资本市场和银行业的质量。与此同时，资本市场开放具有门槛效应，国家资本市场发展程度越好，资本市场开放对投资效率的提升作用越明显。后续研究发现，资本市场开放对国家（地区）经济的促进作用在一定条件下会更为明显，如发达的金融系统、好的会计准则、强的投资者保护、政府管理水平、高的工业化和金融发展水平以及完备的法律制度环境等（Eichengreen et al.，2011；Kose et al.，2011；Kaya et al.，2012）。

综观已有资本市场开放对经济增长影响的文献，大多数停留在直接提供经验证据证明资本市场开放对经济增长的正面或负面影响上。由于对国家（地区）宏观经济增长的影响因素较多、国家（地区）层面异质性以及估计方法的差异导致结论并不一致。更重要的是，资本市场开放对经济增长产生影响的作用机制，现有研究还远远不足。

（2）资本市场开放对投资增长的影响

随着金融全球化，各国纷纷出台政策吸引外资进入，外资进入对投资产生了重要的影响。贝卡尔特等（Bekaert et al.，2003）研究发现，资本市场开放能够促进样本国家（地区）每年平均投资增长2.2%。但金融一体化发挥作用的机制比较复杂，有可能外资担心政策不确定性或者市场摩擦不进行长期投资而仅局限于短期套利，因此，资本市场开放并不意味着市场一体化。在判断资本市场开放是否有效时，需要进一步根据开放国的相关政策及制度背景考察是否外资进入促进了市场一体化（Bekaert et al.，2003）。列夫琴科等（Levchenko et al.，2009）通过行业层面数据研究发现，资本市场开放在短期内促进了新企业的创立、资本积累和总的人力资本数量增长，但并未发现对生产要素的长期促进作用。德米尔（Demir，2009）对中东地区的国家（地区）研究发现，外资更倾向于进行短期投资而不是长期投资。古普塔和袁（Gupta and Yuan，2009）从新兴经济体行业层面研究资本市场开放对投资的影响，发现对外部依赖性强以及投资机会多的行业在资本市场开放后有更高的增长率，并且这种促进作用主要体现在已有公司规模的扩张而不是促进新公司成立。艾肯格林等（Eichengreen et al.，2011）控制金融危机等宏观因素后，得到与前者一致的结论。

也有不少学者研究发现，资本市场开放并没能很好地促进开放国投资增长。诺伊和塔姆（Noy and Tam，2007）通过对比研究发展中国家和发达国家资本市场开放对外商直接投资的影响发现，资本市场开放并没有增加 FDI，只有腐败程度和政治风险更低时才有促进作用。纳塞尔等（Naceur et al.，2008）通过对中东（地区）国家地区的研究发现资本市场开放并没有增加投资，并指出在资本市场开放前，开放国需要有良好的制度环境以及对国内的经济进行改革。福沃韦（Fowowe，2011）同样发现资本市场开放并没有带来投资增长。

2. 资本市场开放对证券市场的影响

(1) 资本市场开放对证券市场风险的影响

部分学者认为资本市场开放可能会危及开放国金融稳定性 (Stiglitz, 2010; Demir, 2004; Aghion et al., 2004)。斯蒂格利茨 (Stiglitz, 2010) 研究指出，当有负面事件冲击时，金融全球化会加剧风险的传递和覆盖范围，导致风险危害扩大，证券市场也不可避免出现大幅波动。因此，金融全球化之前各经济体应当具备风险防控机制以稳定国内金融，但目前来看大部分开放国这方面还做得不够充分。阿格依奥等 (Aghion et al., 2004) 通过理论模型证明，中等发达国家相对于不发达国家和发达国家，实施资本市场开放遇到负面冲击时金融不稳定性更强。德米尔 (Demir, 2004) 研究土耳其资本市场开放对金融稳定性及经济增长的影响发现，土耳其金融危机以及此后数十年的经济衰退的主要原因是资本市场开放。常 (Chang, 2010) 研究发现中国台湾地区合格境外机构投资者在证券市场的投资行为具有羊群效应，会潜在地加剧证券市场风险。徐晓光等 (2017) 从行业层面研究了在中国"沪港通"政策背景下，境外证券市场风险对中国股市的波动性具有溢出效应。

也有学者认为资本市场开放有助于降低证券市场风险 (Bae et al., 2004; Li et al., 2004; Stiglitz, 2004)。米顿 (Mitton, 2006) 和古普塔等 (Gupta et al., 2009) 研究发现，外资流入为开放国提供了融资来源，分担了开放国原有的风险。卡明斯基和施穆克勒 (Kaminsky and Schmukler, 1999) 研究了 28 个国家的资产价格波动周期发现，市场开放会带来暂时的波动性提升，但是随着市场的成熟，波动性会递减。乌穆特卢等 (Umutlu et al., 2010) 通过将风险进行全球、当地证券市场和公司三个层面的分解，发现资本市场开放通过降低当地证券市场和公司特质风险降低总的风险，并且这种作用在中小规模市场更为明显。还有学者研究发现资本市场开放对证券市场风险并没有影响 (Kim and Singal, 2000; Hargis, 2002)。钟凯等 (2018) 基于中国的"沪港通"政策研究了资本市场开放对证券市场风险的影响，研究发现该政策促使企业提升信息披露质量，进而降低股价异质性波动，即"沪港通"实施有助于资本市场稳定。

由于各个国家资本市场开放时点及开放国自身的证券市场制度发展程度不同，学者们选择的研究对象均具有特殊性。除此之外，开放国自身的制度建设和经济状况也在因多种原因而发生变化，最终导致学者们得到的结论不一致。

（2）资本市场开放对证券市场效率及资本成本的影响

金融全球化一体化及资本市场开放有助于降低公司的融资成本（Bekaert and Harvey，2000）。股票价格及时反映信息以支持合理定价和资源配置是资本市场效率研究领域的核心议题（Malkiel and Fama，1970；Fama，1991）。大量文献研究得出一致结论，即资本市场开放提升了证券市场股票流动性以及信息的有效性，进而改善资源配置效率（Bekaert and Harvey，1995；Kim and Singal，2000；Galindo et al.，2007）。钟覃琳和陆正飞（2018）以"沪港通"政策作为冲击事件，研究了资本市场开放对中国证券市场股价信息含量的影响，发现"沪港通"通过增加知情交易直接促进股价中公司特质信息的提升，与此同时，还通过优化公司治理间接促进股价信息含量提升。

与证券市场效率紧密相关的一个重要研究问题是权益资本成本。公司金融理论中，投资者对承担风险的期望收益决定了权益资本成本的高低。当风险越高时，投资者要求更高的风险溢价，权益资本成本也越高。贝卡尔特和哈维（Bekaert and Harvey，1995）和世图兹（Stulz，1999）认为资本市场开放促使开放国证券市场不同风险偏好的投资者增加，境外投资者可以进行全球投资组合分散风险，因此全球各国投资者的投资有助于降低风险溢价以及系统性风险。另外，欠发达国家资本市场引入外国投资基金不仅有助于降低权益资本成本，而且有助于引进发达市场先进的公司治理机制。发达市场投资者更具技术先进性，他们能够参与到持股公司的监管中。更有效的监督有助于提升其他投资者对该公司的信心，公司得到进一步发展而使投资基金受益，由此形成良性循环。

3. 资本市场开放对公司治理及公司绩效的影响

资本市场开放后，外资可以直接进入开放国股票市场进行投资，甚至成为上市公司的大股东。因此，外资的进入直接影响上市公司的股权结构，进而影响公司治理水平。现有文献的研究对象主要是美国投资者对其他国家的投资行为或者发达国家机构投资者对发展中国家的投资，后者制度环境和公司治理水平往往落后于前者。现有研究得到的结论普遍是外资进入新兴市场国家有助于优化上市公司治理结构。

一系列文献基于全球样本或韩国和印度等具体的国家（地区）样本为上述结论提供经验证据。裴和戈雅尔（Bae and Goyal，2006）出于数据的可得性，选取韩国上市公司为样本研究资本市场开放对信息环境以及公司治理的影响。研究发现，资本市场开放有助于公司特质信息进入股市，带来更多的分析师的关注和报道，降低公司的盈余管理。但是，公司治理差时会抑制资本市场开放对公司信息环境的提升作用。裴和戈雅尔（Bae and Goyal，2010）同样以韩国为样本研究发现，由于资本市场开放增加了境外机构投资者对国内公司的投资，降低了上市公司的融资成本，为所持股公司带来较高的市场估值。研究还发现，由于境外机构投资者处于信息劣势地位，监督成本较高，因此他们更倾向于持有公司治理更好的公司的股票。久安等（Jeon et al.，2011）研究韩国证券市场发现，境外机构投资者更倾向于选择有股利支付的公司，并有监督公司的动力。除此之外，相对于境内机构投资者，境外机构投资者会促进持股公司分红。

4. 文献评述

资本市场开放相关的早期文献主要集中在论证其对经济增长、资本流动、金融风险以及资本市场的直接经济后果。然而，在经历了数次全球及区域经济危机的冲击后，各个国家的风险承受能力以及经济的稳定性各具差异。因此，专注于两者直接的因果关系的探讨不足以厘清资本市场开放对开放国的作用机理，进而无法解释资本市场开放对不同国家的作用差异。后续学者们纷纷关注资本市场开放与开放国的匹配性，也即开放国需要具备怎样的政治制度、法律环境以及金融政策等内部条件才能避免资本市场开放的负面影响，最大化正面促进作用。如果不因国家而异忽略其与制度环境发展阶段的匹配性，如果一刀切地提倡资本市场开放，那么特别是对发展中国家，将可能导致严重后果。从这个角度来看，针对具体国家研究资本市场开放程度与开放国的匹配性问题具有重要的政策意义。

2.2.2　关于境外机构投资者的研究

全球金融一体化背景下，各国陆续开放本国资本市场，大量境外资本进入东道主国家（地区）。而境外机构投资者在其中扮演着重要角色，其对上市公司经营行为以及资本市场稳定性的影响成为学术界关注的热点。在早期境外机构投资者的相关文献中，最为核心的文献之一是吉尔和斯塔克对企业治理、企业所有制及投资者作用的论述（Gillan and Stark，2003），该研究对境外机构投资者进行了分类，详细论述了不同种类的境外机构投资者在公司治理中的作用差异。研究指出，伴随着金融全球一体化，境外机构投资者对新兴市场产生了重要影响，并且这种影响将会持续。大量的专业机构投资者在全球范围内成为公司的大股东，他们更具有管理经验，增加了对所持股公司的监督。境外机构投资者根据资本市场流动性和波动性、市场制度安排、投资者保护程度、资本市场开放程度、交易成本、政策稳定性、信息透明度和劳动标准来选择是否在东道主国家（地区）配置资本以及投资数量。然而，境外机构投资者发挥公司治理作用也会受到一些障碍，如干预成本、可以寻求帮助的其他机构投资者、法律对持股比例以及投票权的限制等。因此，国家发展阶段、法律环境以及公司治理水平差异导致机构投资者在公司治理中的作用不同。除此之外，研究还指出，境内机构投资者可能会与国内公司有商业关联，更容易迎合管理者而无法对公司进行有效监督，而境外机构投资者相对于境内机构投资者更具独立性，因此，有更强的公司治理作用。

正如吉尔和斯塔克（Gillan and Stark，2003）研究中所指出的，境外机构投资者发挥公司治理作用也会受国家发展阶段、法律环境以及公司治理水平差异的影响。李等（Li et al.，2006）结合"法与金融"和"股东积极主义"两个研究方向的思想，研究了不同东道主国家（地区）法律制度和公司治理水平环境下，境外机构投资者对公司的监督效应是否受限制。研究发现，更强的股东权利以及公司更多的信息披露，一方面，有利于股东进行公开质疑公司的经营活动；另一方面，有助于境外股东私下对管理者的机会主义行为施压。更好的宏观治理环境能够为境外股东提升监督效果及监督效率提供必要的基础设施等保障。

随后，学者们选取全球、发达国家、发展中国家或者具体某一国家的上市公司为研究对象，围绕境外机构投资者是否发挥监督作用、对公司财务的影响、不同制度水平的国家作用是否具有差异以及与境内机构投资者对公司决策的影响进行对比等方面展开研究。根据研究对象的不同，本书从研究对象为全球、发达国家、发展中国家分别进行以下的研究综述。

1. 全球视角下的境外机构投资者对上市公司的影响研究

现有的相关文献大部分从全球范围研究境外机构投资者对东道主国家（地区）上市公司的影响。如费雷拉和马托（Ferreira and Matos，2008）以除美国以外的 27 个国家（地区）上市公司为样本，研究境外机构投资者持股对公司业绩的影响；费雷里亚等（Ferreria et al.，2010）研究发现，境外机构投资者在全球跨国并购中通过降低主并方和目标方之间的信息不对称和交易成本而促进跨国并购；阿加沃尔等（Aggarwal et al.，2011）通过全球样本研究发现，来自公司治理水平较高的机构投资者能够促进东道主国家（地区）所持股公司的治理水平，促进先进的公司治理实践溢出到东道主国家（地区）；梁等（Luong et al.，2017）在阿加沃尔等（Aggarwal et al.，2011）的基础上，进一步发现境外机构投资者有助于东道主国家（地区）创新水平的提升。全球视角下境外机构投资者对东道主国家（地区）的影响研究还包括会计信息国际化趋同（Fang et al.，2015）、长期投资（Bena et al.，2017）、盈余管理（Lel，2018）和审计师选择（Kim et al.，2019）。具体研究内容从境外机构投资者对公司治理和公司财务进行分类综述如下。

（1）境外机构投资者对公司治理的影响

大量学者从不同角度展开了境外机构投资者对公司治理的影响研究。阿加沃尔等（Aggarwal et al.，2011）通过对除美国之外的23 个发达国家（地区）2003～2008 年公司层面样本研究发现，境外机构投资者通过持股东道主国家（地区）上市公司促进东道主国家（地区）的公司治理水平提升。这种促进作用主要体现在公司法律环境较弱（采用大陆法系）和公司治理水平较差的国家中。然而，这些国家的境内机构投资者则往往受到与持股公司之间的利益关联影响较大，未能发挥治理作用。与此同时，来源地法律环境更强的境外机构投资者是促进持股公司治理水平提升的主要驱动力量。还有学者从公司信息质量（审计师选择、财务信息国际化趋同、盈余管理和股价信息含量）的角度，为境外机构投资者促进公司治理提供了经验证据。

格德哈米等（Guedhami et al.，2009）选择全球 32 个国家（地区）176 家进行了私有化改革的国有企业为样本，研究在股权结构变化过程中政府持股和境外股东持股对该类企业审计师选择的影响。研究发现，境外股东倾向于选择"四大"审计师进行企业的外部审计，有助于提升公司的会计信息透明度；而政府持股则会降低企业选择"四大"审计师的概率。由于国有企业私有化样本较为特殊，金等（Kim et al.，2019）通过非美国的 40 个国家（地区）公司数据，研究了境外机构投资者对东道主国家（地区）审计师选择的影响，得到了与格德哈米等（Guedhami et al.，2009）一致的结论。金等（Kim et al.，2019）研究发现，境外机构投资者持股比例高的公司更加倾向于聘任"四大"审计师来缓解他们所面临的信息不对称，进而加强对所持股公司的外部监督作用。方等（Fang et al.，2015）在研究境外机构投资者对审计师选择的影响基础上，更进一步地研究了境外机构投资者对国际财务信息披露趋同的影响。研究发现，对于发展中国家上市公司，美国机构投资者需要更加透明的信息环境，特别是具有可比性的财务数据。因此，境外机构投资者促使所持股公司选择国际"四大"作为外部审计，进而促进东道主国家（地区）上市公司财务信息披露国际化趋同。不同于从审计师选择的视角研究境外机构投资者在公司治理中的作用，莱尔（Lel，2018）研究发现境外机构投资者有助于降低公司盈余管理，并且对公司治理水平较弱的国家（地区）的公司盈余管理抑制作用更加明显。除此之外，何等（He et al.，2013）通过选取全球40个国家（地区）资本市场作为样本研究发现，境外大额机构投资者通过增加知情交易、提升公司治理水平和信息披露质量的渠道提升股价信息含量。进一步研究发现，这种对股价信息含量提升作用只在沿用海洋法系和公司治理水平更高的东道主国家（地区）显著。

（2）境外机构投资者对公司财务的影响

大量的研究为境外机构投资者具有监督作用提供了经验证据，学者们进一步研究了其对公司财务的影响。费雷拉和马托斯（Ferreira and Matos，2008）主要研究了驱动境外机构投资者持股的因素，以及这些境外机构投资者对所持股公司价值和业绩表现的影响。研究选取非美国的27个国家（地区）作为研究对象，发现境外机构投资者更倾向于投资信息披露水平较高的公司，如MSCI指数成分股公司和同时在美国上市的公司。除此之外，非独立机构投资者（银行信托、保险公司及其他，也即压力敏感型）和独立机构投资者（共同基金经理和投资顾问，也即压力耐受型）对所持股公司的监督作用以及经营决策的影响具有差异。

随后，学者们从公司跨国并购（Ferreria et al.，2010）、长期投资（Bena et al.，2017）、企业创新（Luong et al.，2017）和投资效率（Chen et al.，2017）等方面研究了境外机构投资者对公司实际经营活动的影响。费雷里亚等（Ferreria et al.，2010）从公司跨国并购的视角研究了境外机构持股对公司投资行为的影响，发现境外机构投资者有助于缓解跨国并购中主并方和目标方的信息不对称性，降低交易成本。不论公司是主并方还是目标方，境外机构投资者持股均增加了该公司跨国并购概率和相应的成功率，并且有境外机构持股的主并方更倾向于获得目标方的全部控制权。这种影响在法律监管较弱的国家和欠发达国家中更为显著。研究还发现，境内机构投资者并未起到优化公司经营决策的作用。贝纳等（Bena et al.，2017）通过对境外机构投资者是否促进企业长期投资，检验了其持股东道主国家（地区）上市公司是短期套利还是长期价值投资。研究发现，境外机构投资者对管理层具有监督作用，进而有助于促进企业进行长期投资。与此同时，境外机构投资者由于可以通过他们全球的投资组合分散风险，他们对公司高风险的长期投资有更强的容忍度。梁等（Luong et al.，2017）研究发现，境外机构投资者有助于促进企业创新。陈等（Chen et al.，2017）以全球 64 个国家 506 家进行了私有化改革的企业为样本，研究发现，政府持股降低了企业的投资效率，而境外股东持股显著增加了企业投资效率。境外股东对企业投资效率的促进作用在政府放弃股权较多以及国家宏观治理水平较弱的公司更加明显。

除此之外，博巴克里等（Boubakri et al.，2013）通过 57 个国家 381 家私有化公司研究了不同股东性质对公司风险承担的影响。研究发现政府持股降低了公司的风险承担，而境外股东持股提升了公司的风险承担。境外股东一方面可以进行全球资本配置，能够有效分散风险，对个股所能承受的投资风险较高；另一方面，对公司风险承担能力的促进作用得以发挥需要国家层面宏观环境积极配合。当国家宏观公司治理环境好时，公司被征用的风险低以及政府控制少，境外股东对公司风险承担水平的提升促进作用更加明显，并且，这种提升程度取决于国家对公司控制权力的让渡。安等（An et al., 2019）通过对全球72家上市公司的研究发现，境外机构投资者促进公司风险承担的提升，与前者不同的是，除了采用更具普遍性的全球上市公司作为样本，研究还发现境外机构投资者与国家治理水平具有替代关系。

2. 境外机构投资者对发展中国家上市公司的影响研究

除了全球视角下的境外机构投资者相关研究，还有部分学者针对发展中国家进行研究。相比于发达国家，发展中国家往往存在企业融资难，法律制度、公司治理水平以及资本市场发育程度相对较低等问题。然而，斯蒂格利茨（Stiglitz, 1998, 1999, 2000）指出，如果发展中国家没有完善的市场体系、强有力的监管以及相应的法律制度保障，会导致其更容易受到国际资本流入的冲击。贝亚等（Bea et al., 2002）和伯特兰德等（Bertrand et al., 2002）也指出，由于发展中国家存在较高的政府掠夺风险，资本市场具有较高的股票收益波动率。随后，世图兹（Stulz, 2005）在研究中指出，由于东道主国家（地区）公司内部的代理问题会限制境外股东治理作用的发挥。李等（Li et al., 2006）在研究中指出，境外机构投资者治理作用的发挥，有赖于东道主国家（地区）基础法律制度以及治理基础措施等基本保障。学者们大多以发展中国家公司的股价波动率、资本市场定价效率和公司治理等为视角展开研究。

贝亚等（Bea et al., 2004）使用标准普尔新兴市场数据库（The standard & poor's emerging markets database, EMDB）中开放程度因子（degree open factor）代理外资进入情况。研究发现，发展中国家资本市场开放引入外资导致股价收益波动率提升。李等（Li et al., 2011）针对31个新兴市场国家，采用更加直接和准确的股东持股数据，研究了大额境外机构投资者对股价收益波动性的影响。研究发现，大额境外机构投资者具有促进资本市场稳定的作用，与股价收益波动率负相关。研究同时指出，大额境外机构投资者往往是战略投资者，长期持有股票。另外，由于卖出股票较为受限，也即卖出成本较高，因此，更倾向于对所持股公司进行监督。陈等（Chen et al.，2013）以 1998~2008 年 1,458 家中国上市公司为样本，研究了境外机构投资者持股对股票收益波动率的影响。研究结果表明，境外机构投资者通过提升股票流动性增加公司层面的股票收益波动率。

在境外机构投资者对发展中国家资本市场定价效率的影响方面，裴等（Bae et al.，2012）以 21 个发展中国家为研究对象，利用各个国家（地区）的开放程度来衡量境外股东的进入程度，研究境外投资者对证券市场定价效率的影响。研究发现，境外股东持股有助于全球信息更快速地传递到东道主国家（地区）证券市场，促进东道主国家（地区）股票价格更迅速地反映全球信息。研究还进一步发现，东道主国家（地区）对境外股东开放的股票往往具有更高的回报率，因为它们的价格能更快地融入全球信息。德沃夏克（Dvorak，2005）、黄和邵（Huang and Shiu，2009）分别选取印度尼西亚和中国台湾地区两个新兴市场研究境外投资者相较于当地投资者是否更具信息优势。德沃夏克（Dvorak，2005）利用印度尼西亚股票市场交易数据能够追溯到交易者是否为境外投资者的数据优势，通过对比当地投资者和境外投资者的投资收益情况，研究了两者各自的信息优势。研究发现，境内投资者具有更高的短期投资收益率，而境外投资者是长期投资收益率的胜出者。黄和邵（Huang and Shiu，2009）选择中国台湾地区为研究对象，对比了境外机构投资者与当地投资者之间的信息优势差异。境外机构投资者拥有强大的技术和金融专家、丰富的投资经验等资源，因此，具有更高的信用和声誉。而当地投资者比境外机构投资者更加了解中国台湾地区的法律制度宏观环境，能够获取更多当地公司的信息。但是，这种信息优势是随着时间积累可以得到弥补，随着境外机构投资者在台湾投资时间的增长，当地投资者将不再有信息优势，而当地投者不会因为时间的增长而具有境外机构投资者的信息优势。裴和戈雅尔（Bae and Goyal，2010）以 1998～1992 年韩国上市公司为样本，从股权集中度、是否企业集团控股以及是否发放股利三个维度衡量韩国公司治理水平，发现治理水平高的上市公司，资本市场开放后会有明显的股价提升。

在境外机构投资者对发展中国家公司治理的影响方面，黄和朱（Huang and Zhu，2015）借助中国股权分置改革这一事件，研究了合格境外机构投资者和境内机构投资者（共同基金）之间公司治理作用的差异。中国在 2005 年分批进行了非流通股可市场化流通改革，促使合格境外机构投资者能够与境内机构投资者享有同等的投票权，进而参与到所持股公司的治理中。研究发现，境外机构投资者能够有效地发挥监督作用，促使改革持续时间更短以及增加国有企业股权分置改革中对中小股东的补偿。而境内共同基金则更多地影响非国有企业治理。文章提供的经验证据说明，在新兴市场国家，境外机构投资者能够显著降低控股股东对公司的侵占。

3. 东道主国家（地区）为美国的境外股东相关研究

康和金（Kang and Kim，2010）从信息不对称的视角研究了通过跨国并购成为美国上市公司股东对目标公司的治理作用。研究发现，股东来源地和东道主国家（地区）之间的信息不对称决定了境外股东参与公司治理的积极性。具体地，两个国家语言、文化更为接近，或者主并方先前有在美国的并购经验时，信息不对称程度更低，境外股东参与公司治理越多。与此相对应，当两国距离较远，并且股东保护强度差异较大时，境外股东参与的公司治理活动越少。研究揭示了，股东来源地与东道主国家（地区）之间的信息不对称程度会影响境外股东的公司治理积极性。

4. 文献评述

（1）境外机构投资者对东道主国家（地区）上市公司以及资本市场的影响结论并不统一

境外股东对东道主国家（地区）的作用具有两面性：一方面具

有积极的影响，为东道主国家（地区）企业增加了融资渠道，有助于降低企业融资成本，增加市场资本存量；但是另一方面也存在负面的影响，降低了本国的资本市场稳定性，容易引入国际金融风险，甚至导致东道主国家（地区）卷入金融危机。

学者们分别从资本市场股票收益波动率、公司治理和境外股东是否更具信息优势等方面提供了正反两方面作用的证据。①在境外股东对金融市场稳定性方面：已有研究发现，境外股东进入会增加东道主国家（地区）资本市场的波动性（Bae et al.，2004；Stiglitz，2004）。陈等（Chen et al.，2013）以发展中国家中国为研究样本，发现境外股东持股增加了资本市场股票回报的波动率。然而，乌穆特卢等（Umutlu et al.，2010）研究发现，资本市场开放对不同的市场并不是同一时点发生的一次性事件，而是随时间变化的一个过程性事件；同时，不同市场开放时点及开放程度也不相同。考虑这些因素后，最终发现境外资本进入有助于降低东道主国家（地区）资本市场股票回报率波动性。李等（Li et al.，2011）选取发展中国家为研究对象，发现境外大额股东持股有助于降低股票回报波动率。

②在境外股东对公司治理的研究方面：阿加沃尔等（Aggarwal et al.，2011）研究发现，境外机构投资者能够促进东道主国家（地区）公司治理水平提升；然而，世图兹（Stulz，2005）指出，由于东道主国家（地区）公司内部的代理问题，公司"内部人"侵占外部投资者的利益会限制境外股东治理作用的发挥。除此之外，从境外机构投资者对企业治理的结果上来看，何等（He et al.，2013）研究发现，大额境外机构投资者促进股价信息含量的提升仅在投资者保护较强以及信息透明度较高的发达国家发挥作用；新兴市场往往公司治理水平较低，并未发现境外机构投资者提升股价信息含量。该结果说明，境外机构投资者对新兴市场国家公司治理是否发挥促进作用并不明确。

③境外股东相对境内投资者是否更具信息优势方面也没有达成共识。境外机构投资者更具投资经验和信息分析能力，然而由于地

理和文化差异，境外股东可能面临更高的信息收集成本（Kang and Kim，2008，2010）。综合来看，境外机构投资者是否更具信息优势结论并不一致。侯（Hau，2001）以德国为研究对象，发现境外股东并不具有信息优势。而格林布拉特和凯洛哈留（Grinblatt and Keloharju，2000）采用芬兰资本市场上市公司为样本，得出完全相反的结论。何等（He et al.，2013）研究发现，大额境外机构投资者收集信息的意愿更加强烈，通过增加知情交易促进股价信息含量提升，说明大额境外机构投资者更具有信息优势。除此之外，德沃夏克（Dvorak，2005）、黄和邵（Huang and Shiu，2009）分别通过对新兴市场印度尼西亚和中国台湾地区的研究，则发现境外机构投资者相对境内投资者不具有短期信息优势，但长期来看具有信息优势。

（2）全球视角下，境外机构投资者持股对不同程度法律制度水平和公司治理水平的东道主国家（地区）的作用结果存在差异

阿加沃尔等（Aggarwal et al.，2011）研究发现，由于东道主国家（地区）股权结构特点及其相应的公司代理问题存在差异等原因，境外机构投资者主要在采用大陆法系的东道主国家（地区）发挥治理作用。莱尔（Lel，2018）基于境外机构投资者对企业盈余管理的影响研究中，也发现境外机构投资者主要在沿用大陆法系或者投资者保护较弱的东道主国家（地区）具有抑制盈余管理的作用。安等（An et al.，2016）通过72个国家（地区）的公司样本，发现境外股东机构投资者对公司风险承担的促进作用在公司治理水平较低的东道主国家（地区）更强。然而，李等（Li et al.，2006）在研究中指出，境外机构投资者监督作用的发挥，有赖于东道主国家（地区）法律制度以及治理水平等基本保障。博巴克里等（Bou-bakri et al.，2013）通过研究全球国有企业私有化这一股权结构剧烈变化事件，发现境外机构投资者在东道主国家（地区）治理水平更高时对公司的风险承担水平促进作用更加明显。除此之外，何等（He et al.，2013）研究发现，大额境外机构投资者促进股价信息

含量的提升仅在投资者保护较强以及信息透明度较高的东道主国家（地区）发挥作用。

除了东道主国家（地区）制度背景和文化方面的差异，不同国家（地区）所处的经济发展阶段不同，决定了其资本市场开放政策以及开放程度均存在较强的异质性。各个国家（地区）吸引到的境外机构投资者种类及持股情况内生于该国的制度环境和经济发展阶段。首先，境外机构投资者的信息获取成本方面。境外机构投资者与东道主国家（地区）的地理距离和文化差距会影响信息收集成本，进而影响境外机构投资者在东道主国家（地区）的公司治理作用的发挥（Kang and Kim，2008，2010）。其次，大额境外机构投资者由于其持股比例较高，因此更有动力和能力收集公司信息，往往比外部投资者更具信息优势（He et al.，2013）。最后，境外股东的来源地与东道主国家（地区）治理水平的差异会影响其在东道主国家（地区）的监督效率，这种影响在高治理水平来源地与低治理水平东道主国家（地区）组合中更加显著（Kho et al.，2009）。因此，研究中样本的选择会对分析结果有较大的影响，针对境外机构投资者对中国上市公司经营行为的影响很有必要。

（3）境外机构投资者对发展中国家影响的研究不足

已有文献从公司投融资活动、公司资本市场风险、公司治理等多维度研究了资本市场开放背景下境外机构投资者对东道主国家（地区）的影响。从研究对象市场边界来看，大量的研究集中在对全球上市公司的影响。然而，新兴市场国家（地区）具有一系列的特殊性，如企业普遍面临融资约束，法律制度和公司治理水平相对较低（投资者保护程度弱、信息披露水平低等），以及市场配置资源的效率有待提升等，采用全球样本得到的研究结论可能不足以针对新兴市场国家（地区）。境外机构投资者对新兴市场国家（地区）影响的研究还比较少。其中，还有一个重要的原因是新兴市场国家（地区）信息披露水平低，境外股东数据获取相对困难。因此，境外机构投资者在新兴市场国家（地区）中的作用仍有待进一步研究。

综合上述分析可以发现，境外机构投资者对东道主国家（地区）的影响并未达成共识，需要根据具体问题进行相应的分析，不是一概而论地对东道主国家（地区）具有正面或者负面的影响。另外，结论无法达成共识的研究，往往是针对不同样本得到的结论具有差异。特别是发展中国家面临较大的政策不确定性，并且其市场发育程度低，相关研究往往结论差异较大，针对具体国家（地区）的研究在这点差异更为明显。如在论证境外股东是否具有信息优势时，由于研究对象自身信息透明水平的不同，导致境外股东短期内信息劣势的影响后果具有差异。因此，针对发展中国家，特别是新兴市场国家（地区）的研究有必要展开，而现有研究却远远不足。

2.3

公司投资文献综述

2.3.1　关于公司并购的研究

并购是一种复杂的公司投资活动，包括公司的战略目标、并购目标的选择、交易价格、支付方式、并购公告、并购的完成、并购后的核心人员安排、并购后的整合、并购价值创造（Zhu and Zhu，2016）。已有的并购相关研究主要针对是否并购、并购类型、并购方式以及并购的经济后果等的影响因素以及相应的理论解释展开。也即是什么因素驱动了企业发起并购，并购过程中主并方和目标方的选择，并购后的整合和经济后果等问题。具体地，并购相关研究主题包括：并购的价值创造、并购中管理者的自利行为、公司特征以及制度和经济环境对并购的影响。

影响企业并购的因素有很多，比较主流的关于企业并购的影响因素研究包括以下几个方面：追求市场势力（Andrade et al.，2000）；获取先进技术和开拓新的业务（Lee and Lieberman，2010；Stettner and Lavie，2014）；围绕公司特征展开的一系列研究，例如，企业先前的并购经验（Muehlfeld et al.，2012）、主并方股价被市场高估（Ben-David et al.，2015；Fu et al.，2013；Gu and Lev，2011；Khan et al.，2012；Savor and Lu，2009）、公司战略布局、公司资本结构（Almeida et al.，2011；Uysal，2011）和网络属性（Yang et al.，2010）；高管和高管团队特征因素（Huang and Kisgen，2013；Goodman et al.，2014；Nadolska and Barkema，2014；Huang et al.，2014）；以信息不对称理论为基础的主并方与目标方之间的关系（Chae et al.，2014；King，2007；Sleptsov et al.，2013；Vijh and Yang，2013）等。根据本书的需要，从公司外部和内部影响因素两个方面进行详细综述。

1. 公司外部因素

（1）外部经济因素

学者们从战略管理的视角研究企业追求战略与外部环境相匹配是否是企业并购的动机之一，宏观经济的不确定性会影响企业在发起并购和公司间合作两者中进行选择（Haleblian et al.，2009）。席林和斯延斯马（Schilling and Steensma，2002）发现，商业环境的不确定性增加了协议收购的概率。伯格和劳利斯（Bergh and Lawless，1998）以多元化公司为研究对象，发现当外部环境不确定性降低时，多元化公司会发起更多的并购，反之亦然。桑顿（Thornton，2001）研究发现，当外部制度环境发生变化而企业战略转型失败时，会促使企业增加并购。巴格瓦特等（Bhagwat et al.，2016）研究发现，并购交易过程中股票市场的不确定性降低了并购的发生概率。

（2）外部制度因素

①政府颁布法令法规。学者们也针对政府所颁布的具体法案对企业并购活动产生的影响展开研究。马拉泰斯塔和汤普森（Malatesta and Thompson，1993）研究发现政府颁布相关法令对主并方的并购绩效具有降低作用，但有助于目标方并购绩效的提升。马拉泰斯塔和汤普森（Malatesta and Thompson，1993）研究发现，美国

1968年针对要约收购的威廉姆斯法案颁布会影响投资者情绪，进而影响主并方的并购绩效。松阪等（Matsusaka，1996）研究发现，反垄断法并没有抑制企业并购。德弗斯等（Devers et al.，2008）从公司风险承担的角度发现，美国塞班斯法案（Sarbanes-Oxley Act，SOX）能够影响CEO的战略决策。除此之外，博纳姆等（Bonaime et al.，2018）研究发现，政策不确定性（税收、政府支出、货币和财政政策）降低了公司的并购概率以及总的并购数量。

②国家制度水平。大量的研究表明，不同国家法律制度的差异对公司价值具有重要影响（La Porta et al.，1999，2002，2008）。法律制度不仅影响控制权市场，还影响并购溢价（Palia，1993）与收益分配（Daines，2001）。国家制度环境包括法律、法规等正式制度和文化、社会关系等非正式制度。当一个国家具备较高的制度水平时，市场主体的经济行为均能得到较好的法律保障。大部分学者通过研究跨国并购来揭示国家投资者保护水平对企业并购决策的重要影响。总的来看，国家投资者保护水平更高时，并购绩效更好。罗西和沃尔平（Rossi and Volpin，2004）以1990～2002年国家层面的横断面并购为样本，研究了会计准则和投资者保护质量的差异是否会影响各国的并购结果，以及这些差异对跨国并购是否重要。证据表明，更好的会计准则和更强的股东保护会带来更大的并购交易量、更多的敌意收购和更高的收购溢价。布里斯和卡波利斯（Bris and Cabolis，2008）以1989～2002年39个国家（地区）收购的506家企业为样本，研究了在跨国并购的背景下，投资者保护的价值。研究发现，如果收购者拥有更好的股东保护和会计准则，跨境并购中的并购溢价要高于国内同类并购，投资者保护通过减少控股股东的侵占而带来并购溢价。同时，公司治理可能是跨国并购的动机之一。该研究补充了罗西和沃尔平（Rossi and Volpin，2004）的观点。卡普隆和纪廉（Capron and Guillen，2009）研究发现主并方和目标方所在国家投资者保护水平差异会影响主并方对目标方的资源利用。当主并方所在国家（地区）投资者保护水平相对目标方所

在国家（地区）更强时，主并方更加容易重组目标方的资产以及调配其资源；而当目标方所在国家投资者保护水平更强时，会限制主并方对目标方资产的调整以及资源调配能力。

针对新兴市场国家（地区），梅耶等（Meyer et al.，2009）研究发现，制度环境包括法律体系、政府执法效率、财产所有权、信息环境和监管机制等对外资在发展中国家的投资具有重要的影响。林等（Lin et al.，2009）从企业资源依赖的角度对比研究了美国和中国制度背景下，驱动企业并购活动的因素。研究指出，大量并购相关理论是基于美国发达经济市场提出的，在发展中国家应用时可能存在局限性。研究发现，制度是影响并购不可忽视的重要因素。企业作为嵌入网络中的学习者，受到制度发育程度的影响。

还有一部分文献以文化、信任和语言等因素作为切入点，研究非正式制度对并购的影响。霍普等（Hope et al.，2011）研究发现，发展中国家在收购发达国家的公司时，往往由于民族自豪感而过高出价。丁奇和艾瑞尔（Dinc and Erel，2013）选取 1997~2006 年欧洲国家（地区）公司并购为样本，研究了民族主义对并购的影响。研究发现，当境外投资者收购东道主国家（地区）的公司时，出于民族主义情结，东道主国家（地区）往往保留其控制权。这种现象在比较保守的国家（地区）以及弱政府执政时，更加明显。埃亨等（Ahern et al.，2015）从信任、等级制度和个人主义三个方面衡量文化，研究了文化差异对跨国并购的影响。研究发现，参与并购的双方文化差异较大时，会降低并购成功的概率，并且降低并购绩效。李等（Li et al.，2018）基于中国并购数据研究发现，主并方与目标方所在地语言差异与并购绩效负相关。研究发现，方言通过影响并购前的沟通和并购后的整合影响并购绩效。贝内什等（Beneish et al.，2008）针对一些特殊行业（烟草、酒精、博彩等）的研究发现，当政府针对这些行业即将出台一些法规时，该行业的公司会通过多元化并购建立政治关联来影响相关政策，最终降低政策可能会增加的交易成本。

（3）其他外部影响因素

除了上述的经济和制度因素，外部因素还包括：主并方与目标方之间的地理距离、媒体报道和分析师跟踪等因素也同样影响着企业的并购行为。艾瑞尔等（Erel et al.，2012）研究发现，主并方与目标方之间的地理距离，信息披露质量，以及双方所在国家（地区）是否有双边贸易对跨国并购数量具有显著影响。研究同时指出，尽管新闻媒体可能会受外界影响而进行有偏报道，发展中国家的国内媒体依然可以作为一种有效的外部治理渠道。李等（Li et al.，2018）研究发现，并购中分析师跟踪有助于提高目标方的股价信息含量，通过降低信息不对称提高资本市场的有效性以及促进主并方做出正确的投资策略，除此之外，也有助于目标方被收购后长期绩效的提升。进而揭示出，分析师报道是一种有效的外部治理机制。

2. 公司内部影响因素

关于并购的内部影响因素包括主并方、目标方以及并购交易的一系列特征。关于主并方特征，早期研究一致认为其规模与并购绩效负相关（Gorton et al.，2009），而成长性对并购绩效的影响结论不一（Lang et al.，1991；Servaes，1991），基于代理理论的自由现金流持有与并购绩效负相关（Devos et al.，2009），公司先前的并购经验与并购绩效成非线性关系（Hayward，2002）等。关于目标方的研究主要集中在讨论目标方是否为上市公司（Chang，1998；Maksimovic et al.，2013）。除此之外，还有一部分文献围绕并购交易特征展开。如并购支付方式（Savor and Lu，2009；Yang et al.，2019）、敌意收购（Schwert，2000）、多元化并购（DeLong，2001）、跨国并购（Moeller and Schlingemann，2005）、主并方与目标方的相对规模（Gorton et al.，2009）等。

除了上述的公司内部影响因素，格林汉姆等（Graham et al.，2015）认为 CEO 在企业并购中具有很强的话语权，大量的研究集中讨论了管理层自利行为和股东结构对并购的影响。

（1）管理自利行为

由于公司所有权与经营权的分离，公司经理人出于个人私利而不是股东利益最大化发起并购（Jensen，1986），即并购中存在股东与经理人之间的委托代理问题。阿格拉瓦尔和沃克林（Agrawal and Walkling，1994）发现，高管薪酬更高的行业，并购活动会更加频繁。戈梅所—梅加和威斯曼（Gomez-Mejia and Wiseman，1997）发现，公司高管倾向于通过频繁并购扩大公司规模来增加个人权利，降低离职风险。格林斯泰国和赫里巴尔（Grinstein and Hribar，2004）发现为了获取更高的薪酬奖励，公司高管更倾向于发起大规模的并购，并且这些并购的绩效更差。哈福德和朔恩蒂（Harford and Schonlau，2013）发现，年轻 CEO 主要为了获取永久性的薪酬增长而发起更多的并购，年龄较大的 CEO 则主要为了获得更多退休后的返聘机会而发起更多更大规模的并购。哈提等（EI-Khatib et al.，2015）从 CEO 社会网络视角进行研究，发现位于网络中心的 CEO 倾向于利用他们的信息资源优势连续发起价值毁损的并购活动，并以此来侵占公司利益。中国 CEO 发起并购相较于发达国家有更高的并购奖励（Hope et al.，2011；Lebedev et al.，2015）。

（2）股权结构

在全球范围内，大量的文献研究了不同国家的股权结构对公司长期绩效的影响（Lichtenberg and Pushner，1994；Thomsen and Pedersen，2000）。股权结构对并购的影响研究领域主要集中在管理层持股、机构投资者持顾、股权集中程度以及股东对公司并购决策和并购绩效的影响。首先，管理层持股方面。简森（Jensen，1993）指出，管理层持股有助于促进公司绩效的提升。而莫克等（Morck et al.，1988），麦康奈尔和瑟韦斯（McConnell and Servaes，1990，1995）和科尔等（Kole et al.，1995）研究发现，内部人持股比例与公司绩效呈非线性关系。特别是莱特等（Wright et al.，2002）研究发现，CEO 持股比例与并购超额收益呈非线性关系，同时指出，机构投资者持股增加了企业并购概率。科什等（Cosh et al.，2006）研究了高管持股对并购绩效的影响。研究发现，仅 CEO 持股与并购绩效显著正相关，董事长和其他高管持股均与并购绩效无显著关系。

其次，随着机构投资者对公司持股比例的持续增长，其对公司并购的影响也逐渐为学者们所关注，他们试图通过公司的并购活动来揭示机构投资者对公司经营的作用。但一直以来机构投资者持股对公司并购绩效的影响结论并不一致。有一部分文献研究发现，长期持有公司股票的独立机构投资者与并购绩效正相关（Kang et al.，2006；Chen et al.，2007）。纳因和姚（Nain and Yao，2013）通过对更具独立性的共同基金的研究发现，除了前期学者们所验证的监督作用，共同基金所特有的股票挑选技术和能力也是驱动其与并购绩效正相关的主要力量。研究同时指出，正如硬币的两面，共同基金通过卓越的股票筛选能力，甄选出未来能够获得高并购收益的股票，但同时这类基金往往换手率高，仅短期持股公司，因此对公司监督的作用有限。布鲁克斯等（Brooks et al.，2018）通过研究机构投资者同时持股多家公司对他们并购决策的促进作用，证明了机构投资者在公司战略决策中的重要作用。研究发现，机构投资者同时持股的两家公司发生并购的概率更大，并且并购绩效更好；除此之外，还有助于降低并购溢价，更多使用股权支付以及降低出现负的并购超额收益的概率。

另外一部分文献研究发现，机构投资者持股对公司并购绩效具有负向影响或者没有影响（Gaspar et al.，2005；Goranova et al.，2010；Harford et al.，2011）。加斯帕等（Gaspar et al.，2005）针对并购中目标方有机构投资者持股的研究发现，短期的机构投资者促使公司更容易接受主并方的收购，并且获得较低的并购溢价，进而导致管理者进行价值毁损的并购。戈拉诺娃等（Goranova et al.，2010）研究发现，机构投资者往往持股多家公司，当机构投资者同时持有主并方和目标方股票时，由于更多关注合并后的总体收益，因而会降低对经理人的监督作用，最终导致主并方的并购收益下降。哈福德等（Harford et al.，2011）随后研究发现，虽然机构投资者对公司持股逐年增加，但由于同时持股主并方和目标方的机构投资者数量太少，以至于对并购绩效不具有影响。还有学者就对冲基金积极参与企业并购展开研究。格林伍德和肖尔（Greenwood and Schor，2009）研究发现，从股东积极主义的视角研究发现，对冲基金投资的公司被收购的超额回报更高，他们倾向于投资被低估的公司，推动公司控制权转移进而获利，他们往往没有改善公司治理状况的动机。博伊森等（Boyson et al.，2017）进一步研究发现，对冲基金的价值创造作用主要是通过影响目标公司的收购结果实现的。对冲基金增加了企业的收购要约，有更高的并购超额回报和完成率。但是当对冲基金持股的公司是主并方时，竞标会导致运营业绩、财务政策的改善，以及长期绩效的提升。这表明股东参与经营提高了公司价值。对冲基金的价值创造源于并购过程中对目标管理的监控，而非对目标方的估值偏差。

再次，股权集中度方面主要讨论第二类代理问题对并购的影响。波米克和瑟拉卡（Bhaumik and Selarka，2012）利用印度企业层面的数据，研究了所有权集中度对企业并购绩效的影响。研究发现，不同于西方发达国家，对于印度这样的新兴经济体，所有权集中可能会减少经理人与所有者之间的代理冲突，但它也可能促成其他形式的代理冲突——大股东与中小股东之间的第二类代理问题，进而所有权集中不一定会改善并购后的业绩。

最后，李等（Li et al.，2018）通过手工收集的美国上市公司并购交易数据，采用断点回归方法研究发现，股东针对并购事项的投票有助于并购价值创造。由于股东与经理人之间存在代理问题，经理人有动机通过选择并购支付方式来避免股东投票。公司机构投资者持股比例较高时，有助于抑制经理人规避股东投票的行为，同时具有咨询作用，通过知识和资源的输出促进并购价值创造。

3. 文献评述

中国的股权结构与发达国家存在差异。由于发达国家（地区）

已有上百年的并购历史，并且法律环境更好，投资者保护较强，股权较为分散，代理冲突主要体现在股东与经理人之间的第一类代理问题上。现有的并购研究大部分是针对发达国家展开，因此，对大股东与中小股东之间的代理冲突对并购决策的影响较少。除了股权分散程度，股权类别也存在差异。如国有企业在经济发展和社会稳定中发挥着重要作用是中国制度一大特色。虽然在过去的几十年间，民营企业也得到了极大的发展。例如，国家为了提高国有企业的生产经营效率，最终增强竞争力，主导了国有企业的重组，引入民营企业持股国有企业（Bruton et al.，2015）。但不可否认，国有企业依然拥有更多的资金资源、人力资源和技术资源。与此同时，国有企业固有的所有者缺位，其经营目标中承担了社会稳定、就业等政策性任务而非企业价值最大化，严重的代理冲突等一系列问题。国有企业在一定程度上也体现了政府对经济的干预。在中国股权集中，股东类别多样的背景下，境外机构投资者对并购的影响还是空白。

综合以上分析，正如阿尔斯特伦等（Ahlstrom et al.，2003）在研究中所提到的，基于发达国家的公司并购研究可能无法很好地解释中国的并购活动。因此，中国的企业并购活动影响因素有待进一步研究。

2.3.2　关于公司创新的研究

长期以来，企业创新被认为是决定一个国家长期经济增长的根本性因素（Solow，1957）。企业创新是一种企业长期投资，且在未来较长时期才可能盈利，具有高风险，需要经营者具备冒险精神、勇于尝试探索的企业经营活动（Holmstrom，1989）。由于创新的上述特点，公司出于对创新内容的保密，仅部分披露相关信息，因此公司内部信息环境很可能是不透明的。除此之外，公司价值会因其战略布局和创新过程的性质而被低估。因此，创新项目的投资容易出现各种市场摩擦，如道德风险、管理者短视、信息不对称等（Bhattacharya and Ritter，1983）。因此，深入研究企业创新行为的决定因素，对于理解一个国家的长期经济增长至关重要。

现有的研究主要从企业的外部环境和内部组织结构特征两个主要方面研究了企业创新活动的影响因素。其中外部环境因素包括法律环境（Acharya and Subramanian，2009；Sapra et al.，2014；潘越等，2015；倪骁然和朱玉杰，2016）、产品市场竞争（Aghion et al.，2005）、宏观经济政策不确定性（Bhattarcharya et al.，2017；顾夏铭等，2018）、分析师跟踪（He and Tian，2013；陈钦源等，2017）、资本市场股票流动性（Fang et al.，2014）等；内部组织结构的因素则包括董事会治理（Balsmeier et al.，2017）、高管特质方面具备相关技能（Custodio et al.，2017）、高管薪酬结构（Manso，2011；Ederer and Manso，2013）、机构投资者持股（Aghion et al.，2013；Chemmanur et al.，2014；Luong et al.，2017；温军和冯根福，2012）、债权人持股（Chang et al.，2017；Gu et al.，2017）等。此外，还有部分研究发现基于企业集团的内部资本市场发展（黄俊和陈信元，2011）、有效的营运资本管理（Brown and Petersen，2011；鞠晓生等，2013；刘波等，2017）、更强的社会关系资本（陈爽英等，2010）、来自政府部门的创新补贴（Czarnitzki and Hussinger，2004；解维敏等，2009；白俊红和李婧，2011）等，均有助于提高企业的创新能力，促进企业的创新活动。

国家的法律制度环境是微观公司得以有序运营的保障，因此，法律制度如何影响企业创新成为学者们关注的重点。与此同时，随着机构投资者在公司治理以及经营决策中的作用日趋凸显，机构投资者对企业创新的影响成为学者们关注的热点。本节对企业外部法律制度环境和内部机构投资者对创新的影响进行详细的文献综述。

1. 法律制度环境对企业创新的影响

阿查里雅和苏布拉曼尼亚（Acharya and Subramanian，2009）研究发现，当破产法对债权人更加有利时，企业会避免采用更高的杠杆，进而导致企业创新下降。与之相反，当破产法对债务人更加有利时，则促进企业创新。布朗等（Brown et al.，2013）将国家法律水平和股票市场与微观企业的科学研究与试验发展（research and development，R&D）投入联系一起，研究发现，企业创新投资的固有属性决定了股票市场成为其融资的主要渠道。强有力的投资者保护和股票市场的发展能够大幅度提高企业 R&D 投入的回报率，更加有利于企业的 R&D 资金获得，其投入也随之提升，特别是对中小企业的作用更加明显。萨普拉等（Sapra et al.，2014）研究发现创新与企业被收购压力呈"U"型关系。反收购法能够导致公司收购压力发生改变。完全自由的公司控制权市场和严厉到足以阻止企业被收购的反收购法情况下最有利于企业创新。郝和路（Hao and Lu，2018）研究了中国政府干预市场经济对公司投资的影响。结果表明，由于 R&D 投入风险高以及短期无法盈利的特点，地方政府对企业的投资进行干预后导致地方国企的 R&D 投入降低。潘越等（2015）通过高新技术行业的上市公司，研究了公司诉讼风险对被诉企业创新活动的影响。研究发现，资金类诉讼对企业的创新活动具有抑制作用，而产品类诉讼则正向激励了企业的创新。倪骁然和朱玉杰（2016）研究发现，《劳动合同法》实施后，劳动密集型企业中创新投入和产出均有明显的提升。

2. 机构投资者对企业创新的影响

机构投资者持股是否能够促进企业创新，学术界并未达成共识。综合归纳国内外文献，主要有以下三种不同的观点：（1）机构投资者追求短期利益，不利于企业的创新。波特（Porter，1992）在分析美国经济运行中公司层面存在的问题时指出，机构投资者主要追求短期收益，缺乏公司层面的特质信息，无法看到企业的长期价值，因此，公司经营者没有动力进行技术创新投资；（2）机构投资者具备专业的信息挖掘能力，能够挑选出有长期价值创造潜力的公司进行投资，并促进该公司创新提升。科赫哈尔和大卫（Kochhar and David，1996）认为机构投资者拥有更加专业的信息分析团队，在信息收集和分析方面具有规模经济，他们能够识别出真正具备长期价值创造潜能的企业进行投资，持股后对公司施加影响，使得公司经营者有积极性实行技术创新战略；（3）大部分学者支持机构投资者积极主义的观点。他们认为机构投资者由于持股比例较高，作为大额股东退出成本较高，往往长期持有公司股份，更加关注企业的长期价值实现，进而对企业创新具有正向促进作用（Jensen，1993）。

学者们通过提供经验证据以及构建理论模型来研究机构投资者对企业创新的影响，但结论不一。较多的学者研究表明机构持股对企业创新具有正向促进作用（Hansen and Hill，1991；Wahal and McConnell，2000；Aghion et al.，2009；Aghion et al.，2013）。阿格依奥等（Aghion et al.，2013）通过实证研究发现，机构投资者有助于提升创新产出效率。通过构建理论模型发现，机构投资者加强监督有助于高管免受因高风险研发项目失败导致的声誉损失，这是机构投资者促进创新产出的作用机制。与此同时，研究排除了机构投资者监督经理人勤勉尽责而提升创新产出的作用渠道。布拉夫等（Brav et al.，2018）研究发现，对冲基金在公司创新中的作用较为明显，其在降低研发支出的同时提升了研发产出。当公司研发项目较为多样时这种促进作用更加明显。这种对研发效率的提升作用是通过对研发资源和人力资本的重新分配改变研发范围实现的。切马努尔等（Chemmanur et al.，2017）研究发现，相同行业内，由同一个机构投资者持股的企业能够达成更多的战略联盟，进而展开更多的联合创新，并共享创新成果。渠道验证发现，这些战略联盟通过网络关系调整重组研发人员，提升了创新效率。

但也有学者如格雷夫斯（Graves，1988）则提供了相反的证据，认为机构投资者抑制了企业的创新，甚至有研究认为两者并不相关。近期的研究包括：齐（Qi，2009）从更为一般化的股东积极主义视角研究了股东干预管理者创新激励办法对企业创新成果的影响。研究发现，由于企业创新可能导致股价信息含量下降，无法准确反映公司的基本面信息。因此，迫于股东的压力，管理者会减少创新项目。通过对公司股价信息含量、是否有机构投资者持股、分析师报道的横截面差异分析发现，当股价信息含量高、有机构投资者持股和更多的分析师报道时，股东干预对创新的负向影响不显著，与作用机制的逻辑一致。温军和冯根福（2012）从企业 R&D 投入和专利申请两个维度，实证检验了中国制度背景下，机构投资者持股对企业创新的影响。研究发现，机构投资者持股对企业的专利申请不具有影响，但对 R&D 投入有显著的抑制作用。对机构投资者和企业性质进行分类后发现，证券投资基金抑制了企业创新，并且这种抑制作用在国有企业中更为明显；在民营企业中，机构投资者持股对企业的创新活动具有正向激励作用。

随着全球金融一体化进程的加快，境外机构投资者对企业创新的影响成为学者们关注的热点。瓜达卢佩等（Guadalupe et al.，2012）通过西班牙 2800 家制造业样本，验证了境外机构投资者对公司创新的影响。研究发现，高生产率公司更加容易被境外公司收购，并且成为子公司后，通过母公司增加的出口扩大了市场规模，创新收益因此增多，驱动了子公司创新增加。梁等（Luong et al.，2017）通过 2000~2010 年，除美国以外的 26 个国家（地区）的公司样本研究发现，境外机构投资者持股会促进公司创新增加。这种促进作用的作用渠道有三个：增加对公司的监督、增加失败容忍度和来自高创新产出国家的境外机构投资者的知识溢出。

3. 文献评述

机构投资者对企业创新的影响并未达成共识。在中国法律制度背景下，机构投资者对公司治理和经营决策的影响日趋重要，而国内该类研究却很少。因此，有必要探究机构投资者对企业创新的影响及其作用机制。在资本市场开放背景下，境外机构投资者持股也成为不可忽视的资本市场力量，那么境外机构投资者能否促进企业创新以及促进企业创新的作用机制还是空白，有必要就此展开研究。

2.3.3 关于公司投资效率的研究

在理想的世界中，资本将被有效地分配到每个项目中，每个项目的单位资本收益均相同（Modigliani and Miller，1958）。但是，现实世界中市场存在信息不对称和代理问题等摩擦的影响，而使资本的投入偏离最优解（Stein，2003）。早期大量的学者从信息不对称和委托代理角度研究了企业非效率投资的产生原因，随后学者们致力于研究如何促进企业投资效率的提升。

1. 企业非效率投资的理论解释

梅耶斯和梅吉拉夫（Myers and Majluf，1984）基于信息不对称提出"融资优序"理论，企业增发股票被投资者视为一种公司经营负面信号，因此，要求折价发行，导致企业投资不足。法扎里等（Fazzari et al.，1988）研究指出，企业所面临的融资约束主要是资本市场信息不对称带来的。信息不对称会进一步影响投资—现金流敏感性，导致企业非效率投资。同时期，也有学者从委托代理视角展开研究：简森（Jensen，1986）指出，所有权与经营权的分离导致股东与经理人之间利益不一致，经理人在制定投资决策时，往往基于自身利益最大化而非股东利益最大化。当公司的自由现金流充足时，经理人便会出于自身利益的考虑投资一些净现值为负的项目，最终导致企业过度投资。世图兹（Stulz，1990）认为，股东对公司的治理作用缺失，他们不知道公司的实际运营情况，管理者会经常声称现金流太少无法投资所有净现值为正的项目。当公司有充裕的自由现金流时，管理者为了获得更多的津贴和奖励以实现自身价值而过度投资。而当公司现金流真正很低时，管理层被迫投资过少，最终导致公司投资不足。伯特兰德和穆莱纳桑（Bertrand and Mullainathan，2003）利用国家实施反收购法对公司治理产生的影响，研究了既然管理层与股东利益不一致，那么管理层所关注的利益是什么。研究发现，已有研究发现的管理层倾向于"帝国建造"可能不是常态，他们可能更喜欢享受平静的生活而不尽责。因此他们会放弃净现值为正的项目，导致投资不足。理查森（Richardson，2006）从财务指标的角度构建了衡量投资效率的模型，发现与委托代理理论解释一致。自由现金流水平高的公司往往会出现过度投资。而某些公司治理结构能够缓解企业的过度投资。

国内也有部分学者基于上述理论通过中国数据对企业的投资效率进行了研究。张功富和宋献中（2009）在前人提出的企业投资效率计算方法的基础上，综合考虑先前计算模型的各种不足提出了新的计算投资效率的模型。屈文洲等（2011）通过市场微观结构理论中的知情交易概率 PIN 值作为信息不对称衡量指标来表征融资约束程度，研究发现，公司的信息不对称程度越大，投资支出越低。当公司信息不对称程度较大时，其投资—现金流敏感性也对应较高，并且两者的关系呈非线性。

2. 机构投资者与企业投资效率

市场存在摩擦，因此企业的非效率投资普遍存在。大量学者基于信息不对称理论和委托代理理论，从公司外部制度环境以及治理环境和公司内部治理结构、信息透明度等角度展开研究。具体地，包括以下几个方面研究对企业投资效率的影响：

（1）公司外部环境方面

"法与金融"角度的投资者保护（McLean et al.，2012）、环境不确定性（Julio and Yook，2012；申慧慧等，2012）、政府干预（Deng et al.，2017；Hao and Lu，2018）、产品市场竞争（Laksmana and Yang，2015）、反腐败（金宇超等，2016）、产业政策（王克敏等，2017）。

（2）公司内部治理方面

信息披露质量（Chen et al.，2011；Biddle et al.，2009；Cheng et al.，2013）、会计稳健性（Lara et al.，2016）、政治关联（Pan et al.，2017）、股权激励计划（吕长江和张海平，2011）、股权制衡（Maury and Pajuste，2005）、多个大股东（Jiang et al.，2018）、独立董事治理（陈运森和谢德仁，2011）、决策权配置（刘慧龙等，2014）、董事会权限（柳建华等，2015）。

随着机构投资者持股比例的不断增加，其对公司投资效率的影响成为学者们关注的热点。然而，学术界对机构投资者的治理效应还没有达成共识，因此有必要分别研究其对公司作用的经济后果。国内外关于机构投资者以及境外股东对投资效率的影响研究还不多，主要集中在以下文献：

理查森（Richardson，2006）和唐雪松等（2007）研究发现，机构投资者能够有效监督管理层的投资决策，抑制其过度投资。陈等（Chen et al.，2017）选取全球 64 个国家（地区）私有化公司为样本，研究了所有权类型对企业投资效率的影响。研究发现，政府和外国股东与公司存在不同程度的代理问题和信息不对称。政府持股降低了投资支出—投资机会敏感性，而境外股东则提升了投资支出—投资机会敏感性。当国家的整体治理水平较差时，境外股东对企业效率的提升作用更加明显。

3. 文献评述

经过对国内外投资效率相关文献的梳理，可以发现，由于机构投资者的公司治理效应仍然存在争议，机构投资者对投资效率的影响研究较少。已有的研究对机构投资者的讨论还不够深入，例如，不同种类的机构投资者持股目的、偏好均有差异，对公司的治理效应也会不同，因此，相应地对投资效率的影响可能存在差异。随着基本市场开放步伐加快，境外机构投资者的持股比例逐渐提升，因此有必要研究其对公司作用的经济后果。研究不同种类的境外机构投资是否对企业的投资效率有影响，相应的作用机制，以及公司不同的外部治理水平和内部治理机制差异的横截面分析很有必要。

2.4

本章小结

改革开放是中国的基本国策，在此基础上，从资本市场建立之初政府就关注对外资的引进。党的十九大更是提出要"引进来"与"走出去"相互结合发展。在 2016 年博鳌论坛上，李克强总理强调，开放是改革，开放同时可以促进改革。中国资本市场要进行高质量、深层次改革，增加国际竞争力，以更好地促进实体经济发展。纵观中国资本市场开放历史，从 1991 年 B 股市场建立到合格境外机构投资者制度建立，再到"陆港通"，最终纳入 MSCI 和 FEST 指数，可以发现，国家对资本市场开放的重视，以及资本市场开放对中国未来金融市场的发展将具有更加重要的影响。

　　国内外学者针对资本市场开放对开放国的影响进行了大量的研究。其中包括资本市场开放对国家层面宏观经济增长、资本流入和投资增长及金融稳定性的影响，对证券市场风险、市场效率及资本成本的影响和对企业微观层面公司治理及公司绩效的影响。资本市场开放对一国宏观经济的影响结论并不一致，主要是由于国家异质性以及内生性问题较为严重。但大部分学者还是指出，一国资本市场开放的速度应与其自身经济发展水平以及制度环境相匹配。过快或者过慢的本国基础制度环境的发展都无法有效发挥外资的作用。

　　境外机构投资者在全球金融一体化中扮演了重要角色，引起大量学者的关注。然而，境外机构投资者对东道主国家（地区）的影响并未达成共识，需要根据具体问题进行相应的分析，不是一概而论地对东道主国家（地区）具有正面或者负面的影响。另外，结论无法达成共识的研究，往往是针对不同样本得到的结论具有差异。特别是发展中国家面临较大的政策不确定性，并且其市场发育程度低，相关研究往往结论差异较大，特别是针对具体国家的研究。如境外机构投资者对东道主国家（地区）治理作用的发挥具有差异，与东道主国家（地区）法律制度环境是替代还是互补的关系，研究结论各具差异。因此，针对发展中国家，特别是新兴市场国家的研究有必要展开，而现有研究却远远不足。

　　兼并与重组和创新是关系到企业当前及未来发展的重要投资活动。大量的研究表明法律制度环境对其具有重要影响，而中国资本市场建立相对较晚，公司治理、投资理念、信息环境、监管各方面与发达国家还有一定的距离。在中国制度环境背景下，境外机构投资者对企业并购和创新的影响研究远远不足。除了企业具体的重大投资项目，资本的配置效率也是学者们关注的重点。信息不对称和代理问题是导致企业非效率投资的主要原因。已有研究表明，境外机构投资者对公司治理以及企业信息环境有促进作用，那么，其是否对企业投资效率具有影响，以及其中的作用机制也是值得关注的问题。本书将在已有的境外机构投资者研究基础上，结合中国的制度环境特殊性，围绕企业的投资问题来探究境外机构投资者对微观企业的影响，以弥补现有文献的不足以及为中国资本市场开放提供相关政策参考。

第3章

境外机构投资者与公司并购

本章主要研究境外机构投资者对中国上市公司并购行为的影响。具体地，研究境外机构投资者对公司并购绩效的影响以及作用机制；干预公司并购决策的途径；境外机构投资者影响公司并购绩效的横截面差异，包括公司外部治理机制（政府干预和产品市场竞争程度）、内部治理机制（是否存在多个大股东）、公司代理冲突（高管在职消费）以及产权性质差异；并进一步研究其对公司并购频率、并购金额、海外并购、并购支付方式等的影响。图3-1展示了本章的研究思路。

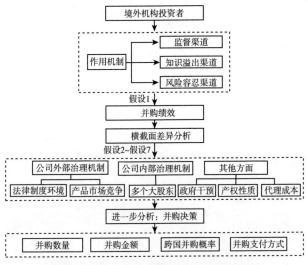

图3-1 境外机构投资者与并购研究思路

资料来源：笔者绘制。

3.1

理论分析与研究假设

自 20 世纪 80 年代以来,伴随全球化和金融一体化的发展,境外机构投资者的作用日趋重要,成为影响资本市场开放国经济发展的关键因素(Ferreira and Matos,2009)。本书认为,境外机构投资者至少可以通过以下三种渠道影响公司的并购决策,包括监督渠道、知识溢出渠道和风险容忍渠道。

1. 监督渠道

境外机构投资者往往持有较高比例的公司股份,他们有能力并且有意愿对所持股公司的经营决策进行有效的监督(Bena et al.,2017;Lel,2018)。首先,相比于国内的机构投资者,境外机构投资者通常具有更强的激励对管理层实施监督。一方面,相比于境内机构投资者,境外机构投资者与持股公司没有其他利益关系,更加独立于所持股的公司(Gillan and Starks,2003;Ferreira and Matos,2008;Aggarwal et al.,2011;Bena et al.,2017)。阿加沃尔等(Aggarwal et al.,2011)的研究中,他们发现即使是同一机构投资者,当其为本国(地区)公司的股东时,出于与该公司其他方面的利益关系,通常会迎合管理层,降低对公司的监督;而当其为境外公司的股东时,则能够与该公司的关系保持独立,有效发挥监督作用。独立的机构投资者更倾向于收集信息,并积极参与到公司的投资决策中(Chen et al.,2007)。另一方面,由于境外机构投资者需要同时遵守他们本国以及东道主国家(地区)的制度规则,并且更加注重自身声誉,相比于境内机构投资者,他们更无法容忍公司经营过程中管理者的机会主义行为(Lel,2018)。此外,境外机构投资者通常较少受到政治压力,能够更有效地发挥监督作用。黄和朱(Huang and Zhu,2015)借助中国股权分置改革这一事件研究发现,相较于本国的机构投资者,境外机构投资者能够促使改革持续时间更短以及增加国有企业股权分置改革中对中小股东的补偿，显著降低控股股东对公司的侵占。

其次，境外机构投资者具有丰富的公司治理实践经验，能通过多种途径影响公司的经营决策。境外机构投资者不仅通过"用手投票"直接影响公司经营决策，还可以通过董事会传递好的治理方案（Aggarwal et al.，2011；Lel，2018），或者通过外部媒体对管理者施压，甚至直接进行代理权竞争，更换业绩较差的管理者（Lel，2018）。除此之外，境外机构投资者会通过"用脚投票"进行退出威胁（Aggarwal et al.，2011），间接影响公司经营决策。如果境外机构投资者抛售大量的股票，会向市场传递公司负面信息，导致公司股价下降，进而增加管理者的压力（姜付秀等，2015）。这种潜在的退出威胁有助于迫使管理者采纳境外机构投资者的经营建议。

已有的大量经验研究表明，境外机构投资者通过对公司决策的干预优化公司治理水平，有助于缓解公司内部股东与经理人以及控股股东与中小股东之间的代理冲突。阿加沃尔等（Aggarwal et al.，2011）通过董事、审计、反收购条款、薪酬和股东四个维度的综合公司治理指标发现，除美国外的 23 个发达国家（地区）中，境外机构投资者促进了公司治理水平的提升。他们还发现境外机构投资者促进了 CEO 变更—业绩敏感性提升。格德哈米等（Guedhami et al.，2009）通过全球国有企业私有化样本，与国家持股对比后发现，境外股东促进公司选择高质量审计师。方等（Fang et al.，2015）研究发现，对于发展中国家上市公司，美国机构投资者促进公司选择国际"四大"进行审计，能够带来东道主国家（地区）上市公司财务信息披露国际化趋同，最终促进公司信息质量的提升。在方等（Fang et al.，2015）的基础上，金等（Kim et al.，2019）对研究样本范围扩大，通过非美国的 40 个国家（地区）公司数据，研究发现，境外机构投资者持股比例高的公司更加倾向于聘任"四大"审计师来缓解他们所面临的信息不对称，进而加强对所持股公司的外部监督作用。莱尔等（Lel et al.，2018）研究发现，境外机构投资者持股能够降低公司的盈余管理。针对中国股权集中度较高和存在政府干预的制度背景，黄和朱（Huang and Zhu，2015）发现境外机构投资者相比于国内机构投资者能够更有效地抑制控股股东对中小股东的利益侵占。

公司内部人与外部投资者之间的代理冲突是导致并购减损公司价值的关键因素之一。由于所有权和经营权分离，管理者出于薪酬、奖金、权利、个人风险以及职业生涯等个人利益考量，倾向于发起满足自身利益最大化而非股东价值最大化的并购活动，从而导致公司价值下降（Jensen，1986；Shleifer and Vishiny，1989；Morck et al.，1990；Haleblian et al.，2009；Shi et al.，2017）。除此之外，中国上市公司股权高度集中，控股股东与中小股东之间的利益冲突成为公司不能忽视的代理问题来源。在新兴经济体，股权高度集中时，"并购"便成为控股股东掏空公司，侵占中小股东利益的惯用手法（Bhaumik and Selarka，2012）。根据前面分析，境外机构投资者有助于提升公司的治理水平，不仅对管理者具有监督效应，同时能够抑制控股股东对中小股东的利益侵占。因此，有助于公司做出更优的并购决策。

2. 知识溢出渠道

境外机构投资者是连接其来源地与东道主国家（地区）的桥梁，能够促进并购知识和经验从来源国传递到东道国，进而优化公司的投资策略，促进并购绩效提升。首先，境外机构投资者通过与全球范围内的公司管理者、投资者和公司其他利益相关者之间的网络关系交换知识和潜在的机会。梁等（Luong et al.，2017）通过对全球 26 个国家（地区）上市公司样本研究认为，境外机构投资者通过商业网络促进知识的传递，进而推进企业创新。瓜达卢佩等（Guadalupe et al.，2012）研究发现，跨国投资能够促进知识传递。费雷夫亚等（Ferreria et al.，2010）研究表明，境外机构投资者通过降低主并方和目标方之间的信息不对称和交易成本，提升跨国并购成功概率。该研究揭示了境外机构投资者在其来源地与东道主国家（地区）之间的信息桥梁作用，促进了信息和机会的互动。

其次，境外机构投资者促进了并购知识和经验的传递。正如斯蒂格利兹（Stigliz，2000）和李等（Li et al.，2011）研究中所指出的，境外机构投资者除了为东道主国家（地区）提供了资金来源，还有更多其他非资本利益，包括劳动力培训、商业管理、先进的管理技术、市场专业技能以及新的出口业务等。并购是公司的重大投资事项，其过程涉及目标方的选择、估值、收购方案和双方谈判等专业的战略投资决策以及项目管理的知识和经验。具体而言，这些知识和经验既包括东道主国家（地区）并购活动所积累的，也包括境外机构投资者自身具备的。德隆和德扬（DeLong and DeYoung，2007）研究了企业在并购活动中是"看中学"还是"干中学"发现，公司管理者能够从其他公司的并购活动中进行学习，提升本公司在并购中的价值创造。其基本逻辑是，决策者能够通过观察公司所在的行业或者市场发生的并购活动，学习和积累并购经验，进而优化公司的并购决策。因此，境外机构投资者一方面受来源地资本市场并购活动的影响，能够将来源地的并购知识和经验传递到东道主国家（地区），另一方面其自身具备的强大信息分析团队和投资方面的专家（Dvorak，2005；Huang and Shiu，2009），也能够向东道主国家（地区）传递先进的投资知识和经验。境外机构投资者进一步将并购经验应用到公司的并购决策中，有助于促进并购绩效的提升。

3. 风险容忍渠道

相比于国内机构投资者，境外机构投资者通常具有更强的风险容忍度，能够缓解管理者短视，推动公司投资风险更高的项目，促进公司长期价值创造。境外机构投资者由于可以通过全球配置资本分散风险，他们对公司可能的高风险和短期无收益的长期投资有更强的容忍度。别布亚克等（Bebchuk et al.，2015）发现，大额机构投资者往往就公司的发展战略，而非关注短期收益，采用直接干预的方式影响公司经营决策。贝纳等（Bena et al.，2017）研究了境外机构投资者是短期套利者还是致力于长期价值投资者，发现境外机构投资者促进公司增加对固定资产、研发和人力资本的投入，不仅能够抑制管理层对公司的侵占，而且能够推动公司投资风险更高的项目以促进公司成长。梁等（Luong et al.，2017）的研究中也发现，境外机构投资者能够降低管理者的短视，更关注公司长期价值创造。因此，境外股东的介入能够扩大公司可投资项目集合，有助于公司选择更优的并购标的，促进并购绩效的提升。图 3 - 2 展示了境外机构投资者对公司并购绩效影响的逻辑。

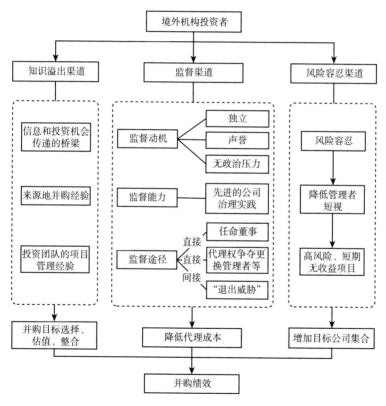

图 3 - 2　境外机构投资者对并购绩效的影响逻辑

资料来源：笔者绘制。

综合以上分析，提出以下假设：

假设1：境外机构投资者能够促进公司并购绩效提升。

好的法律制度环境是境外机构投资者治理作用得以发挥的基本保障（Li et al.，2006）。吉尔和斯塔克（Gillan and Stark，2003）在研究中指出，弱的法律制度环境会增加境外机构投资者的监督成本、限制其持股比例、无法保障投票权的行使等，阻碍境外机构投资者对公司治理作用的发挥。何等（He et al.，2013）研究发现，大额境外机构投资者通过提升公司治理水平和信息披露质量增加股价信息含量。但是，这种促进作用仅在外部法律制度环境更好的公司显著。博巴克里等（Boubakri et al.，2016）通过全球国有企业私有化的样本研究发现，东道主国家（地区）投资者保护程度越高，越能够缓解境外股东信息劣势，促进其有效发挥监督作用。梅耶等（Meyer et al.，2009）也在研究中指出，法律体系、政府执法效率、财产所有权、信息环境和监管机制等制度环境因素对外资在发展中国家的投资具有重要的影响。在弱的法律制度环境下，境外机构投资者影响公司经营决策的途径被限制甚至中断，无法发挥对公司的监督作用，也无法将好的投资决策"传递"至公司，最终不利于提高并购绩效。

因此，本书提出以下假设：

假设2：当公司所处的法律制度环境更好时，境外机构投资者对并购绩效的提升作用更强。

较强的政府干预可能导致境外机构投资者基于自由市场经济环境的并购经验无法适用于中国市场。各省级政府具有地区经济管辖权，市场整体被行政省份"条条块块"碎片化（Sun et al.，2012；Fan and Wang，2001；Gong et al.，2011；Chan et al.，2010），地方保护主义盛行，成为企业并购的重要障碍（Poncet，2005；Wang，2004）。方军雄（2008）对企业异地并购和多元化并购的研究发现，地方政府干预能够影响企业的并购决策，进而证明了中国市场存在地区分割的现象。

较强的政府干预不仅导致企业的并购决策偏离公司价值最大化的最优解，也在一定程度上限制了境外机构投资者治理效应的发挥，抑制了其对并购绩效的促进作用。境外机构投资者监督成本大幅提升，对公司的监督激励下降。除此之外，博巴克里等（Boubakri et al.，2013）通过全球 57 个国家（地区）的 381 家国有企业私有化的样本，对比研究了政府和境外股东持股对公司风险承担的影响，发现境外股东持股提升了公司的风险承担，并且作用程度取决于政府对公司控制权的让渡。政府干预不利于境外机构投资者对公司风险承担的提升，进而公司将减少高风险—高收益项目的投资。

因此，当政府干预较少时，市场的力量主导资源配置，境外机构投资者内生于自由竞争市场中的并购经验更具适用性。企业受到政府"掠夺"风险的降低，有助于缓解公司内部代理冲突，此时，境外机构投资者的监督成本降低，监督效率提升，"内部人"在公司并购中的利益侵占行为得到抑制，企业的风险承担水平也相应地提升。最终，境外机构投资者对并购绩效的提升作用更强。

综合以上分析，我们提出以下假设：

假设 3：境外机构投资者对政府干预较少的公司并购绩效的促进作用更强。

除此之外，政府持股对企业并购具有重要影响（Peng，2006）。中国上市公司中，国有企业仍然占有较大比例。国有企业的主要经营目标为基础设施建设、实现财政收入以及就业等，不同于民营企业的以股东价值最大化为目标（Lin et al.，1996）。因此，境外机构投资者即使有好的并购经验传递也很难在国有企业中得到有效执行。另外，国有企业的委托代理层级较多，也导致境外机构投资者监督成本过高而放弃监督，最终不利于并购绩效的提升。

因此，本书提出如下假设：

假设 4：境外机构投资者对民营企业并购绩效的促进作用更强。

产品市场竞争是一种有效的外部治理机制，在竞争激烈的市场环境中，公司的信息披露总量更多，有助于缓解信息不对称（Stigler，1958；陈信元等，2013）。此外，充分的产品市场竞争能够分离出对管理层业绩有影响的不可控因素（陈信元等，2013），有助于境外机构投资者获得能够评估管理层业绩表现的可靠信息，提升监督效率，降低经理人的机会主义行为，进而提升并购绩效。

因此，我们提出以下假设：

假设5：当产品市场竞争更加激烈时，境外机构投资者对企业并购绩效的提升作用更强。

最终不利于公司并购绩效的提升。何等（He et al.，2013）研究发现，大额境外机构投资者通过提升公司治理水平和信息披露质量增加股价信息含量。但是，这种促进作用仅在治理水平更高的公司显著。博巴克里等（Boubakri et al.，2016）通过全球国有企业私有化的样本研究发现，投资者保护程度越高，越能够缓解境外股东信息劣势，促进其有效发挥监督作用。

因此，我们提出以下假设：

假设6：当公司代理成本较低时，境外机构投资者对并购绩效的促进作用更强。

波米克和瑟拉卡（Bhaumik and Selarka，2012）对印度上市公司的研究发现，不同于发达国家，发展中国家股权更加集中，除了股东与经理人之间的代理问题不利于并购的价值创造外，控股股东与中小股东之间的代理冲突成为降低并购绩效不可忽视的因素。公司治理框架下，控制性大股东通过控制权侵占中小股东利益（Boubaker et al.，2014；Larrain and Urzúa，2013），并购重组为"内部人"转移公司资产、侵占中小股东利益提供了很大的便利（Bhaumik and Selarka，2012）。中国上市公司同样具有股权集中的特点，而公司存在多个大股东时，能够缓解控制性大股东与中小股东之间的代理冲突（Bennedsen and Wolfenzon，2000；Maury and Pajuste，2005；Attig et al.，2008；Laeven and Levine，2008；Ben-Nasr et al.，2015）。江等（Jiang et al.，2018）研究发现，非控制性大股东由于持股比例较大，有监督控制性大股东的动机，并且他们对控制权的潜在竞争也将有助于抑制控制性大股东攫取控制权个人私利，同时有效降低经理人的机会主义行为。因此，当公司存在多个大股东时，境外机构投资者面临相对更少的"内部人"侵占，有更强的激励监督经理人并影响企业的投资决策，最终促进并购绩效提升。

综合以上分析，我们提出以下假设：

假设7：当公司存在多个大股东时，境外机构投资者对并购绩效的促进作用更强。

3.2

研究设计

3.2.1　样本与数据来源

2002 年中国证监会颁布了《合格境外机构投资者境内证券投资管理暂行办法》，允许合格境外机构投资者将有限额度的外汇资金兑换成人民币进入中国 A 股市场投资。与此同时，中国上市公司并购信息披露在 2003 年之后才较为完整。因此，本章研究选取 2003～2016 年沪深两市 A 股上市公司并购样本作为研究对象。参考王艳和李善民（2017）的研究，根据以下规则进行样本筛选：①剔除金融行业的公司；②剔除并购金额小于 100 万元的样本；③剔除主要变量数据有缺失的样本，最后得到 10,303 个公司—年度数据，涉及 2,420 家 A 股上市公司。

参考陈等（Chen et al.，2013）和邓柏峻等（2016）的研究，本书将境外投资者定义为在中国境外国家或地区注册（或总部在境外国家）的企业实体，或者境外公司的非上市控股子公司。为了获得详细的境外股东持股数据，本书按照以下步骤收集境外投资者信息：①从 CSMAR 股东数据库获取上市公司前十大股东数据，包括前十大股东名称和持股比例；②根据前十大股东名称从上市公司年报和证券交易所指定的上市公司信息披露平台获取股东背景信息，据此判断该股东是否来自境外以及具体的来源地。③对于获取的境外机构投资者数据进行信息来源的多渠道验证，以保证最终数据的准确性，最后整理得到中国上市公司前十大股东境外机构持股数据库。值得说明的是，该数据涵盖了合格境外机构投资者。

境外机构投资者来源地法律环境、公司治理状况和管理技术先进性得分排名均来自对应文献公开的指数。具体地，①来自拉·波塔等（La Porta et al.，1998）判定来源地采用的是大陆法系还是海洋法系，对于该文未涉及的国家（地区）我们通过搜索引擎查询该国家（地区）的法律体系进行补充；②来自考夫曼等（Kaufmann et al.，2009）提供的政府治理先进性综合指标；③来自全球竞争力（global competitiveness，2008－2009）提供的国家法律系统对中小股东保护程度指数；④来自布什曼等（Bushman et al.，2004）公司治理信息披露指数；⑤来自布卢姆等（Bloom et al.，2012）目标管理技术、激励管理技术以及综合管理技术先进性综合指数。

另外，本书从 SDC 数据库获取全球各个国家（地区）每年的并购次数和上市公司数量数据。由于一些国家（地区）资本市场成立较晚，相关制度和监管都不够成熟，按照惯例，我们删除了上市公司数量小于 100 的国家（地区）。最终用全球 42 个国家（地区）2003～2016 年的并购数量在该国上市公司总数中的占比均值来度量境外机构投资者来源地并购知识的强弱。上市公司的财务数据以及公司治理相关的变量均来自 CSMAR 数据库。对于缺失或者可疑的数据，我们根据巨潮资讯上市公司年报信息和万得（wind）数据库的对应信息进行了人工比对。

市场化指数来自王小鲁等（2016）的《中国分省份市场化指数报告》来衡量法律制度环境，市场化指数是由政府与市场关系、非国有经济的发展、要素市场的发育程度、产品市场的发育程度、市场中介组织和法律制度环境五个维度计算而得的综合指数，代表了中国各省份的市场化进程。该指数涵盖的时间范围为 2009～2015 年，由于地区治理环境具有稳定性和延续性（俞红海和徐龙炳，2010），我们用 2009 年的市场化指数来衡量 2003～2008 年的市场化程度，用 2015 年的市场化指数来衡量 2016 年的市场化程度。为了消除极端值对回归结果的影响，按照通常做法，本书对所有连续变量进行上下 1% 的缩尾处理。

3.2.2　模型设定和变量定义

在参考陈等（Chen et al.，2013）及王艳和李善民（2017）模型的基础上，我们建立了模型（3-1）并使用 OLS 回归方法考察境外机构投资者持股对并购绩效的影响，检验我们提出的研究假设 1：

$$
\begin{aligned}
CAR_{i,t+1} = {} & \alpha_0 + \alpha_1 FIO_{i,t} + \alpha_2 DIO_{i,t} + \alpha_3 DIOSTAT_{i,t} + \alpha_4 SIZE_{i,t} \\
& + \alpha_5 LEV_{i,t} + \alpha_6 OCF_{i,t} + \alpha_7 GROWTH_{i,t} + \alpha_8 TOP1_{i,t} \\
& + \alpha_9 TRSIZE_{i,t} + \alpha_{10} RELATED_{i,t} + \alpha_{11} PAYCASH_{i,t} \\
& + \alpha_{12} MAJOR_{i,t} + \alpha_{13} MTYPE_{i,t} + \sum YEAR + \sum IND \\
& + \varepsilon_{i,t}
\end{aligned}
\tag{3-1}
$$

其中，被解释变量 CAR 是并购事件宣告日窗口期内的公司股票累积超额回报，也即并购事件的短期市场绩效，现有文献主要通过该指标衡量并购行为的整体效率。我们按照市场模型法测量如式（3-2）所示：

$$
CAR_{it} = \sum R_{it} - (\hat{\alpha}_i + \hat{\beta}_i R_{mt})
\tag{3-2}
$$

其中，

$$
\hat{R}_{it} = \hat{\alpha}_i + \hat{\beta}_i R_{mt}
\tag{3-3}
$$

$\hat{R}_{it}$ 表示是样本公司第 t 期如果不发生并购的收益率预期值如式（3-3）所示。根据资本资产定价模型（CAMP），$\hat{\alpha}_i$ 和 $\hat{\beta}_i$ 通过并购事件公告前无其他事件干扰的样本公司股票收益率与市场收益率用最小二乘法计算的系数；

AR_{it} 表示事件期内样本股票的实际收益率 R_{it} 与预期收益率 $\hat{R}_{it}$ 之间的差值，计算公式如式（3-4）所示。

$$AR_{it} = R_{it} - (\hat{\alpha}_i + \hat{\beta}_i R_{mt}) \qquad (3-4)$$

CAR 即为并购事件窗口期内每个交易日公司股票超额收益率 AR_{it} 的总和，如式（3-5）所示：

$$CAR_{it} = \sum AR_{it} \qquad (3-5)$$

由于中国市场上市公司消息提前泄露情况更为严重，参考现有文献的通用做法，本书同时采用 [-2，+1]、[-3，+1]、[-4，+1] 三个事件窗口来捕捉并购事件的超额收益，用以检验境外机构投资者与并购绩效之间的关系。如果境外机构投资者促进了并购绩效的提升，那么境外股东持股比例越多企业并购活动的市场绩效 CAR 值会越高，回归系数 α_1 预计为正。

解释变量 FIO 为境外机构投资者持股比例，为上市公司前十大股东中机构持股并且最终控制人来自境外的持股比例总和。控制变量包括境内机构投资者持股比例（DIO）、境内政府持股比例（$DOMSTAT$）、公司规模（$SIZE$）、资产负债率（LEV）、公司现金流量（OCF）、公司成长性（$GROWTH$）、第一大股东持股比例（$TOP1$）、并购规模（$TRSIZE$）、关联并购（$RELATED$）、支付方式（$PAYCHSH$）、重大资产重组（$MAJOR$）、并购类型（$MTYPE$）。此外，还控制了行业（IND）和年份（$YEAR$）的影响。模型中各变量的定义见表3-1。

表3-1 主要变量定义

变量	变量含义	变量定义
CAR	并购短期市场绩效	CAR [-2，+1] 为并购首次宣告日前2天和后1天的股票累计超额报酬率
		CAR [-3，+1] 为并购首次宣告日前3天和后1天的股票累计超额报酬率
		CAR [-4，+1] 为并购首次宣告日前4天和后1天的股票累计超额报酬率

续表

变量	变量含义	变量定义
$BHAR$	并购长期市场绩效	$BHAR_{12}$ 为购买并持有主并公司股票 12 个月，股票收益率超过市场组合的收益率
		$BHAR_{24}$ 为购买并持有主并公司股票 24 个月，股票收益率超过市场组合的收益率
		$BHAR_{36}$ 为购买并持有主并公司股票 36 个月，股票收益率超过市场组合的收益率
ΔROE	并购长期财务绩效	$\Delta ROE_{t-1,\,t+1} = ROE_{t+1} - ROE_{t-1}$ 为并购前后一年净资产收益率的变化
		$\Delta ROE_{t-2,\,t+2} = [ROE_{t+2} + ROE_{t+1}]/2 - [ROE_{t-1} + ROE_{t-2}]/2$ 为并购前后两年净资产收益率的变化
		$\Delta ROE_{t-3,\,t+3} = [ROE_{t+3} + ROE_{t+2} + ROE_{t+1}]/3 - [ROE_{t-1} + ROE_{t-2} + ROE_{t-3}]/3$ 为并购前后三年净资产收益率的变化
FIO	境外机构投资者持股	上市公司前十大股东中，属于机构投资者且该机构的最终控制者来自境外机构的股东持股比例之和
DIO	境内机构投资者持股	上市公司前十大股东中属于境内金融机构的股东持股比例之和
$DOMSTAT$	政府持股	上市公司前十大股东中，政府直接持股和国有法人持股比例之和
$SIZE$	公司规模	主并公司并购前一年的规模，为年初总资产的自然对数
LEV	风险	主并公司并购前一年的资产负债率，等于年初总负债/总资产
$GROWTH$	成长性	主并公司并购前一年的销售收入增长率
ROA	盈利	主并公司的资产收益率，等于度净利润/年初总资产
OCF	现金流量	主并公司并购前一年经营活动产生的现金流量除以总资产
$TOP1$	股权集中度	主并公司并购前一年第一大股东持股比例
$TRSIZE$	交易规模	并购交易金额/主并公司并购的年初总资产

变量	变量含义	变量定义
RELATED	关联交易	并购事件为关联交易取1，否则取0
PAYCASH	支付方式	主并公司发起的并购以现金支付取1，其他支付取0
MAJOR	重大资产重组	并购事件为重大资产重组取1，非重大资产重组取0
MTYPE	并购类型	并购事件为资产收购为0，资产置换为1，吸收合并为2，其他为3
IND	行业	行业哑变量，依据证监会2012年修订的《上市公司行业分类指引》的1位码进行分类，剔除金融业后，样本分布在17个一级行业，共设置16个行业虚拟变量
YEAR	年份	年份哑变量，选取了2003～2016年共14年的数据作为研究对象，设置13个年份虚拟变量

3.3

实证结果与分析

3.3.1 境外机构投资者与并购绩效

1. 描述性统计

表3-2至表3-5显示了上市公司前十大股东中境外机构投资者、境内机构投资者和政府的每年持股情况。值得说明的是，由于境外资本参与中国证券市场的方式比较多样，本书样本中境外机构投资者包含了以下几类：非流通股东中的境外股东、B股和H股股东、合格境外机构投资者、中国公司在境外上市而引进的境外股东、境外股东在华合资公司及独资分公司对中国A股的投资以及在华合资的基金公司作为机构投资者在中国股票市场的投资。表3-2

报告了境外机构投资者的年平均持股比例、较大持股比例（持股比例5%以上）的境外机构投资者年平均持股比例以及合格境外机构投资者的每年持股情况。表3-2中第2列报告了样本期间各年份的上市公司数量，2003年有1,276家上市公司，到2016年增长至3,042家，可以发现中国股票市场有较快的发展。表3-2中，第3列和第5列分别报告了境外机构投资者和合格境外机构投资者的年平均持股比例，整个样本期间内，境外机构投资者的平均持股比例为3.07%，而合格境外机构投资者的平均持股比例为0.21%，说明在境外机构投资者中合格境外机构投资者持股仅占了很少一部分。再以最新样本时间2016年为例，境外机构投资者的年平均持股比例为2.65%，而合格境外机构投资者只有0.2%，在境外机构投资者总的持股比例中占比只有7%，所以研究中仅以合格境外机构投资者持股比例来代理境外机构投资者的持股状况会存在较大的测量误差。表3-2中第4列报告显示较大持股比例（持股比例在5%以上）的境外机构大额持股机构投资者的平均持股比例为2.75%，说明大额持股的境外机构投资者在总的境外机构投资者中占有较大的比例。表3-2最后一列为中国外汇管理局每年审批通过的合格境外机构投资者额度，根据官方披露的数据显示在2015年和2016年均在800亿美元以上，相较2015年之前有了明显的提升。

表3-2　　　　　境外机构投资者持股比例及合格境外机构
投资者（QFII）情况年度统计

年份	公司数量/家	境外机构投资者/%	境外大额持股机构投资者/%	QFII	QFII额度/亿美元
2003	1,276	1.97	1.75	0.05	17.00
2004	1,361	2.22	1.95	0.08	34.75
2005	1,360	2.40	2.03	0.21	56.95
2006	1,441	2.82	2.29	0.39	90.95
2007	1,558	3.31	2.85	0.38	100.45

年份	公司数量/家	境外机构投资者/%	境外大额持股机构投资者/%	QFII	QFII额度/亿美元
2008	1,614	3.19	2.86	0.28	134.43
2009	1,764	3.32	2.95	0.28	166.70
2010	2,117	3.63	3.31	0.20	197.20
2011	2,352	3.63	3.37	0.15	211.40
2012	2,482	3.83	3.55	0.17	374.43
2013	2,519	3.60	3.31	0.21	464.43
2014	2,649	2.76	2.46	0.19	596.74
2015	2,840	2.78	2.49	0.19	810.68
2016	3,042	2.65	2.32	0.20	817.38
平均值	—	3.07	2.75	0.21	—

注：表中给出样本年度境外股东持股数量与总股本数量的比值；股东持股比例单位为%，境外大额机构投资者持股比例指对一家上市公司持股比例在5%以上的境外机构投资者。

表3-3报告了上市公司境内股东（境内机构投资者、政府、个人）的年平均持股比例。第3列报告了境内金融机构的持股年度分布，样本期内境内金融机构平均持股比例为4.81%，与境外机构投资者的平均持股比例3.07%较为接近。第4列报告的境内非国有法人的平均持股比例16.51%，从年度分布上来看，境内非国有法人的持股比例在2014年之后有所提升，可能与境内政府持股比例的大幅下降有关。第5列报告了境内政府持股的年度分布情况，样本期内境内政府的平均持股比例为22.64%。从2003~2016年，境内政府持股比例呈明显的下降趋势，由2003年的40.12%降至2016年的14.21%，这与2005年的股权分置改革，以及国家此后所颁布的一系列支持民营企业降低国家对企业控制的国有企业改革政策有关，本书的数据呈现出的该特点与实际情况一致。虽然样本期内政府的平均持股比例比境内金融机构、境内非国有法人和境内

个人持股比例高，但从 2016 年平均持股比例为 14.21% 来看，已经低于境内非国有法人和境内个人的平均持股比例。第 6 列报告了境内个人持股比例的年度分布，平均持股比例为 11.23%，且逐年递增。

表 3 - 3　　　　　　　　境内股东持股比例年度统计

年份	公司数量/家	境内金融机构/%	境内非国有法人/%	境内政府/%	境内个人/%
2003	1,276	3.10	14.64	40.12	1.27
2004	1,361	3.53	16.21	37.54	2.17
2005	1,360	3.74	16.29	36.10	2.07
2006	1,441	4.60	15.53	30.72	3.18
2007	1,558	5.03	14.95	28.19	4.92
2008	1,614	4.78	14.80	27.14	5.86
2009	1,764	4.85	14.51	25.29	8.52
2010	2,117	5.00	15.70	21.87	12.49
2011	2,352	4.76	16.18	19.82	14.60
2012	2,482	4.30	16.29	19.15	15.18
2013	2,519	4.38	16.05	18.71	15.37
2014	2,649	5.33	18.78	15.50	15.21
2015	2,840	5.67	18.34	14.87	16.26
2016	3,042	5.97	18.60	14.21	16.77
平均值	—	4.81	16.51	22.64	11.23

注：表中给出样本年度境内股东持股数量与总股本数量的比值；境内非金融机构指非国有法人，境内政府持股比例包含政府直接持股比例和国有法人持股比例。

表 3 - 4 列示了根据境外机构投资者来源地分组统计的平均持股比例，对应数值可以体现出不同来源地的境外机构投资者对单独一家公司的持股水平。我们的样本中，境外机构投资者来源地有 20 个为亚洲国家及地区（包含中国的港澳台 3 地区）、23 个欧美国家

（地区）和 8 个离岸属地。其中，在来源地为亚洲国家（地区）的样本中，来自巴基斯坦的境外机构投资者平均持股比例高达 35.27%。亚洲国家（地区）及地区中，除了巴基斯坦，来自黎巴嫩（平均持股比例 26.10%）、中国台湾（平均持股比例 19.42%）、以色列（平均持股比例 11.99%）、中国香港（平均持股比例 11.61%）的境外机构投资者平均持股比例位居前五。在欧美国家（地区）来源地中，巴拿马（平均持股比例 36.04%）、瑞典（平均持股比例 19.11%）、卢森堡（平均持股比例 9.68%）、西班牙（平均持股比例 9.20%）、丹麦（平均持股比例 7.93%）的境外机构投资者平均持股比例位居前五。由于像百慕大群岛、维尔京群岛、开曼群岛等离岸属地以低税率成为有名的"避税天堂"，有一些机构会出于避税目的在该地设立公司，我们统计的来自离岸属地萨摩亚的境外机构投资者平均持股比例最高达 23.62%，其次是维尔京群岛高达 22.09%。按照来源地地理位置分布划分，来自于亚洲国家（地区）、欧美国家（地区）和离岸属地的境外机构投资者平均持股比例分别为 10.49%、3.89% 和 17.56%。可以发现，来源地为离岸属地的境外机构投资者持股比例最高，其次是亚洲国家（地区），来自欧美发达国家（地区）的境外机构投资者持股比例最低，仅为 3.89%。说明在中国境外资本来源地结构中，来自发达国家（地区）的境外资本进入资本市场的占比依然较低。图 3-3 展示了境外机构投资者为亚洲国家（地区）、欧美国家（地区）和离岸属地按来源地划分排名前 10 的境外机构投资者平均持股比例。

表 3-4 　　　　不同来源地的境外机构投资者持股比例

亚洲国家（地区）		欧美国家（地区）		离岸属地	
国家（地区）	持股比例	国家（地区）	持股比例	国家（地区）	持股比例
巴基斯坦	35.27	巴拿马	36.04	萨摩亚	23.62
黎巴嫩	26.10	瑞典	19.11	维尔京群岛	22.09

续表

亚洲国家（地区）		欧美国家（地区）		离岸属地	
中国台湾	19.42	卢森堡	9.68	巴巴多斯	15.74
以色列	11.99	西班牙	9.20	毛里求斯	12.14
中国香港	11.61	丹麦	7.93	开曼群岛	7.28
文莱	7.57	法国	7.66	塞舌尔共和国	2.08
菲律宾	6.37	新西兰	5.38	百慕大群岛	0.64
马来西亚	6.18	英国	5.06	巴哈马	0.08
日本	5.22	澳大利亚	4.82		
新加坡	4.93	德国	3.82		
中国澳门	3.95	美国	3.53		
蒙古国	3.00	荷兰	2.96		
泰国	2.98	奥地利	2.15		
阿联酋	1.79	瑞士	2.15		
越南	0.94	俄罗斯	1.18		
科威特	0.91	比利时	1.15		
韩国	0.75	挪威	0.86		
印度	0.55	爱尔兰	0.86		
斯里兰卡	0.36	加拿大	0.83		
卡塔尔	0.08	秘鲁	0.43		
		列支敦士登	0.42		
		意大利	0.23		
平均持股比例	10.49	平均持股比例	3.89	平均持股比例	17.56

注：表中给出的是不同来源地境外机构股东持股比例（境外机构股东持股数量占总股本的比值）的平均值。统计的境外机构股东包括一般境外法人机构和合格境外投资者。股东持股比例单位为%。

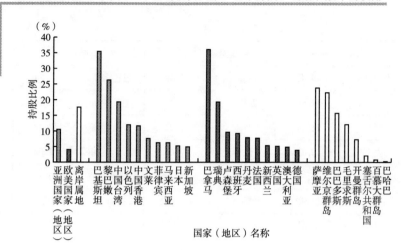

图 3 - 3   境外机构投资者持股比例来源地分布

表 3 - 5 报告了不同行业境外机构投资者以及对单家公司持股超过 5% 的大额境外机构投资者的平均持股比例。行业分类主要依据证监会 2012 年修订的《上市公司行业分类指引》的 1 位码，共18 个行业。从表 3 - 5 报告的统计结果来看，金融业（J）的境外机构投资者平均持股比例最高，为 7.96%，交通运输、仓储和邮政业（G）次之，为 6.38%。这两个行业对应的大额境外机构投资者平均持股比例分别为 7.28% 和 5.79%，与总的持股比例较为接近。而居民服务、修理和其他服务业（O）以及教育业（P），没有境外机构投资者持股，科学研究和技术服务业（M）的境外机构投资者平均持股比例较低，仅为 0.04%。高科技企业较为集中的制造业（C）和信息技术业（I）境外机构投资者的持股比例分别为 3.39% 和 2.22%。图 3 - 4 展示了各行业境外机构投资者平均持股比例大小的对比情况。可以发现，境外机构投资者过多地集中于金融业（J）和交通运输、仓储和邮政业（G），而高科技企业较为集中的制造业（C）和信息技术业（I）的持股比例不及前两个行业的一半。

表 3 - 5　　　　　境外机构投资者持股比例行业分布

行业	境外机构投资者/%
农、林、牧、渔业（A）	0.87
采矿业（B）	3.33
制造业（C）	3.39
电力、热力、燃气及水生产和供应业（D）	1.62
建筑业（E）	2.18
批发和零售业（F）	0.98
交通运输、仓储和邮政业（G）	6.38
住宿和餐饮业（H）	2.36
信息技术业（I）	2.22
金融业（J）	7.96
房地产业（K）	1.50
租赁和商务服务业（L）	0.77
科学研究和技术服务业（M）	0.04
水利、环境和公共设施管理业（N）	2.99
居民服务、修理和其他服务业（O）	0.00
教育（P）	0.00
卫生和社会工作（Q）	2.78
文体和娱乐业（R）	0.73
综合（S）	0.90
平均持股	2.99

注：表中给出样本年度境外机构投资者持股数量与总股本数量的比值。

　　表 3 - 6 报告了并购事件的行业和年度分布。其中行业依据证监会 2012 年修订的《上市公司行业分类指引》的 1 位码进行分类，共 18 个行业。从行业分布来看，并购事件主要分布在制造业、房

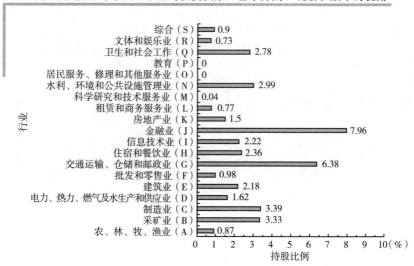

图 3-4 境外机构投资者持股比例行业分布

地产业、批发和零售业，以及信息传输、软件和信息技术服务业。从年度分布看，虽然并购事件数量在不同年份之间有一定的波动性，但总体上呈现上升趋势，并在 2014 年达到峰值。

表 3-6   并购事件的行业—年度分布

行业	2003年	2004年	2005年	2006年	2007年	2008年	2009年	2010年	2011年	2012年	2013年	2014年	2015年	2016年	总计
A	5	7	2	8	10	6	4	11	16	17	18	14	19	19	156
B	9	4	13	24	30	30	24	19	35	15	22	25	22	22	294
C	190	130	168	270	313	215	282	326	435	503	639	784	737	730	5,722
D	20	15	21	45	41	45	39	33	34	42	48	39	51	53	526
E	4	2	5	8	10	15	17	20	21	22	23	39	50	43	279
F	47	28	19	52	53	45	48	52	43	50	47	80	45	58	667
G	16	22	13	25	17	17	22	28	28	16	22	41	30	30	327
H	0	2	2	3	3	2	6	4	5	4	6	4	3	1	45

续表

行业	2003年	2004年	2005年	2006年	2007年	2008年	2009年	2010年	2011年	2012年	2013年	2014年	2015年	2016年	总计
I	10	6	14	14	15	14	20	40	42	68	101	144	119	85	692
K	31	21	46	91	56	74	87	59	47	87	73	84	81	80	917
L	4	2	4	4	9	6	11	10	12	14	19	30	20	14	159
M	1	0	1	2	1	0	1	3	6	6	11	5	14	10	61
N	7	3	5	11	2	6	5	7	10	14	21	16	19	129
P	0	0	0	0	0	1	0	0	0	1	0	0	1	2	5
Q	0	0	2	3	1	1	1	3	1	9	8	12	7	47
R	2	6	6	8	5	11	4	7	7	19	24	22	27	21	169
S	9	5	7	11	10	6	12	9	9	5	8	5	5	108
总计	355	252	326	579	576	494	585	624	748	885	1,078	1,346	1,256	1,199	10,303

注：A＝农、林、牧、渔业；B＝采矿业；C＝制造业；D＝电力、热力、燃气及水生产和供应业；E＝建筑业；F＝批发和零售业；G＝交通运输、仓储和邮政业；H＝住宿和餐饮业；I＝信息传输、软件和信息技术服务业；J＝金融业；K＝房地产业；L＝租赁和商务服务业；N＝水利、环境和公共设施管理业；R＝文化、体育和娱乐业；S＝综合。

表 3 -7 报告了主要变量的描述性统计结果。并购超额收益指标 *CAR*[-2, +1]、*CAR*[-3, +1] 和 *CAR*[-4, +1] 的均值分别为 0.009、0.010 和 0.011，所有时间窗口的 *CAR* 值均显著大于 0。该结果与现有大量基于发达国家的研究发现主并方公司在并购中的超额收益小于 0 的结果不同，但与王艳和李善民（2017）所报告的结果差别不大，王艳和李善民（2017）报告的 [-1, +1] 和 [-2, +2] 的 *CAR* 均值分别为 0.024 和 0.028。以 *CAR*[-4, +1] 为例，均值为 0.011 说明并购事件导致公司股票市值平均增长 1.10%，最大值为 34.9%，最小值为 -29.2%，中位数为 0.2%，标准差为 10.4%，表明不同公司的并购事件对公司价值的影响存在较大的差异。*FIO* 的均值为 0.025，说明在样本公司中境外机构投资者平均持股比例为 2.5%。*TOP*1 的平均值为 36.25%，与中国股权高度集中的背景一

致。是否关联并购（*RELATED*）均值为 0.431，说明中国并购事件中关联并购的占比为 43.1%，与王艳和李善民（2017）中的 39.2% 差别不大。其他各变量的分布与现有文献均基本一致，不再赘述。

表 3 - 7 主要变量的描述性统计结果

变量	样本数	均值	标准差	最小值	25%分位数	50%分位数	75%分位数	最大值
CAR[-2, +1]	10,303	0.009	0.094	-0.280	-0.031	0.002	0.043	0.311
CAR[-3, +1]	10,303	0.010	0.099	-0.282	-0.034	0.002	0.048	0.333
CAR[-4, +1]	10,303	0.011	0.104	-0.292	-0.036	0.002	0.051	0.349
FIO	10,303	0.025	0.089	0.000	0.000	0.000	0.000	0.856
DIO	10,303	0.053	0.072	0.000	0.007	0.032	0.074	0.814
DOMSTATE	10,303	0.193	0.238	0.000	0.000	0.027	0.396	0.899
SIZE	10,303	22.350	1.047	20.040	21.610	22.340	23.040	24.980
LEV	10,303	0.471	0.221	0.047	0.300	0.476	0.634	1.088
OCF	10,303	0.043	0.078	-0.203	0.003	0.043	0.087	0.251
GROWTH	10,303	0.268	0.658	-0.677	0.001	0.149	0.348	4.809
*TOP*1	10,303	36.250	15.300	9.032	23.770	34.390	47.280	74.960
TRSIZE	10,303	0.196	0.624	0.000	0.006	0.024	0.098	4.563
RELATED	10,303	0.431	0.495	0.000	0.000	0.000	1.000	1.000
PAYCASH	10,303	0.832	0.374	0.000	1.000	1.000	1.000	1.000
MAJOR	10,303	0.108	0.310	0.000	0.000	0.000	0.000	1.000
MTYPE	10,303	0.092	0.452	0.000	0.000	0.000	0.000	3.000

表 3 - 8 报告了主要变量的皮尔逊（Pearson）相关系数矩阵。不同时间窗口的 *CAR* 变量的相关系数介于 0.939 ~ 0.973，说明不同时间窗口的 *CAR* 虽然高度相关，但仍存在一定程度的差异。与本书的理论预期相一致，三个 *CAR* 指标都一致地与境外机构投资者（*FIO*）

正相关。*CAR* 变量与境内机构投资者（*DIO*）、公司规模（*SIZE*）、销售增长率（*GROWTH*）、现金流量（*OCF*）、第一大股东持股比例（*TOP*1）、并购支付方式（*PAYCASH*）负相关，与财务杠杆（*LEV*）、并购交易规模（*TRSIZE*）、是否重大资产重组（*MAJOR*）、是否关联交易（*RELATED*）正相关。检验变量 *FIO* 与其他控制变量之间的相关系数绝对值均小于 0.2，说明接下来的多元回归不存在严重的多重共线性问题。

表 3 - 8　　　　　　　主要变量的相关系数

变量	$CAR[-2, +1]$	$CAR[-3, +1]$	$CAR[-4, +1]$	FIO	DIO	DOMSTATE	SIZE	LEV
$CAR[-2, +1]$	1							
$CAR[-3, +1]$	0.970 ***	1						
$CAR[-4, +1]$	0.939 ***	0.973 ***	1					
FIO	0.011	0.010	0.011	1				
DIO	−0.033 ***	−0.032 ***	−0.032 ***	−0.039 ***	1			
DOMSTATE	0.020 **	0.022 **	0.023 **	−0.029 ***	−0.104 ***	1		
SIZE	−0.083 ***	−0.087 ***	−0.085 ***	0.103 ***	0.203 ***	0.002	1	
LEV	0.061 ***	0.057 ***	0.058 ***	−0.035 ***	0.065 ***	0.206 ***	−0.026 ***	1
OCF	−0.013	−0.013	−0.009	0.069 ***	0.018 *	0.101 ***	0.113 ***	−0.145 ***
GROWTH	−0.018 *	−0.016 *	−0.014	−0.014	0.046 ***	−0.025 **	0.097 ***	0.038 ***
TOP1	−0.005	−0.006	−0.009	0.096 ***	−0.057 ***	0.394 ***	0.126 ***	0.044 ***
TRSIZE	0.127 ***	0.126 ***	0.127 ***	−0.021 **	−0.038 **	−0.071 ***	−0.149 ***	−0.024 **
RELATED	0.031 ***	0.036 ***	0.039 ***	0.008	−0.040 ***	0.263 ***	−0.089 ***	0.136 ***
PAYCASH	−0.092 ***	−0.096 ***	−0.098 ***	0.035 ***	0.018 *	0.00900	0.136 ***	−0.034 ***
MAJOR	0.079 ***	0.081 ***	0.081 ***	−0.018 *	−0.0120	−0.066 ***	−0.056 ***	−0.040 ***
MTYPE	0.071 ***	0.072 ***	0.068 ***	−0.024 **	−0.021 **	0.041 ***	−0.163 ***	0.204 ***

续表

变量	OCF	GROWTH	TOP1	TRSIZE	RELATED	PAYCASH	MAJOR	MTYPE
OCF	1							
GROWTH	0.009	1						
TOP1	0.068 ***	0.035 ***	1					
TRSIZE	-0.025 ***	-0.037 ***	-0.068 ***	1				
RELATED	0.049 ***	-0.025 **	0.122 ***	0.179 ***	1			
PAYCASH	0.036 ***	0.033 ***	0.054 ***	-0.474 ***	-0.242 ***	1		
MAJOR	-0.032 ***	-0.026 ***	-0.053 ***	0.554 ***	0.195 ***	-0.630 ***	1	
MTYPE	-0.025 **	-0.033 ***	-0.039 ***	0.098 ***	0.017 *	-0.223 ***	0.019 *	1

注：***、**、*分别表示检验统计量在1%、5%和10%水平上显著。

2. 多元回归分析

表3-9报告了假设1境外机构投资者持股对公司并购绩效的检验结果。因变量为不同窗口期的并购超额收益 $CAR[-2, +1]$、$CAR[-3, +1]$ 和 $CAR[-4, +1]$，用来衡量并购短期市场绩效，回归模型如式（3-1）所示。为了与境内机构投资者和政府持股对并购绩效的作用进行区分，列（1）~列（3）为没有加入境内机构投资者和政府持股变量的回归结果，不同窗口的 CAR 对境外机构投资者持股比例 FIO 的回归系数分别为0.0284、0.0294和0.0315，且至少在5%水平上统计显著（T值介于2.47~2.60）。表明在不考虑境内机构投资者持股以及政府持股时，境外机构投资者持股可以显著提升并购绩效。列（4）~列（6）报告了加入境内机构投资者持股（DIO）和政府持股（$DOMSTAT$）的回归结果，对应不同窗口期的并购超额回报率 CAR，FIO 的系数分别为0.0280、0.0292和0.0314，至少在5%水平上显著（T值介于2.43~2.58），说明在考虑了境内机构投资者持股和政府持股后，FIO 对并购绩效的促进作用依然存在。基准回归结果表明，上市公司前十大股东中境外机构投

资者持股比例越高，并购绩效越高，支持假设 1。

表 3 - 9　　　　境外机构投资者持股与并购绩效的回归结果

变量	(1) CAR[-2, +1]	(2) CAR[-3, +1]	(3) CAR[-4, +1]	(4) CAR[-2, +1]	(5) CAR[-3, +1]	(6) CAR[-4, +1]
FIO	0.0284 ** (2.53)	0.0294 ** (2.47)	0.0315 *** (2.60)	0.0280 ** (2.48)	0.0292 ** (2.43)	0.0314 *** (2.58)
DIO				-0.0295 * (-1.66)	-0.0295 (-1.53)	-0.0299 (-1.57)
DOMSTAT				0.0035 (0.66)	0.0046 (0.81)	0.0053 (0.90)
SIZE	-0.0078 *** (-5.73)	-0.0084 *** (-5.85)	-0.0085 *** (-5.76)	-0.0074 *** (-5.36)	-0.0081 *** (-5.52)	-0.0082 *** (-5.46)
LEV	0.0213 *** (3.14)	0.0203 *** (2.84)	0.0217 *** (2.93)	0.0215 *** (3.12)	0.0204 *** (2.79)	0.0216 *** (2.87)
OCF	-0.0039 (-0.25)	-0.0059 (-0.36)	-0.0002 (-0.01)	-0.0037 (-0.24)	-0.0058 (-0.36)	-0.0002 (-0.01)
GROWTH	-0.0025 (-1.21)	-0.0022 (-1.03)	-0.0019 (-0.87)	-0.0023 (-1.15)	-0.0021 (-0.96)	-0.0017 (-0.80)
TOP1	0.0001 (1.36)	0.0001 (1.11)	0.0001 (0.74)	0.0001 (0.91)	0.0000 (0.62)	0.0000 (0.25)
TRSIZE	0.0165 *** (3.77)	0.0165 *** (3.63)	0.0174 *** (3.76)	0.0165 *** (3.78)	0.0165 *** (3.64)	0.0174 *** (3.78)
RELATED	-0.0036 (-1.57)	-0.0029 (-1.19)	-0.0022 (-0.89)	-0.0039 * (-1.69)	-0.0032 (-1.32)	-0.0026 (-1.03)
PAYCASH	-0.0085 (-1.58)	-0.0101 * (-1.78)	-0.0118 ** (-2.02)	-0.0086 (-1.60)	-0.0102 * (-1.79)	-0.0119 ** (-2.04)

续表

变量	(1) $CAR[-2, +1]$	(2) $CAR[-3, +1]$	(3) $CAR[-4, +1]$	(4) $CAR[-2, +1]$	(5) $CAR[-3, +1]$	(6) $CAR[-4, +1]$
MAJOR	0.0056 (0.72)	0.0073 (0.91)	0.0057 (0.69)	0.0056 (0.72)	0.0072 (0.90)	0.0056 (0.69)
MTYPE	0.0058 (1.55)	0.0063 (1.57)	0.0054 (1.29)	0.0058 (1.54)	0.0063 (1.56)	0.0054 (1.29)
Constant	0.1501 *** (5.07)	0.1626 *** (5.20)	0.1611 *** (5.01)	0.1434 *** (4.80)	0.1566 *** (4.97)	0.1554 *** (4.80)
行业效应	Yes	Yes	Yes	Yes	Yes	Yes
年度效应	Yes	Yes	Yes	Yes	Yes	Yes
N	10,303	10,303	10,303	10,303	10,303	10,303
Adj. R^2	0.0455	0.0463	0.0458	0.0457	0.0465	0.0460

注：系数下方括号内报告的是考虑了异方差和序列相关性的稳健性标准误计算的 T 统计量。 *** 、 ** 、 * 分别表示检验统计量在 1% 、 5% 和 10% 水平上显著。

值得说明的是，对应不同窗口期的并购超额收益（CAR），境内机构投资者持股 DIO 的系数分别为 - 0.0295 、 - 0.0295 和 - 0.0299 ，只有对应 $CAR[-2, +1]$ 时在 10% 水平上显著，其余两个均不显著。由于境内机构投资者与上市公司会有较多的商业关联，会为了经济利益迎合上市公司的管理层，因此，他们的独立性弱于境外机构投资者，监督功能也不能得到有效的发挥（Gillan and Starks, 2003; Stulz, 2005; Ferreira et al. , 2010）。除此之外，境内机构投资者更易受到制度环境的影响而降低监督功能（Huang and Zhu, 2015）。境内机构投资者监督作用的弱化均不利于上市公司并购绩效的提升。测试结果也说明，虽然同样为机构投资者，但是境内机构投资者对企业并购的超额收益并没有影响，甚至可能有负向影响。

从其余控制变量来看，系数估计结果与现有文献的发现（如刘

春等，2015；王艳和李善民，2017）基本保持一致，公司规模
（*SIZE*）越大、并购支付方式为现金支付（*PAYCASH*）时，并购绩
效越低；公司财务杠杆（*LEV*）越高、并购规模（*TRSIZE*）越大，
公司的并购绩效越高。其他变量的系数不显著。

3.3.2　稳健性检验

1. 工具变量的 2SLS 回归

并购绩效与境外机构投资者之间的关系可能是内生的，例如，
公司层面的某些遗漏变量可能会同时影响并购绩效和境外机构投资
者持股比例。境外机构投资者会倾向于持股公司治理好的公司，而
公司治理好的公司并购绩效更好。并且由于并购是公司重大投资事
项，会受到市场以及机构投资者的关注，并购绩效更好的公司可能
直接吸引境外机构投资者持股，从而存在逆向因果关系。因此，本
书采用工具变量的两阶段最小二乘法（2SLS）来缓解由内生性问
题导致的系数估计偏差。

我们选取外生变量上市公司是否纳入"沪港通"和上市公司注
册所在城市距离国内金融中心（上海）的地理距离作为境外股东持
股的工具变量，采用 2SLS 分解出境外股东持股中的外生部分，用
以识别境外股东持股与公司并购绩效之间的因果关系。2014 年 11
月 17 日，中国资本市场正式运行上海证券交易所和香港证券交易
所之间股票交易的互联互通机制（简称"沪港通"），即允许香港
投资者购买纳入"沪港通"的上海证券交易所上市公司股票。上市
公司被纳入"沪港通"为境外投资者持股该公司提供了渠道，有利
于促进境外机构投资者持有该公司股票。而已有研究并没有发现纳
入"沪港通"可以通过其他渠道促进公司并购绩效的提升，因此，
我们采用公司是否纳入"沪港通"作为境外机构投资者持股的一个
工具变量，我们定义为 *F_LGT*，上市公司当年被纳入"沪港通"，
则 *F_LGT* 取 1，否则为 0。另一个工具变量是上市公司注册所在城

市距离国内金融中心（上海）的地理距离。贝内什和约恩（Beneish and Yohn，2008）、艾尔斯等（Ayers et al.，2011）以及博巴克里等（Boubakri et al.，2016）都发现公司所在地越偏远信息不对称程度越大，境外股东获取上市公司信息的成本越高。其中，博巴克里使用 47 个国家（地区）的民营企业样本研究发现境外投资者更加倾向于投资距离国内金融中心近的公司。而公司不太可能因为境外机构投资者持股而影响上市公司的注册所在地，并且现有研究并没有发现到金融中心距离近会带来并购绩效的提升。我们用 *F_DISTANCE* 来表示上市公司注册所在地到上海的距离。

表 3 – 10 报告了工具变量的 2SLS 回归结果。列（1）为境外机构投资者持股对工具变量 *F_LGT* 和 *F_DISTANCE* 的第一阶段的结果。*F_LGT* 和 *F_DISTANCE* 的系数分别为 0.0249 和 – 0.0619，均在 1% 水平统计显著。且工具变量可识别检验 Kleibergen-Paap rk LM-statistic 结果在 1% 水平拒绝了"工具变量不可识别"的原假设。列（2）~列（4）报告了第二阶段的回归结果，境外机构投资者 *FIO* 的系数仍然保持在至少 5% 的水平上统计显著为正，并且工具变量过度识别的 Hansen-J 检验统计量均无法拒绝"工具变量与残差项不相关"的原假设，表明工具变量 *F_LGT* 和 *F_DISTANCE* 是外生的。表 3 – 10 的结果表明，即使在控制了内生性问题后，本书的境外机构投资者持股促进并购绩效的提升，这一基本结论仍然是稳健的。

表 3 – 10　　　　内生性问题：工具变量的 2SLS 回归结果

变量	(1)	(2)	(3)	(4)
	第一阶段回归 *FIO*	第二阶段回归		
		CAR[– 2，+1]	*CAR*[– 3，+1]	*CAR*[– 4，+1]
FIO		0.3648 ** (2.06)	0.4107 ** (2.18)	0.4309 ** (2.21)

续表

变量	(1)	(2)	(3)	(4)
	第一阶段回归 FIO	第二阶段回归		
		$CAR[-2, +1]$	$CAR[-3, +1]$	$CAR[-4, +1]$
F_LGT	0. 0249 ***			
	(3. 37)			
$F\_DISTANCE$	− 0. 0619 ***			
	(− 4. 69)			
DIO	− 0. 0690 ***	− 0. 0027	0. 0007	0. 0018
	(− 7. 00)	(− 0. 11)	(0. 03)	(0. 07)
$DOMSTAT$	− 0. 0463 ***	0. 0173 *	0. 0205 *	0. 0220 **
	(− 8. 72)	(1. 71)	(1. 90)	(1. 97)
$SIZE$	0. 0143 ***	− 0. 0129 ***	− 0. 0143 ***	− 0. 0148 ***
	(11. 44)	(− 4. 16)	(− 4. 35)	(− 4. 40)
LEV	0. 0003	0. 0225 ***	0. 0214 ***	0. 0221 ***
	(0. 07)	(3. 07)	(2. 74)	(2. 74)
OCF	0. 0457 ***	− 0. 0181	− 0. 0216	− 0. 0167
	(4. 00)	(− 0. 99)	(− 1. 11)	(− 0. 81)
$GROWTH$	− 0. 0029 **	− 0. 0017	− 0. 0014	− 0. 0010
	(− 2. 33)	(− 0. 77)	(− 0. 59)	(− 0. 41)
$TOP1$	0. 0005 ***	− 0. 0001	− 0. 0002	− 0. 0002
	(5. 65)	(− 0. 97)	(− 1. 21)	(− 1. 41)
$TRSIZE$	0. 0018	0. 0171 ***	0. 0170 ***	0. 0177 ***
	(1. 19)	(3. 79)	(3. 63)	(3. 71)
$RELATED$	0. 0023	− 0. 0045 *	− 0. 0039	− 0. 0032
	(1. 16)	(− 1. 78)	(− 1. 46)	(− 1. 15)
$PAYCASH$	0. 0040	− 0. 0113 **	− 0. 0124 **	− 0. 0141 **
	(1. 46)	(− 1. 99)	(− 2. 08)	(− 2. 30)

续表

变量	（1） 第一阶段回归 FIO	（2） CAR[-2, +1]	（3） CAR[-3, +1]	（4） CAR[-4, +1]
		第二阶段回归		
MAJOR	0.0035 （0.91）	0.0015 （0.19）	0.0033 （0.39）	0.0017 （0.20）
MTYPE	0.0014 （0.84）	0.0061 （1.58）	0.0066 （1.60）	0.0056 （1.30）
Constant	-0.2999 *** （-11.37）	0.2966 *** （4.57）	0.3270 *** （4.74）	0.3458 *** （4.87）
行业效应	Yes	Yes	Yes	Yes
年度效应	Yes	Yes	Yes	Yes
N	9,673	9,673	9,673	9,673
Adj. R^2	0.0550	-0.0271	-0.0370	-0.0389
工具变量可识别检验				
Kleibergen-Paap rk LM-statistic	31.801			
p_Value	0.000			
工具变量过度识别检验				
Hansen J-statistict		0.007	0.062	0.003
p_Value		0.9313	0.8027	0.9577

注：系数下方括号内报告的是考虑了异方差和序列相关性的稳健性标准误计算的 T 统计量；*** 、** 、* 分别表示检验统计量在 1%、5% 和 10% 水平上显著。

2. 变换境外机构投资者衡量指标

我们通过更换境外机构投资者的代理变量进行稳健性测试。采

用上市公司前十大股东中境外机构投资者数量（FIO_NUM）作为
代理变量，重新运行模型（3 - 1），结果如表 3 - 11 所示。对应不
同窗口的并购超额收益 CAR，FIO_NUM 的系数分别为 0.0018，
0.0021 和 0.0021。除了 CAR [- 2，+ 1] 对 FIO_NUM 回归的系数
在 10% 水平上显著，其余的 FIO_NUM 回归系数均是在 5% 水平上
显著，结果与主回归结论一致。

表 3 - 11　　　　　　　更换境外机构投资者衡量指标

变量	(1) CAR [- 2，+ 1]	(2) CAR [- 3，+ 1]	(3) CAR [- 4，+ 1]
FIO_NUM	0.0018 * (1.82)	0.0021 ** (1.96)	0.0021 ** (1.98)
DIO	- 0.0299 * (- 1.69)	- 0.0298 (- 1.55)	- 0.0304 (- 1.59)
$DOMSTAT$	0.0023 (0.43)	0.0034 (0.60)	0.0039 (0.68)
$SIZE$	- 0.0074 *** (- 5.30)	- 0.0080 *** (- 5.49)	- 0.0081 *** (- 5.42)
LEV	0.0213 *** (3.09)	0.0202 *** (2.77)	0.0214 *** (2.84)
OCF	- 0.0033 (- 0.22)	- 0.0055 (- 0.34)	0.0002 (0.01)
$GROWTH$	- 0.0024 (- 1.15)	- 0.0021 (- 0.96)	- 0.0018 (- 0.80)
$TOP1$	0.0001 (1.14)	0.0001 (0.85)	0.0000 (0.48)
$TRSIZE$	0.0165 *** (3.79)	0.0165 *** (3.66)	0.0175 *** (3.79)

续表

变量	(1) $CAR[-2, +1]$	(2) $CAR[-3, +1]$	(3) $CAR[-4, +1]$
RELATED	-0.0040* (-1.73)	-0.0034 (-1.37)	-0.0027 (-1.08)
PAYCASH	-0.0086 (-1.60)	-0.0102* (-1.79)	-0.0119** (-2.04)
MAJOR	0.0056 (0.72)	0.0072 (0.90)	0.0057 (0.69)
MTYPE	0.0059 (1.55)	0.0063 (1.57)	0.0054 (1.30)
Constant	0.1417*** (4.73)	0.1557*** (4.94)	0.1541*** (4.75)
行业效应	Yes	Yes	Yes
年度效应	Yes	Yes	Yes
N	10,303	10,303	10,303
Adj. R^2	0.0454	0.0463	0.0457

注：系数下方括号内报告的是考虑了异方差和序列相关性的稳健性标准误计算的 T 统计量。***、**、*分别表示检验统计量在1%、5%和10%水平上显著。

3. 变换 *CAR* 的计算方法

在主回归部分计算 *CAR* 时采用的是并购事件窗口期内每个交易日公司股票超额收益率AR_{it}的直接加总，如式（3-5）所示。我们同时采用复利的方式计算 *CAR* 作为稳健性测试，如式（3-6）所示：

$$CAR_{it} = \sum (AR_{it} + 1) - 1 \qquad (3-6)$$

采用 OLS 方法重新估计模型（3-1），结果如表3-12所示。解释变量境外机构投资者（*FIO*）的系数分别为0.0274、0.0285 和

0.0308，且至少在 5% 水平上显著。该稳健性测试结果与主检验结果结论一致。

表 3 - 12　　　　　　　改变 *CAR* 的计算方法

变量	(1) *CAR*[-2, +1]	(2) *CAR*[-3, +1]	(3) *CAR*[-4, +1]
FIO	0.0274 ** (2.57)	0.0285 ** (2.51)	0.0308 *** (2.68)
DIO	-0.0297 * (-1.78)	-0.0294 (-1.64)	-0.0285 (-1.59)
DOMSTAT	0.0033 (0.67)	0.0046 (0.87)	0.0050 (0.91)
SIZE	-0.0068 *** (-5.19)	-0.0073 *** (-5.31)	-0.0074 *** (-5.24)
LEV	0.0186 *** (2.94)	0.0165 ** (2.48)	0.0176 ** (2.57)
OCF	-0.0031 (-0.21)	-0.0056 (-0.37)	0.0004 (0.02)
GROWTH	-0.0021 (-1.08)	-0.0018 (-0.90)	-0.0014 (-0.67)
*TOP*1	0.0001 (0.96)	0.0000 (0.66)	0.0000 (0.30)
TRSIZE	0.0146 *** (3.68)	0.0144 *** (3.51)	0.0151 *** (3.63)
RELATED	-0.0038 * (-1.76)	-0.0030 (-1.32)	-0.0023 (-0.97)
PAYCASH	-0.0097 * (-1.91)	-0.0111 ** (-2.09)	-0.0128 ** (-2.36)

变量	(1) CAR[−2，+1]	(2) CAR[−3，+1]	(3) CAR[−4，+1]
MAJOR	0.0075 (1.04)	0.0087 (1.16)	0.0073 (0.95)
MTYPE	0.0050 (1.45)	0.0053 (1.46)	0.0042 (1.14)
Constant	0.1319*** (4.67)	0.1422*** (4.79)	0.1400*** (4.59)
行业效应	Yes	Yes	Yes
年度效应	Yes	Yes	Yes
N	10,303	10,303	10,303
Adj. R^2	0.0448	0.0448	0.0442

注：系数下方括号内报告的是考虑了异方差和序列相关性的稳健性标准误计算的 T 统计量。***、**、*分别表示检验统计量在1%、5%和10%水平上显著。

4. 变换 *CAR* 的窗口期

为了检验境外机构投资者对并购绩效的促进作用是否会受到并购事件超额收益率的窗口期选取的影响，我们尝试变换窗口期为 [−1，+1]、[−2，+2] 和 [−4，+4] 计算相应的 *CAR* 值。回归结果如表 3−13 所示，解释变量 *FIO* 的系数估计值至少在10%的水平上统计显著为正。上述结果表明，主回归结果对于不同窗口期的 *CAR* 值具有较好的稳健性。

表 3−13   **变换 *CAR* 的窗口期**

变量	(1) CAR[−1，+1]	(2) CAR[−2，+2]	(3) CAR[−4，+4]
FIO	0.0248** (2.33)	0.0273** (2.15)	0.0263* (1.75)

续表

变量	(1) CAR[-1, +1]	(2) CAR[-2, +2]	(3) CAR[-4, +4]
DIO	-0.0317 * (-1.95)	-0.0239 (-1.21)	-0.0188 (-0.80)
DOMSTAT	0.0037 (0.77)	0.0043 (0.74)	0.0035 (0.49)
SIZE	-0.0068 *** (-5.23)	-0.0098 *** (-6.47)	-0.0137 *** (-7.42)
LEV	0.0210 *** (3.28)	0.0199 *** (2.65)	0.0216 ** (2.36)
OCF	0.0005 (0.04)	0.0024 (0.14)	0.0104 (0.49)
GROWTH	-0.0021 (-1.11)	-0.0028 (-1.26)	-0.0044 * (-1.69)
TOP1	0.0001 (0.83)	0.0001 (0.75)	-0.0000 (-0.22)
TRSIZE	0.0158 *** (3.81)	0.0239 *** (4.97)	0.0398 *** (6.63)
RELATED	-0.0039 * (-1.80)	-0.0020 (-0.82)	0.0007 (0.23)
PAYCASH	-0.0070 (-1.35)	-0.0168 *** (-2.83)	-0.0280 *** (-3.82)
MAJOR	0.0032 (0.43)	0.0146 * (1.71)	0.0155 (1.48)
MTYPE	0.0060 * (1.74)	0.0042 (1.05)	0.0028 (0.57)
Constant	0.1288 *** (4.59)	0.1938 *** (5.90)	0.2657 *** (6.65)

续表

变量	(1) $CAR[-1, +1]$	(2) $CAR[-2, +2]$	(3) $CAR[-4, +4]$
行业效应	Yes	Yes	Yes
年度效应	Yes	Yes	Yes
N	10,303	10,303	10,303
$Adj. R^2$	0.0437	0.0623	0.0833

注：系数下方括号内报告的是考虑了异方差和序列相关性的稳健性标准误计算的 T 统计量。***、**、* 分别表示检验统计量在1%、5%和10%水平上显著。

5. 变化 CAR 模型估计窗口期

我们在计算 CAR 值时，采用的是并购事件首个公告日前150个至前30个交易日的收益率来估计 CAPM 模型。为了检验本书的主要结果是否会受到估计 CAPM 模型的样本区间选取的影响，我们尝试采用首个公告日前260个至前100个和180个至前60个交易日的收益率估计 CAPM 模型。回归结果如表3–14所示，前三列为 CAPM 的估计窗口为 [-260, -100] 计算得到的并购超额收益率 CAR 对解释变量 FIO 回归结果。后面三列为 CAPM 的估计窗口为 [-180, -60] 计算得到的 CAR 对境外机构投资者（FIO）的回归结果。解释变量 FIO 的系数估计值都仍然保持在至少5%的水平上显著为正，与主回归的结果保持了很好的一致性。上述结果表明，表3–9的主回归结果对于不同的 CAPM 模型估计样本选择标准均具有较好的稳健性。

表 3–14 改变计算 CAR 过程中 CAPM 模型的估计窗口期

变量	估计窗口 [-260, -100]			估计窗口 [-180, -60]		
	(1) $CAR[-2, +1]$	(2) $CAR[-3, +1]$	(3) $CAR[-4, +1]$	(4) $CAR[-2, +1]$	(5) $CAR[-3, +1]$	(6) $CAR[-4, +1]$
FIO	0.0297 ** (2.53)	0.0317 ** (2.52)	0.0337 *** (2.64)	0.0271 ** (2.37)	0.0278 ** (2.09)	0.0302 ** (2.46)

续表

变量	估计窗口 [−260，−100]			估计窗口 [−180，−60]		
	(1) CAR[−2，+1]	(2) CAR[−3，+1]	(3) CAR[−4，+1]	(4) CAR[−2，+1]	(5) CAR[−3，+1]	(6) CAR[−4，+1]
DIO	−0.0391 ** (−2.09)	−0.0394 * (−1.92)	−0.0409 ** (−2.03)	−0.0373 ** (−2.08)	−0.0310 (−1.44)	−0.0373 * (−1.94)
DOMSTAT	0.0036 (0.66)	0.0043 (0.75)	0.0044 (0.72)	0.0020 (0.38)	0.0034 (0.56)	0.0034 (0.57)
SIZE	−0.0081 *** (−5.61)	−0.0088 *** (−5.81)	−0.0090 *** (−5.77)	−0.0070 *** (−4.95)	−0.0100 *** (−6.29)	−0.0079 *** (−5.17)
LEV	0.0268 *** (3.65)	0.0261 *** (3.38)	0.0279 *** (3.50)	0.0250 *** (3.60)	0.0224 *** (2.87)	0.0256 *** (3.38)
OCF	−0.0070 (−0.42)	−0.0100 (−0.58)	−0.0070 (−0.39)	−0.0082 (−0.53)	−0.0065 (−0.37)	−0.0064 (−0.37)
GROWTH	−0.0027 (−1.27)	−0.0028 (−1.22)	−0.0025 (−1.09)	−0.0032 (−1.55)	−0.0036 (−1.57)	−0.0028 (−1.25)
TOP1	0.0001 (1.53)	0.0001 (1.28)	0.0001 (0.98)	0.0001 (1.26)	0.0001 (0.94)	0.0001 (0.64)
TRSIZE	0.0184 *** (3.92)	0.0187 *** (3.84)	0.0201 *** (4.02)	0.0180 *** (4.06)	0.0256 *** (5.17)	0.0193 *** (4.15)
RELATED	−0.0060 ** (−2.49)	−0.0055 ** (−2.13)	−0.0050 * (−1.87)	−0.0049 ** (−2.08)	−0.0027 (−1.03)	−0.0036 (−1.40)
PAYCASH	−0.0088 (−1.52)	−0.0102 * (−1.69)	−0.0112 * (−1.81)	−0.0061 (−1.10)	−0.0155 ** (−2.44)	−0.0093 (−1.56)
MAJOR	0.0061 (0.75)	0.0082 (0.97)	0.0062 (0.71)	0.0058 (0.73)	0.0177 ** (1.97)	0.0058 (0.69)

变量	估计窗口 [-260, -100]			估计窗口 [-180, -60]		
	(1) $CAR[-2, +1]$	(2) $CAR[-3, +1]$	(3) $CAR[-4, +1]$	(4) $CAR[-2, +1]$	(5) $CAR[-3, +1]$	(6) $CAR[-4, +1]$
$MTYPE$	0.0059 (1.46)	0.0062 (1.45)	0.0056 (1.25)	0.0056 (1.48)	0.0042 (1.01)	0.0051 (1.23)
$Constant$	0.1584 *** (5.09)	0.1741 *** (5.32)	0.1744 *** (5.17)	0.1564 *** (4.98)	0.2285 *** (6.46)	0.1802 *** (5.33)
行业效应	Yes	Yes	Yes	Yes	Yes	Yes
年度效应	Yes	Yes	Yes	Yes	Yes	Yes
N	10,261	10,261	10,261	10,299	10,299	10,299
$Adj. R^2$	0.0496	0.0515	0.0516	0.0479	0.0653	0.0489

注：系数下方括号内报告的是考虑了异方差和序列相关性的稳健性标准误计算的 T 统计量。*** 、** 、* 分别表示检验统计量在1%、5%和10%水平上显著。

6. 变换并购绩效的度量方法

在参考陈等（Chen et al., 2013）与王艳和李善民（2017）模型的基础上，我们采用模型（3-7）和模型（3-8）来考察境外机构投资者对并购长期财务绩效以及长期市场绩效的影响，其中的控制变量定义与模型（3-1）中的一致。

$$BHAR_{i,t+1} = \beta_0 + \beta_1 FIO_{i,t} + \beta_2 DIO_{i,t} + \beta_3 DIOSTAT_{i,t} + \beta_4 SIZE_{i,t}$$
$$+ \beta_5 LEV_{i,t} + \alpha_6 OCF_{i,t} + \beta_7 GROWTH_{i,t} + \beta_8 TOP1_{i,t}$$
$$+ \beta_9 TRSIZE_{i,t} + \beta_{10} RELATED_{i,t} + \alpha_{11} PAYCASH_{i,t}$$
$$+ \beta_{12} MAJOR_{i,t} + \beta_{13} MTYPE_{i,t} + \sum YEAR + \sum IND$$
$$+ \xi_{i,t} \qquad (3-7)$$

$$\Delta ROA_{i,t+1} = \gamma_0 + \gamma_1 FIO_{i,t} + \gamma_2 DIO_{i,t} + \gamma_3 DIOSTAT_{i,t} + \gamma_4 SIZE_{i,t}$$
$$+ \gamma_5 LEV_{i,t} + \alpha_6 OCF_{i,t} + \gamma_7 GROWTH_{i,t} + \gamma_8 TOP1_{i,t}$$
$$+ \gamma_9 TRSIZE_{i,t} + \gamma_{10} RELATED_{i,t} + \alpha_{11} PAYCASH_{i,t}$$

$$+ \gamma_{12}MAJOR_{i,t} + \gamma_{13}MTYPE_{i,t} + \sum YEAR + \sum IND$$

$$+ \mu_{i,t} \qquad\qquad\qquad (3-8)$$

我们采用并购长期市场绩效 $BHAR$ 和长期财务绩效 ΔROE 作为并购绩效的衡量指标，检验境外机构投资者对并购长期绩效的影响。$BHAR$ 是购买并持有公司股票一定时期内，超出市场或对应组合收益的股票收益率。借鉴格里高利（Gregory，1997）与李善民和朱韬（2006）中的运算方法，分别计算主并公司发生并购后 [0，N] 月的 $BHAR$，计算公式如式（3-9）所示：

$$BHAR_{i,N} = \prod_{t=0}^{N}(1 + R_{i,t}) - \prod_{t=0}^{N}(1 + R_{p,t}) \qquad (3-9)$$

其中，$R_{i,t}$ 为主并公司 i 在第 t 月的收益率，$R_{p,t}$ 为对应组合的第 t 月的收益率。

按照通常的做法，我们分别计算公司 i 并购后 12 个月，24 个月和 36 个月的持有至到期长期市场收益 $BHAR_{12}$，$BHAR_{24}$，$BHAR_{36}$。关于 $R_{p,t}$ 的计算，我们参照李善民和朱韬（2006）采用交叉分组的方法计算。具体地，首先，根据公司每年 6 月份的流通市值大小将公司分为 5 组；其次，计算公司年初的权益账面—市值比（上一年每股收益/年末收盘价），并按照大小排序分为 5 组。因此，所有上市公司被均分为 25 组。最后，分别计算 25 组公司每年的平均月收益率，即为 $R_{p,t}$ 的值。与此同时，我们参考已有文献的做法（李善民和周小春，2007；王艳和李善民，2017），采用并购公告日前后一年的净资产收益率的差值 $\Delta ROE_{t-1, t+1}$、前后两年差值 $\Delta ROE_{t-2, t+2}$ 和前后三年差值 $\Delta ROE_{t-3, t+3}$ 作为并购长期财务绩效的衡量指标。

表 3-15 报告了并购长期市场绩效 $BHAR$ 对境外股东 FIO 的回归结果。列（1）~列（3）回归中被解释变量分别为不同时间期限的并购长期市场绩效 $BHAR_{12}$、$BHAR_{24}$、$BHAR_{36}$，相应地 FIO 的系数分别为 0.1189，0.1743 和 0.3229，且至少在 5% 水平上显著。而境内机构投资者（DIO）的系数均为负，且不显著。表 3-16 报告

了并购长期市场绩效（ΔROE）对境外股东（FIO）的回归结果，FIO 的系数分别为 0.044，0.035 和 0.0283，且至少在 5% 水平上显著。与长期市场绩效（$BHAR$）类似，境内机构投资者（DIO）的系数虽然为正，但均不显著。说明境外机构投资者持股是驱动并购长期绩效提升的主要力量，主回归结果是稳健的。

表 3 - 15　　　　　　境外机构投资者与并购长期市场绩效

变量	(1) $BHAR_{12}$	(2) $BHAR_{24}$	(3) $BHAR_{36}$
FIO	0.1189 ** (2.15)	0.1743 ** (2.10)	0.3229 *** (2.76)
DIO	− 0.0002 (− 0.00)	− 0.0536 (− 0.61)	− 0.0139 (− 0.13)
$DOMSTAT$	− 0.0554 ** (− 2.39)	− 0.1271 *** (− 3.46)	− 0.1567 *** (− 3.21)
$SIZE$	− 0.0558 *** (− 9.58)	− 0.0900 *** (− 9.82)	− 0.1318 *** (− 10.92)
LEV	0.0143 (0.60)	− 0.0011 (− 0.03)	− 0.0460 (− 0.90)
OCF	0.0486 (0.80)	0.2730 *** (2.84)	0.2955 ** (2.26)
$GROWTH$	− 0.0193 *** (− 3.06)	− 0.0134 (− 1.30)	− 0.0212 (− 1.60)
$TOP1$	0.0016 *** (5.10)	0.0029 *** (5.90)	0.0041 *** (6.18)
$TRSIZE$	0.0132 (1.29)	− 0.0051 (− 0.32)	− 0.0168 (− 0.85)

续表

变量	(1) $BHAR_{12}$	(2) $BHAR_{24}$	(3) $BHAR_{36}$
RELATED	- 0.0164 * (- 1.74)	- 0.0139 (- 0.93)	- 0.0501 ** (- 2.56)
PAYCASH	- 0.0312 * (- 1.72)	- 0.0247 (- 0.89)	- 0.0150 (- 0.43)
MAJOR	0.0276 (1.27)	0.0252 (0.78)	- 0.0089 (- 0.23)
MTYPE	- 0.0016 (- 0.12)	- 0.0218 (- 1.02)	- 0.0066 (- 0.26)
Constant	0.9851 *** (7.46)	1.3350 *** (6.64)	1.9602 *** (7.20)
行业效应	Yes	Yes	Yes
年度效应	Yes	Yes	Yes
N	10, 293	10, 293	10, 293
Adj. R^2	0.0270	0.0445	0.0617

注：系数下方括号内报告的是考虑了异方差和序列相关性的稳健性标准误计算的 T 统计量。 *** 、 ** 、 * 分别表示检验统计量在1% 、5% 和10% 水平上显著。

表 3 - 16　　　　　**境外机构投资者与长期财务绩效**

变量	(1) $\Delta ROE_{t-1, t+1}$	(2) $\Delta ROE_{t-2, t+2}$	(3) $\Delta ROE_{t-3, t+3}$
FIO	0.0440 ** (2.55)	0.0350 ** (2.18)	0.0283 *** (2.95)
DIO	0.0545 (1.57)	0.0512 (1.53)	0.0231 (1.41)

续表

变量	(1) $\Delta ROE_{t-1,\,t+1}$	(2) $\Delta ROE_{t-2,\,t+2}$	(3) $\Delta ROE_{t-3,\,t+3}$
DOMSTAT	0.0087 (0.83)	0.0150 (1.48)	0.0124 ** (2.34)
SIZE	−0.0154 *** (−5.78)	−0.0180 *** (−7.14)	−0.0180 *** (−13.97)
LEV	0.0385 ** (2.28)	0.0411 ** (2.55)	0.0130 ** (2.22)
OCF	−0.1484 *** (−4.12)	−0.0374 (−1.19)	0.0013 (0.09)
GROWTH	−0.0276 *** (−7.11)	−0.0041 (−1.00)	0.0071 *** (3.86)
TOP1	0.0002 (1.61)	0.0001 (1.08)	0.0001 (0.92)
TRSIZE	0.0281 *** (4.02)	0.0205 *** (3.23)	0.0099 *** (3.93)
RELATED	0.0006 (0.14)	0.0026 (0.59)	0.0043 ** (1.97)
PAYCASH	−0.0165 * (−1.65)	−0.0217 ** (−2.31)	−0.0130 *** (−3.31)
MAJOR	0.0038 (0.31)	0.0089 (0.84)	0.0022 (0.44)
MTYPE	0.0047 (0.41)	0.0059 (0.53)	0.0024 (0.64)
Constant	0.3832 *** (6.60)	0.4043 *** (7.39)	0.3860 *** (13.18)

变量	(1) $\Delta ROE_{t-1,\ t+1}$	(2) $\Delta ROE_{t-2,\ t+2}$	(3) $\Delta ROE_{t-3,\ t+3}$
行业效应	Yes	Yes	Yes
年度效应	Yes	Yes	Yes
N	9,977	9,650	9,295
$Adj.\ R^2$	0.0610	0.0495	0.102

注：系数下方括号内报告的是考虑了异方差和序列相关性的稳健性标准误计算的 T 统计量。***、**、* 分别表示检验统计量在 1%、5% 和 10% 水平上显著。

7. 剔除 B 股和 H 股

在 B 股市场或 H 股市场上市的公司面临的法律监管环境以及投资者结构与 A 股有很大的差异，同时，在 H 股上市会导致境外股东持股更高。首先，同时发行 B 股和 H 股的上市公司必须在两个资本市场的监管下，满足投资者的信息需求。其次，B 股和 H 股公司所面临的法律环境相对更为严格。例如，只在中国上市的公司受中国民法的约束，而同时在中国香港上市的公司，既是中国内地的 A 股，也是 H 股（AH 股），也受到中国香港普通法的监管。最后，同时发行 B 股和 H 股上市公司的诉讼风险相对高于仅在中国上市的公司。例如，由于中国香港的普通法法律制度，投资者享有更高程度的保护。更重要的是，引入外资资本是 B 股和 H 股设立的初衷之一，B 股和 H 股为境外投资者提供了投资中国公司的渠道，有助于吸引外资进入上市公司。因此，我们剔除 B 股和 H 股，重新运行模型（3-1），以检验基本结论的稳健性。

表 3-17 报告了剔除上市公司同时发行 B 股和 H 股的样本后，对模型（3-1）的 OLS 回归结果，解释变量 *FIO* 的系数分别为 0.0392、0.0426 和 0.0430，且均在 1% 水平上显著，与表 3-9 的主回归结果一致，表明境外机构投资者持股有助于并购绩效的提升的结果较为稳健。

表 3 - 17   剔除 B 股和 H 股样本

变量	(1) $CAR[-2, +1]$	(2) $CAR[-3, +1]$	(3) $CAR[-4, +1]$
FIO	0.0392 *** (2.74)	0.0426 *** (2.78)	0.0430 *** (2.78)
DIO	-0.0330 * (-1.80)	-0.0325 (-1.63)	-0.0335 * (-1.70)
DOMSTAT	0.0063 (1.13)	0.0073 (1.23)	0.0076 (1.23)
SIZE	-0.0087 *** (-5.67)	-0.0091 *** (-5.66)	-0.0090 *** (-5.45)
LEV	0.0232 *** (3.22)	0.0223 *** (2.93)	0.0238 *** (3.03)
OCF	-0.0048 (-0.31)	-0.0082 (-0.49)	-0.0008 (-0.04)
GROWTH	-0.0016 (-0.79)	-0.0014 (-0.66)	-0.0012 (-0.54)
TOP1	0.0001 (1.19)	0.0001 (0.87)	0.0000 (0.54)
TRSIZE	0.0154 *** (3.47)	0.0153 *** (3.33)	0.0164 *** (3.49)
RELATED	-0.0041 * (-1.71)	-0.0035 (-1.35)	-0.0028 (-1.05)
PAYCASH	-0.0068 (-1.22)	-0.0085 (-1.45)	-0.0100 * (-1.66)
MAJOR	0.0077 (0.97)	0.0091 (1.11)	0.0077 (0.91)
MTYPE	0.0062 (1.55)	0.0065 (1.53)	0.0059 (1.35)

变量	(1) CAR[-2, +1]	(2) CAR[-3, +1]	(3) CAR[-4, +1]
Constant	0.1874 *** (5.63)	0.1961 *** (5.60)	0.1996 *** (5.52)
行业效应	Yes	Yes	Yes
年度效应	Yes	Yes	Yes
N	9,643	9,643	9,643
Adj. R^2	0.0467	0.0473	0.0466

注：系数下方括号内报告的是考虑了异方差和序列相关性的稳健性标准误计算的 T 统计量。*** 、 ** 、 * 分别表示检验统计量在 1%、5% 和 10% 水平上显著。

8. 剔除并购金额小于 500 万元的样本

CSMAR 并购数据库中包含了一些并购金额很小的事件，不属于研究意义上的并购事件，会增加测量误差。我们在样本筛选中剔除了并购金额小于 100 万元的样本，我们同时剔除并购金额小于 500 万元的样本进行稳健性测试。表 3-18 报告了相应的回归结果，FIO 的系数均在至少 5% 水平上显著为正。与表 3-9 报告的主回归结果一致。综合以上几个方面的稳健性测试，均得到了主回归一致的结论，说明本章的主回归结果具有较好的稳健性，即境外机构投资者持股有助于提升并购绩效。

表 3-18　　　　　　　　剔除并购金额小于 500 万元的样本

变量	(1) CAR[-2, +1]	(2) CAR[-3, +1]	(3) CAR[-4, +1]
FIO	0.0300 ** (2.54)	0.0318 ** (2.53)	0.0332 *** (2.60)
DIO	-0.0258 (-1.40)	-0.0261 (-1.30)	-0.0257 (-1.30)

续表

变量	（1） CAR[-2, +1]	（2） CAR[-3, +1]	（3） CAR[-4, +1]
DOMSTAT	0.0045 (0.82)	0.0051 (0.87)	0.0055 (0.90)
SIZE	-0.0078*** (-5.42)	-0.0083*** (-5.50)	-0.0084*** (-5.41)
LEV	0.0205*** (2.85)	0.0192** (2.53)	0.0202** (2.57)
OCF	-0.0017 (-0.10)	-0.0028 (-0.17)	0.0022 (0.12)
GROWTH	-0.0022 (-1.08)	-0.0020 (-0.91)	-0.0017 (-0.75)
TOP1	0.0000 (0.67)	0.0000 (0.47)	0.0000 (0.07)
TRSIZE	0.0164*** (3.77)	0.0165*** (3.64)	0.0174*** (3.77)
RELATED	-0.0037 (-1.56)	-0.0032 (-1.26)	-0.0023 (-0.87)
PAYCASH	-0.0086 (-1.58)	-0.0102* (-1.80)	-0.0117** (-1.99)
MAJOR	0.0053 (0.69)	0.0072 (0.90)	0.0059 (0.71)
MTYPE	0.0046 (1.23)	0.0051 (1.26)	0.0041 (0.98)
Constant	0.1642*** (5.21)	0.1795*** (5.40)	0.1806*** (5.29)

变量	(1) $CAR[-2, +1]$	(2) $CAR[-3, +1]$	(3) $CAR[-4, +1]$
行业效应	Yes	Yes	Yes
年度效应	Yes	Yes	Yes
N	9,706	9,706	9,706
$Adj. R^2$	0.0463	0.0468	0.0461

注：系数下方括号内报告的是考虑了异方差和序列相关性的稳健性标准误计算的 T 统计量。 *** 、** 、* 分别表示检验统计量在1%、5%和10%水平上显著。

3.3.3　作用渠道分析

1. 境外机构投资者的监督渠道

已有研究表明，来自国家法律制度以及公司治理更好的境外机构投资者能够优化所持股公司的治理状况，他们通过投票权直接影响公司经营决策或者通过 "用脚投票" 对管理者施加退出威胁，起到监督的作用（Gillan and Stark, 2003；Ferreira and Matos, 2008；Aggarwal et al., 2011）。我们从境外机构投资者来源地，境外机构投资者是否为大额股东（持股比例是否在5%以上）和具体的监督方式三个方面来检验境外机构投资者是否对所持股公司具有监督作用。

（1）区分境外股东来源地法律环境及治理环境优劣

参考费雷拉等（Ferreira et al., 2010）的做法，我们根据境外机构投资者来源地宏观层面治理强弱对境外机构投资者进行区分。具体地，我们依据现有研究公布的全球各国家（地区）一系列治理指数的中位数，将国家分类为治理强弱两组。然后依据该分类，计算中国上市公司股东中来自国家治理环境好的境外机构投资者持股比例之和，以及来自国家治理环境较差的境外机构投资者所持股份比例的总和。并以此作为解释变量，重新运算模型（3－1）。如果境外机构投资者对公司并购绩效的提升作用是通过优化公司治理来实现的，那么，当我们依据上述来源地划分标准区分境外机构投资者后，来自法律制度环境以及公司治理更好的国家（地区）机构投资者对所持股公司并购绩效的提升作用应该更为明显。

参考已有的全球法律制度以及公司治理相关指数，我们共采用以下四个指数来对境外机构投资者来源地进行分组。①拉·波塔等（La Porta et al.，1998）给出的49个国家（地区）沿用的法律体系（海洋法系和大陆法系），吉尔和斯塔克（Gillan and Starks，2003）指出，沿用海洋法系比沿用大陆法系的国家（地区），公司治理水平和投资者保护更好；②考夫曼等（kaufmann et al.，2009）全球政府治理指数，该指数覆盖了133个国家（地区）的政府治理水平，从话语权和责任、政治稳定性、政府效率、规管质量、法治和腐败控制六个维度对各国进行打分，以衡量该国的治理状况，可以反映出国家制度先进程度；③全球竞争力报告（2008－2009）（Global competitiveness report 2008－2009）世界经济论坛发布的全球竞争力指数中的中小股东权益保护程度指数，该指数覆盖了103个国家（地区）；④布什曼等（Bushman et al.，2004）给出的46个国家（地区）公司治理信息披露指数，该指数包含了股东、管理层以及员工的信息披露程度，可以反映出该国的公司治理水平。

表3－19报告了依据拉·波塔等（La Porta et al.，1998）和考夫曼等（kaufmann et al.，2009）对来源地法律环境的评分分组，重新计算境外机构投资者持股比例后的回归结果。列（1）~列（3）为依据拉·波塔等（1998）对国家（地区）法律体系的划分重新计算境外机构投资者持股比例的回归结果。解释变量 F_ComL 为来源地沿用海洋法系的境外机构投资者持股比例，F_NComL 为来源地沿用大陆法系的境外机构投资者持股比例。对应不同窗口期的并购超额收益 CAR，F_ComL 的系数分别为 0.0290、0.0299 和 0.0326，均在5%水平上显著，而 F_NComL 的系数虽然也为正，但

均不显著。列（4）~列（6）为依据考夫曼等（kaufmann et al.，2009）的政府治理指数的高低对国家（地区）进行分组，并通过不同组别的来源地重新计算境外机构投资者持股比例后的回归结果。解释变量 F_POLI_H 为来自政府治理好的国家（地区）的境外机构投资者持股比例，F_POLI_L 为来源地为政府治理差的境外机构投资者持股比例。F_POLI_H 的系数分别为 0.0288、0.0303 和 0.0312，均至少在 5% 水平上显著。而 F_POLI_L 的系数均为负且不显著。

表 3-19　　　　区分境外机构投资者来源地的法律体系

变量	(1) $CAR[-2,+1]$	(2) $CAR[-3,+1]$	(3) $CAR[-4,+1]$	(4) $CAR[-2,+1]$	(5) $CAR[-3,+1]$	(6) $CAR[-4,+1]$
F_ComL	0.0290** (2.31)	0.0299** (2.25)	0.0326** (2.43)			
F_NComL	0.0249 (1.25)	0.0296 (1.31)	0.0215 (0.91)			
F_POLI_H				0.0288*** (2.59)	0.0303** (2.55)	0.0312*** (2.58)
F_POLI_L				-0.0325 (-0.92)	-0.0154 (-0.25)	-0.0281 (-0.47)
DIO	-0.0292* (-1.65)	-0.0292 (-1.52)	-0.0297 (-1.56)	-0.0292* (-1.65)	-0.0292 (-1.52)	-0.0297 (-1.56)
$DOMSTAT$	0.0035 (0.67)	0.0047 (0.83)	0.0052 (0.89)	0.0036 (0.68)	0.0047 (0.83)	0.0053 (0.91)
$SIZE$	-0.0074*** (-5.36)	-0.0081*** (-5.52)	-0.0082*** (-5.45)	-0.0074*** (-5.37)	-0.0081*** (-5.53)	-0.0082*** (-5.46)
LEV	0.0216*** (3.13)	0.0204*** (2.80)	0.0217*** (2.88)	0.0216*** (3.13)	0.0204*** (2.80)	0.0217*** (2.88)

续表

变量	(1) CAR[−2,+1]	(2) CAR[−3,+1]	(3) CAR[−4,+1]	(4) CAR[−2,+1]	(5) CAR[−3,+1]	(6) CAR[−4,+1]
OCF	−0.0037 (−0.24)	−0.0058 (−0.36)	−0.0000 (−0.00)	−0.0036 (−0.24)	−0.0057 (−0.35)	−0.0001 (−0.00)
GROWTH	−0.0023 (−1.15)	−0.0021 (−0.96)	−0.0018 (−0.80)	−0.0023 (−1.15)	−0.0021 (−0.96)	−0.0018 (−0.80)
TOP1	0.0001 (0.90)	0.0000 (0.61)	0.0000 (0.24)	0.0001 (0.90)	0.0000 (0.61)	0.0000 (0.24)
TRSIZE	0.0165 *** (3.78)	0.0165 *** (3.65)	0.0174 *** (3.78)	0.0165 *** (3.78)	0.0165 *** (3.64)	0.0174 *** (3.78)
RELATED	−0.0038 * (−1.68)	−0.0032 (−1.32)	−0.0026 (−1.02)	−0.0039 * (−1.69)	−0.0032 (−1.32)	−0.0026 (−1.03)
PAYCASH	−0.0086 (−1.59)	−0.0101 * (−1.79)	−0.0119 ** (−2.03)	−0.0086 (−1.59)	−0.0101 * (−1.79)	−0.0119 ** (−2.03)
MAJOR	0.0056 (0.72)	0.0072 (0.90)	0.0056 (0.69)	0.0056 (0.72)	0.0072 (0.90)	0.0057 (0.69)
MTYPE	0.0058 (1.54)	0.0063 (1.56)	0.0053 (1.28)	0.0058 (1.54)	0.0063 (1.56)	0.0054 (1.29)
Constant	0.1433 *** (4.79)	0.1565 *** (4.96)	0.1552 *** (4.79)	0.1435 *** (4.80)	0.1567 *** (4.98)	0.1551 *** (4.79)
行业效应	Yes	Yes	Yes	Yes	Yes	Yes
年度效应	Yes	Yes	Yes	Yes	Yes	Yes
N	10,303	10,303	10,303	10,303	10,303	10,303
Adj. R^2	0.0457	0.0465	0.0459	0.0457	0.0465	0.0459

注：系数下方括号内报告的是考虑了异方差和序列相关性的稳健性标准误计算的 T 统计量。*** 、** 、* 分别表示检验统计量在 1%、5% 和 10% 水平上显著。

表3-20中列（1）～列（3）报告了依据全球竞争力指数中的中小投资者保护指数重新计算归属于不同来源地的境外机构投资者持股比例的回归结果。解释变量 *F_WEF_H* 为来源地中小投资者保护较强的境外机构投资者持股比例，*F_WEF_L* 为来源地中小投资者保护较弱的境外机构投资者持股比例。对应不同窗口期的并购超额收益 *CAR*，*F_WEF_H* 的系数为正，且均在至少5%水平上显著，而 *F_WEF_L* 的系数为负，均不显著。列（4）～列（6）为依据布什曼等（Bushman et al. , 2004）公司治理指数的高低划分来源地后的境外机构投资者持股比例。解释变量 *F_GOVERN_H* 为来自公司治理好的国家（地区）的境外机构投资者持股比例，*F_GOVERN_L* 为来源地公司治理较差的境外机构投资者持股比例。*F_GOVERN_H* 的系数均为正，且均在5%水平上显著。而 *F_GOVERN_L* 的系数虽为正，但不显著。表3-19和表3-20的回归结果表明，来源地法律制度环境和公司治理环境更好的境外机构投资者能够更加有效地促进所持股公司的治理优化，进而促进并购绩效的提升。这与费雷拉和马托斯（Ferreira and Matos，2008）和阿加沃尔等（Aggarwal et al. , 2011）的研究逻辑一致。

表3-20　　　区分境外机构投资者来源地的公司治理状况

变量	(1) $CAR[-2, +1]$	(2) $CAR[-3, +1]$	(3) $CAR[-4, +1]$	(4) $CAR[-2, +1]$	(5) $CAR[-3, +1]$	(6) $CAR[-4, +1]$
F_WEF_H	0.0287 *** (2.59)	0.0303 ** (2.56)	0.0311 *** (2.58)			
F_WEF_L	−0.0195 (−0.58)	−0.0145 (−0.27)	−0.0191 (−0.36)			
F_GOVERN_H				0.0281 ** (2.40)	0.0302 ** (2.43)	0.0318 ** (2.50)

变量	(1) $CAR[-2,$ $+1]$	(2) $CAR[-3,$ $+1]$	(3) $CAR[-4,$ $+1]$	(4) $CAR[-2,$ $+1]$	(5) $CAR[-3,$ $+1]$	(6) $CAR[-4,$ $+1]$
F_GOVERN_L				0.0300 (1.18)	0.0260 (0.98)	0.0198 (0.77)
DIO	-0.0292 * (-1.65)	-0.0292 (-1.52)	-0.0298 (-1.56)	-0.0292 * (-1.65)	-0.0292 (-1.52)	-0.0298 (-1.56)
DOMSTAT	0.0036 (0.68)	0.0047 (0.83)	0.0053 (0.91)	0.0036 (0.68)	0.0047 (0.83)	0.0053 (0.90)
SIZE	-0.0074 *** (-5.37)	-0.0081 *** (-5.53)	-0.0082 *** (-5.46)	-0.0074 *** (-5.37)	-0.0080 *** (-5.53)	-0.0082 *** (-5.45)
LEV	0.0216 *** (3.13)	0.0204 *** (2.80)	0.0217 *** (2.88)	0.0216 *** (3.13)	0.0204 *** (2.80)	0.0217 *** (2.88)
OCF	-0.0036 (-0.24)	-0.0057 (-0.35)	-0.0001 (-0.00)	-0.0037 (-0.24)	-0.0058 (-0.35)	-0.0001 (-0.00)
GROWTH	-0.0023 (-1.14)	-0.0021 (-0.96)	-0.0017 (-0.80)	-0.0023 (-1.15)	-0.0021 (-0.96)	-0.0018 (-0.80)
TOP1	0.0001 (0.90)	0.0000 (0.61)	0.0000 (0.24)	0.0001 (0.90)	0.0000 (0.61)	0.0000 (0.25)
TRSIZE	0.0165 *** (3.78)	0.0165 *** (3.64)	0.0174 *** (3.78)	0.0165 *** (3.78)	0.0165 *** (3.65)	0.0174 *** (3.78)
RELATED	-0.0039 * (-1.69)	-0.0032 (-1.33)	-0.0026 (-1.03)	-0.0039 * (-1.68)	-0.0032 (-1.32)	-0.0026 (-1.02)
PAYCASH	-0.0086 (-1.59)	-0.0101 * (-1.79)	-0.0119 ** (-2.03)	-0.0086 (-1.59)	-0.0101 * (-1.79)	-0.0119 ** (-2.03)
MAJOR	0.0056 (0.72)	0.0072 (0.90)	0.0057 (0.69)	0.0056 (0.73)	0.0072 (0.90)	0.0057 (0.69)

续表

变量	(1) CAR[-2, +1]	(2) CAR[-3, +1]	(3) CAR[-4, +1]	(4) CAR[-2, +1]	(5) CAR[-3, +1]	(6) CAR[-4, +1]
MTYPE	0.0058	0.0063	0.0054	0.0058	0.0063	0.0054
	(1.54)	(1.56)	(1.29)	(1.54)	(1.56)	(1.29)
Constant	0.1434***	0.1567***	0.1550***	0.1432***	0.1565***	0.1547***
	(4.80)	(4.98)	(4.79)	(4.80)	(4.97)	(4.78)
行业效应	Yes	Yes	Yes	Yes	Yes	Yes
年度效应	Yes	Yes	Yes	Yes	Yes	Yes
N	10,303	10,303	10,303	10,303	10,303	10,303
Adj. R^2	0.0457	0.0465	0.0459	0.0457	0.0465	0.0459

注：系数下方括号内报告的是考虑了异方差和序列相关性的稳健性标准误计算的 T 统计量。***、**、*分别表示检验统计量在 1%、5% 和 10% 水平上显著。

（2）区分境外机构投资者是否大额持股

如果境外机构投资者对所持股公司具有治理作用，那么治理作用的发挥依赖于其持股比例。由于许多国家（地区）均规定股东持股超过或变动达到 5% 时便需要进行公开披露，并且持股比例在 5% 以上的股东能够对公司的经营决策产生一定的影响。因此，实证文献多用 5% 作为判别大股东的标准（Bharath et al.，2013；Edmans，2014）。我们以股东持股比例是否达到 5% 作为标准，分别计算公司持股比例大于 5% 的境外机构投资者的总持股比例 FIO_block 和持股比例不足 5% 的境外机构投资者的总持股比例 FIO_nonblock。接下来，把 FIO_block 和 FIO_nonblock 同时作为解释放量放入模型（3-1）中进行回归。表 3-21 报告了相应的回归结果。FIO_block 的系数分别为 0.0269、0.0278 和 0.0304，且均在 5% 水平上显著。而 FIO_nonblock 的系数虽然为正，但均不显著。表 3-21 的结果说明，境外机构大额股东（持股比例在 5% 以上）促进了并购绩效的提升。

表3－21　　　境外机构投资者较大持股比例（5％以上）

变量	(1) CAR[-2, +1]	(2) CAR[-3, +1]	(3) CAR[-4, +1]
FIO_block	0.0269 **	0.0278 **	0.0304 **
	(2.33)	(2.27)	(2.45)
FIO_nonblock	0.0650	0.0780	0.0656
	(0.78)	(0.88)	(0.67)
DIO	-0.0295 *	-0.0295	-0.0300
	(-1.67)	(-1.54)	(-1.57)
DOMSTAT	0.0035	0.0046	0.0053
	(0.66)	(0.81)	(0.90)
SIZE	-0.0075 ***	-0.0081 ***	-0.0082 ***
	(-5.36)	(-5.53)	(-5.45)
LEV	0.0215 ***	0.0203 ***	0.0216 ***
	(3.11)	(2.79)	(2.87)
OCF	-0.0039	-0.0060	-0.0004
	(-0.25)	(-0.37)	(-0.02)
GROWTH	-0.0023	-0.0021	-0.0017
	(-1.14)	(-0.95)	(-0.80)
TOP1	0.0001	0.0000	0.0000
	(0.93)	(0.65)	(0.27)
TRSIZE	0.0165 ***	0.0165 ***	0.0174 ***
	(3.78)	(3.65)	(3.78)
RELATED	-0.0039 *	-0.0033	-0.0026
	(-1.70)	(-1.34)	(-1.04)

变量	(1) $CAR[-2, +1]$	(2) $CAR[-3, +1]$	(3) $CAR[-4, +1]$
PAYCASH	-0.0087	-0.0102*	-0.0119**
	(-1.60)	(-1.80)	(-2.04)
MAJOR	0.0055	0.0072	0.0056
	(0.72)	(0.90)	(0.68)
MTYPE	0.0058	0.0063	0.0054
	(1.54)	(1.56)	(1.29)
Constant	0.1445***	0.1580***	0.1564***
	(4.80)	(4.99)	(4.80)
行业效应	Yes	Yes	Yes
年度效应	Yes	Yes	Yes
N	10,303	10,303	10,303
Adj. R^2	0.0456	0.0465	0.0459

注：系数下方括号内报告的是考虑了异方差和序列相关性的稳健性标准误计算的 T 统计量。*** 、** 、* 分别表示检验统计量在 1% 、5% 和 10% 水平上显著。

参照费雷拉等（Ferreira et al.，2010），考虑股东持股比例对并购绩效影响的非线性关系，我们进一步按照持股比例小于 5%，5% ~ 25%，25% 以上对境外机构投资者进行分类，分别计算对上市公司的持股比例，同时放入模型（3 - 1）进行回归。表 3 - 22 报告了回归结果，FIO_G1、FIO_G2、FIO_G3 分别为持股比例大于 25%、持股比例介于 5% ~ 25%、持股比例小于 5% 的境外机构投资者的持股比例。对应不同窗口期的并购超额收益 CAR，FIO_G1 的系数在 5% 水平显著为正；FIO_G2 的系数也为正，但不显著；而 FIO_G3 的系数为负，同样不显著。结果表明，持股比例大于 25% 的境外机构投资者持股是并购绩效提升主要原因。

综合表 3 - 21 和表 3 - 22 的回归结果，我们发现当境外机构投资者持股比例足够大时，才会促进并购绩效的提升。股东持股比例较大时，才能够通过投票、派董事、更换经理人等股东权利对公司进行监督并影响公司的经营决策（Li et al.，2006；Ferreira et al.，2010；Aggarwal et al.，2011）。我们的测试结果与先前研究的逻辑一致，说明境外机构投资者在公司并购决策中发挥了促进作用。

表3-22　　境外机构投资者持股比例与并购绩效非线性关系

变量	(1) CAR[-2, +1]	(2) CAR[-3, +1]	(3) CAR[-4, +1]
FIO_G1	0.0003 ** (2.49)	0.0003 ** (2.45)	0.0003 ** (2.55)
FIO_G2	0.0079 (0.35)	0.0091 (0.41)	0.0244 (1.04)
FIO_G3	-0.1585 (-0.10)	-0.6889 (-0.40)	-1.0531 (-0.60)
DIO	-0.0291 (-1.64)	-0.0291 (-1.51)	-0.0292 (-1.53)
DOMSTAT	0.0034 (0.65)	0.0045 (0.80)	0.0051 (0.86)
SIZE	-0.0074 *** (-5.38)	-0.0081 *** (-5.53)	-0.0082 *** (-5.49)
LEV	0.0215 *** (3.12)	0.0203 *** (2.79)	0.0216 *** (2.87)
OCF	-0.0037 (-0.24)	-0.0058 (-0.35)	0.0000 (0.00)
GROWTH	-0.0023 (-1.14)	-0.0021 (-0.95)	-0.0017 (-0.79)

变量	(1) $CAR[-2, +1]$	(2) $CAR[-3, +1]$	(3) $CAR[-4, +1]$
$TOP1$	0.0001 (0.90)	0.0000 (0.61)	0.0000 (0.23)
$TRSIZE$	0.0165 *** (3.78)	0.0165 *** (3.64)	0.0174 *** (3.77)
$RELATED$	− 0.0039 * (−1.69)	− 0.0033 (−1.33)	− 0.0027 (−1.06)
$PAYCASH$	− 0.0086 (−1.60)	− 0.0102 * (−1.79)	− 0.0119 ** (−2.04)
$MAJOR$	0.0056 (0.72)	0.0073 (0.90)	0.0057 (0.69)
$MTYPE$	0.0058 (1.54)	0.0063 (1.57)	0.0054 (1.29)
$Constant$	0.1438 *** (4.81)	0.1569 *** (4.98)	0.1561 *** (4.82)
行业效应	Yes	Yes	Yes
年度效应	Yes	Yes	Yes
N	10, 303	10, 303	10, 303
$Adj. R^2$	0.0456	0.0464	0.0459

注：系数下方括号内报告的是考虑了异方差和序列相关性的稳健性标准误计算的 T 统计量。*** 、** 、* 分别表示检验统计量在 1%、5% 和 10% 水平上显著。

（3）境外机构投资者的监督途径

大股东可以通过直接影响或者间接"退出威胁"对公司进行监督。首先，较为常用的是直接与管理层建立"沟通"对公司进行监督，影响公司的经营决策。如通过提交提案（Gillan and Stark，

2000）、与管理层直接谈判、向公众媒体披露不利于管理层的信息（McCahery et al.，2011）、投票（Shleifer and Vishny，1986）等方式直接与管理层沟通表达对经营决策的意见，向公司派董事或者直接任命公司内部管理人员，甚至加剧代理人竞争更换 CEO（Fama，1980；Jensen and Ruback，1983）。其次，当直接监督无法发挥作用时，大股东可以选择"用脚投票"给管理层施加压力，退出威胁同样具有监督经理人，优化公司治理的作用（姜付秀等，2015）。我们接下来从以下三个方面检验境外机构投资者对公司的监督渠道。

第一，境外机构投资者与管理层任命。我们分别选取外籍管理者的人数作为境外机构投资者任命管理层的代理变量，以考察境外机构投资者对公司直接监督渠道是否存在。表 3 – 23 报告了管理层外籍人数对境外机构投资者的回归结果。其中，被解释变量包括董事、监事和高管中外国国籍的人数，用 FM_T 表示；外国国籍董事的人数，用 FM_B 表示；具有外国国籍的独立董事人数，用 FM_IB 表示；具有外国国籍的 CEO 和 CFO 的人数，用 FM_M 表示。列（1）~ 列（4）分别报告了不同被解释变量的回归结果，FIO 的系数分别为 3. 7892、2. 6322、0. 2470 和 1. 0746，且均在 1% 水平上显著，说明境外机构投资者增加了外国国籍的管理者数量。表 3 – 23 的结果在一定程度上表明，境外机构投资者对公司的管理层任命具有一定的影响，进而建立起与公司管理者"沟通"的渠道。

表 3 – 23　　　　　　境外机构投资者与外国国籍管理层

变量	(1) FM_T	(2) FM_B	(3) FM_IB	(4) FM_M
FIO	3. 7892 *** （15. 24）	2. 6322 *** （18. 44）	0. 2470 *** （8. 08）	1. 0746 *** （9. 21）
DIO	− 0. 0305 （− 0. 42）	− 0. 0430 （− 0. 81）	− 0. 0787 *** （− 5. 11）	− 0. 0092 （− 0. 34）

变量	(1) *FM_T*	(2) *FM_B*	(3) *FM_IB*	(4) *FM_M*
DOMSTAT	-0.3184 ***	-0.2068 ***	-0.0030	-0.1378 ***
	(-11.36)	(-11.68)	(-0.46)	(-10.69)
SIZE	0.0125 *	0.0081	0.0280 ***	0.0051
	(1.69)	(1.60)	(12.19)	(1.58)
LEV	-0.0673 ***	-0.0672 ***	0.0179 ***	-0.0270 **
	(-2.80)	(-4.15)	(3.07)	(-2.33)
OCF	0.3063 ***	0.2451 ***	0.0568 ***	0.0214
	(3.94)	(4.57)	(3.39)	(0.72)
GROWTH	0.0082	0.0045	-0.0013	0.0044
	(1.18)	(0.85)	(-0.55)	(1.34)
*TOP*1	0.0018 ***	0.0013 ***	0.0001	0.0007 ***
	(3.13)	(3.78)	(0.45)	(2.76)
FSALE	0.4795 ***	0.2175 ***	0.0146 *	0.2319 ***
	(8.64)	(6.94)	(1.86)	(8.73)
Constant	-0.2566 *	-0.1738 *	-0.5904 ***	-0.0809
	(-1.65)	(-1.66)	(-12.25)	(-1.16)
行业效应	Yes	Yes	Yes	Yes
年度效应	Yes	Yes	Yes	Yes
N	22,719	22,719	22,719	22,719
Adj. R^2	0.187	0.189	0.0379	0.0998

注：系数下方括号内报告的是考虑了异方差和序列相关性的稳健性标准误计算的 T 统计量。 *** 、 ** 、 * 分别表示检验统计量在 1% 、5% 和 10% 水平上显著。

第二，境外机构投资者与高管变更。高管变更—业绩敏感性被认为是公司监督以及治理强弱的标志（Weisbach，1988）。境外机构投资者对高管变更—业绩敏感性的影响一方面可以说明前者对公司的治理作用，另一方面还可以说明境外机构投资者是否会对高管变更产生影响。表 3-24 报告了回归结果，被解释变量为 CEO 变更（*CEO_TURNOVER*），如果 CEO 离职，则 *CEO_TURNOVER* 取值为 1，否则取值为 0；解释变量为公司净资产收益率（*ROA*），境外机构投资者（*FIO*）和两者的交乘项（*FIO × ROA*）。*FIO × ROA* 的系数为 −3.708，且在 5% 水平上显著，说明境外机构投资者增加了高管变更—业绩敏感性，当业绩下降 1 个单位时，境外机构投资者导致高管离职的概率增加 3.708 个单位。表 3-24 的结果表明，境外机构投资者通过变更经理人的渠道对公司进行监督。

表 3-24　　境外机构投资者与高管变更对公司业绩的敏感性

变量	(1) *CEO_TURNOVER*
ROA	−0.1020 (−0.99)
FIO	−0.1284 (−0.95)
FIO × ROA	−3.7080 ** (−2.05)
DIO	−0.1815 (−1.34)
SIZE	−0.0319 ** (−2.17)
LEV	0.3129 *** (6.42)
GROWTH	−0.0141 (−0.72)

续表

变量	(1) CEO_TURNOVER
C_AGE	−1.0176 *** (−9.79)
OCF	−0.2887 ** (−1.97)
MSHR	−0.3014 *** (−4.19)
TOP1	0.0833 (1.18)
Constant	3.3264 *** (6.71)
行业效应	Yes
年度效应	Yes
N	21, 844
$Pseudo - R^2$	0.0201

注: 系数下方括号内报告的是考虑了异方差和序列相关性的稳健性标准误计算的 T 统计量。*** 、** 、* 分别表示检验统计量在1%、5%和10%水平上显著。

第三，境外机构投资者退出威胁。当股东与管理层没有办法直接"沟通"或者说直接监督的成本过高时，股东便会"用脚投票"。由于大股东往往有更多的知情信息，所以大股东的退出会向市场传递一种公司的负面信息，对管理层不利。因此，在中国退出威胁是一种有效的治理方式，特别是当公司流动性高时有利于大股东的退出，使得退出威胁可置信，治理作用更为明显（姜付秀等，2015）。因此，我们根据个股流动性指标 Amihud 的中位数对样本进行分组回归。表3–25报告了根据流动性高低分组后并购绩效对境外机构投资者的回归结果。列（1）~列（3）为流动性高组，*FIO*

的系数分别为 0.0365、0.0389 和 0.0448，且至少在 5% 水平上显著；列（4）~列（6）为流动性低组，*FIO* 的系数分别为 0.0191、0.0200 和 0.0182，均不显著。境外机构投资者对并购绩效的提升作用在个股流动性高的公司更为明显，按照姜付秀等（2015）退出威胁治理作用的逻辑，表 3 - 25 的结果说明，退出威胁是境外机构投资者发挥公司治理作用的一种途径。

表 3 - 25　　　　　　　　境外机构投资者"退出威胁"

变量	流动性高			流动性低		
	(1) $CAR[-2, +1]$	(2) $CAR[-3, +1]$	(3) $CAR[-4, +1]$	(4) $CAR[-2, +1]$	(5) $CAR[-3, +1]$	(6) $CAR[-4, +1]$
FIO	0.0365 *** (2.61)	0.0389 ** (2.51)	0.0448 *** (2.81)	0.0191 (1.11)	0.0200 (1.11)	0.0182 (1.01)
DIO	−0.0432 * (−1.96)	−0.0446 * (−1.80)	−0.0520 ** (−2.07)	−0.0072 (−0.26)	−0.0053 (−0.18)	0.0014 (0.05)
DOMSTAT	0.0038 (0.60)	0.0053 (0.76)	0.0041 (0.56)	0.0037 (0.44)	0.0044 (0.49)	0.0070 (0.76)
SIZE	−0.0038 ** (−2.12)	−0.0050 *** (−2.59)	−0.0048 ** (−2.37)	−0.0146 *** (−4.37)	−0.0158 *** (−4.50)	−0.0158 *** (−4.39)
LEV	0.0020 (0.25)	−0.0007 (−0.08)	0.0016 (0.18)	0.0310 *** (3.00)	0.0314 *** (2.88)	0.0323 *** (2.87)
OCF	0.0083 (0.48)	0.0121 (0.66)	0.0157 (0.82)	−0.0181 (−0.73)	−0.0247 (−0.95)	−0.0181 (−0.66)
GROWTH	0.0038 (1.19)	0.0042 (1.24)	0.0052 (1.50)	−0.0051 * (−1.90)	−0.0048 * (−1.72)	−0.0050 * (−1.77)
*TOP*1	0.0001 (0.59)	0.0000 (0.49)	0.0000 (0.24)	0.0001 (1.05)	0.0001 (0.82)	0.0001 (0.47)

续表

变量	流动性高			流动性低		
	(1) CAR[－2, +1]	(2) CAR[－3, +1]	(3) CAR[－4, +1]	(4) CAR[－2, +1]	(5) CAR[－3, +1]	(6) CAR[－4, +1]
TRSIZE	0.0108 (1.32)	0.0098 (1.16)	0.0112 (1.36)	0.0165*** (3.21)	0.0168*** (3.14)	0.0177*** (3.24)
RELATED	－0.0017 (－0.62)	－0.0012 (－0.42)	－0.0011 (－0.36)	－0.0064* (－1.69)	－0.0057 (－1.42)	－0.0044 (－1.06)
PAYCASH	－0.0021 (－0.30)	－0.0044 (－0.59)	－0.0068 (－0.88)	－0.0141* (－1.81)	－0.0149* (－1.82)	－0.0159* (－1.90)
MAJOR	0.0124 (1.14)	0.0137 (1.20)	0.0133 (1.14)	0.0027 (0.26)	0.0050 (0.46)	0.0023 (0.21)
MTYPE	0.0006 (0.10)	0.0012 (0.19)	0.0005 (0.08)	0.0050 (1.08)	0.0054 (1.08)	0.0045 (0.88)
Constant	0.0681* (1.75)	0.0974** (2.35)	0.0943** (2.17)	0.2898*** (4.22)	0.3090*** (4.28)	0.2998*** (4.05)
行业效应	Yes	Yes	Yes	Yes	Yes	Yes
年度效应	Yes	Yes	Yes	Yes	Yes	Yes
N	5,149	5,149	5,149	5,154	5,154	5,154
Adj. R^2	0.0222	0.0233	0.0256	0.0602	0.0620	0.0598

注：系数下方括号内报告的是考虑了异方差和序列相关性的稳健性标准误计算的 T 统计量。***、**、*分别表示检验统计量在1%、5%和10%水平上显著。

2. 境外机构投资者的知识溢出渠道

斯蒂格利兹（Stigliz，2000）和李等（Li et al.，2011）研究指出，境外机构投资者不仅为东道主国家（地区）提供了资金来源，还有更多其他非资本利益，如劳动力培训、商业管理、先进的管理技术、市场专业技能以及新的出口业务。瓜达卢佩等（Guadalupe et al.，2012）研究发现，跨国投资能够促进知识传递。梁等（Luong et al.，2017）举例说明了现实中境外机构投资者能够通过商业网络信息，促进知识在网络中的流动，通过全球数据分析发现，境外机构投资者通过知识传递促进企业创新。除此之外，费雷里亚等（Ferreria et al.，2010）研究表明，境外机构投资者有助于信息传递，降低主并方和目标方之间的信息不对称，进而提升跨国并购成功概率。以上研究表明，境外机构投资者对知识的传递具有重要作用。那么，境外机构投资者是否通过知识传递提升所持股公司的并购绩效是本节的研究重点。我们将从三个方面检验境外机构投资者在持股公司并购中的知识传递作用。

（1）根据来源地的并购经验区分境外机构投资者

知识传递能够间接地通过各利益相关方产生。德隆和德杨（DeLong and DeYoung，2005）研究了银行业并购中的价值创造来源，通过对比了"看中学"还是"干中学"发现，公司能够从其他公司的并购活动中进行学习，提升本公司发生并购的价值创造。其实质为，当经济主体所处的行业或者市场发生较多的并购时，有助于该经济主体积累并购经验和并购知识，进而指导并优化该经济主体的并购决策。因此，我们采用境外机构投资者来源地并购数量来代理境外机构投资者的并购经验和知识。由于每个国家（地区）的资本市场发育程度以及经济体量不同，所以我们通过该国上市公司数量来标准化并购数量，使其横向可比。

本书从 SDC 获取了样本期内（2003～2016 年）的全球并购事件，从数据流（datastream）数据库获取每个国家（地区）的上市公司数量，计算出每年每个国家（地区）的并购事件数量在上市公司数量中的占比，按照国际实证研究惯例，剔除上市公司数量小于100 的样本。最终我们获得了 42 个国家（地区）2003～2016 年的平均每家上市公司的并购数量。参考梁等（Luong et al.，2017）的做法，对每个国家（地区）13 年中每年的并购数量均值求平均值，得到并购经验指数。由于可能会出现并购经验丰富的国家（地区）

治理也通常更好的重叠现象。为了与境外机构投资者的监督渠道区分，我们首先对来源地根据布什曼等（Bushman et al.，2004）公司治理指数的中位数将来源地分成高低两组，其次根据并购经验指数对每组国家（地区）进行并购经验高低分组。最后，来源地共分为了四组，并以此计算相应的境外机构投资者持股比例，得到四个解释变量：来源地公司治理程度高和并购经验丰富的境外机构投资者持股比例（*FIO_GOVH_MAFIRMH*）、来源地公司治理程度高和并购经验差的境外机构投资者持股比例（*FIO_GOVH_MAFIRML*）、来源地公司治理程度低和并购经验丰富的境外机构投资者持股比例（*FIO_GOVL_MAFIRMH*）、来源地公司治理程度低且并购经验差的境外机构投资者持股比例（*FIO_GOVL_MAFIRML*）。将四个解释变量同时放入模型（3 – 1）进行回归。

表 3 – 26 报告了上文所述的回归结果。对不同窗口期的并购超额收益 *CAR* 值，解释变量来源地公司治理程度高并购经验丰富的境外机构投资者持股比例 *FIO_GOVH_MAFIRMH* 的系数分别为 0. 1408、0. 1305 和 0. 1508，至少在 10% 水平上显著；来源地公司治理程度高且并购经验差的境外机构投资者持股比例 *FIO_GOVH_MAFIRML* 的系数分别为 0. 0255、0. 0267 和 0. 0301，至少在 10% 水平上显著。对于公司治理好的来源地，当并购经验丰富时，对并购绩效的提升作用更加明显。以 *CAR*[– 2，+ 1] 为例，当境外机构投资者持股比例提升 1%，来源地公司治理好且并购经验丰富时，可以促进并购绩效提升 0. 1408%，而来源地公司治理好但并购经验不够丰富时，仅能够促进并购绩效提升 0. 0255%。对于来源地公司治理不好但并购经验丰富的境外机构投资者（*FIO_GOVL_MAFIRMH*），对不同窗口期的并购超额收益系数分别为 0. 0315、0. 0261 和 0. 0203，但不显著；来源地并购经验也不够丰富的境外机构投资者（*FIO_GOVL_MAFIRML*），对不同窗口期的 *CAR* 系数分别为 0. 0013、0. 0043 和 – 0. 0179，比 *FIO_GOVL_MAFIRMH* 对应的系数小，但同样不显著。表 3 – 26 的结果说明，来源地公司治理好且并购经验更加丰富的境

外机构投资者对并购绩效的促进作用更加明显。表 3 - 26 的结果同时说明，对于来源地公司治理好的境外机构投资者无论并购经验是否丰富，均对并购绩效的提升具有促进作用，也这反映出前文的监督作用渠道结果是稳健的。

表 3 - 26　　　　知识传递渠道：境外机构投资者并购经验

变量	(1) CAR[-2, +1]	(2) CAR[-3, +1]	(3) CAR[-4, +1]
FIO_GOVH_MAFIRMH	0.1408 ** (2.50)	0.1305 * (1.73)	0.1508 * (1.82)
FIO_GOVH_MAFIRML	0.0255 * (1.91)	0.0267 * (1.89)	0.0301 ** (2.12)
FIO_GOVL_MAFIRMH	0.0315 (1.21)	0.0261 (0.96)	0.0203 (0.77)
FIO_GOVL_MAFIRML	0.0013 (0.05)	0.0043 (0.14)	- 0.0179 (-0.56)
DIO	- 0.0295 * (-1.67)	- 0.0296 (-1.54)	- 0.0303 (-1.59)
DOMSTAT	0.0033 (0.62)	0.0043 (0.77)	0.0048 (0.82)
SIZE	- 0.0074 *** (-5.36)	- 0.0080 *** (-5.51)	- 0.0082 *** (-5.44)
LEV	0.0213 *** (3.09)	0.0202 *** (2.76)	0.0214 *** (2.84)
OCF	- 0.0040 (-0.26)	- 0.0060 (-0.37)	- 0.0003 (-0.02)
GROWTH	- 0.0023 (-1.15)	- 0.0021 (-0.96)	- 0.0018 (-0.80)

变量	(1) $CAR[-2, +1]$	(2) $CAR[-3, +1]$	(3) $CAR[-4, +1]$
TOP1	0.0001 (0.95)	0.0001 (0.66)	0.0000 (0.30)
TRSIZE	0.0165 *** (3.77)	0.0165 *** (3.64)	0.0174 *** (3.77)
RELATED	-0.0038 * (-1.66)	-0.0032 (-1.30)	-0.0025 (-0.99)
PAYCASH	-0.0087 (-1.60)	-0.0102 * (-1.80)	-0.0120 ** (-2.05)
MAJOR	0.0055 (0.71)	0.0072 (0.89)	0.0055 (0.67)
MTYPE	0.0058 (1.54)	0.0063 (1.56)	0.0054 (1.29)
Constant	0.1435 *** (4.79)	0.1564 *** (4.96)	0.1550 *** (4.78)
行业效应	Yes	Yes	Yes
年度效应	Yes	Yes	Yes
N	10,303	10,303	10,303
Adj. R^2	0.0455	0.0463	0.0458

注：系数下方括号内报告的是考虑了异方差和序列相关性的稳健性标准误计算的 T 统计量。*** 、** 、* 分别表示检验统计量在 1%、5% 和 10% 水平上显著。

（2）区分来源地的管理先进程度

布卢姆等（Bloom et al.，2012）研究发现，管理实践的先进程度直接影响到公司的生产效率、盈利能力和估值。同时，研究认为监督管理实践、目标管理实践和激励管理实践构成了公司最基本的管理水平。其中，除了监督管理前文已经有所涉及，目标管理实践是指管理者能够采取行动，做到建立恰当的项目经营目标以及达到与之相匹配的产出；激励管理实践是指公司能否基于业绩恰当地给员工相应的薪酬激励，选用并留住最优人才。并购属于公司重大战略投资活动，虽然需要用到特殊的管理技能，但其作为公司生产经营的一部分，也会受到基本的管理实践水平的影响。例如，如果公司的管理目标实践更为先进，那么将对新建项目还是收购已有公司、挑选怎样的目标公司进行收购才能以最低的成本达到最优的产出、目标公司能否与本公司产生协同效应等并购的关键问题有更清晰的判断。

表 3-28 和表 3-29 报告了将解释变量 FIO_X_H、FIO_X_L 和 FIO_NINDEX 同时放入模型（3-1）的回归结果。表 3-28 为根据管理实践先进性综合评分进行来源地分类的境外机构投资者持股比例回归结果。对不同窗口期的并购超额收益 CAR，FIO_OM_H 的系数分别为 0.0274、0.0288 和 0.0323，且均在 5% 水平上显著。FIO_OM_H 的数分别为 0.0022、-0.0037 和 -0.0096，均不显著。表 3-29 中，列（1）~列（3）报告了根据目标管理实践先进性评分进行来源地分类的境外机构投资者持股比例回归结果，列（4）~列（6）为依据激励管理实践评分进行分类计算境外机构投资者持股比例的回归结果。可以发现，FIO_X_H 的系数均为正，且在 5% 水平上显著，而 FIO_X_L 的系数有正有负，且不显著。表 3-28 和表 3-29 中 FIO_NINDEX 的系数均为正，且显著，可能是包含了来源地法律制度先进且公司治理较好的境外机构投资者。以上结果在一定程度上说明，境外机构投资者存在先进管理知识传递效应，进而促进了持股公司并购绩效的提升。

综合以上结果，说明境外机构投资者对持股公司存在传递先进管理技术、并购经验等知识的作用，构成了国家（地区）之间相互影响的信息桥梁，进而提升并购质量，促进公司价值创造。

表 3 - 27　　　　　　　　管理实践评分排名前五的国家

排名	目标管理实践评分	激励管理实践评分	管理实践先进性综合评分
1	日本	美国	美国
2	美国	德国	德国
3	德国	加拿大	日本
4	瑞典	日本	瑞典
5	意大利	英国	加拿大

表 3 - 28　　知识传递渠道：境外机构投资者管理实践先进性

变量	(1) $CAR[-2, +1]$	(2) $CAR[-3, +1]$	(3) $CAR[-4, +1]$
FIO_OM_H	0.0274 ** (2.03)	0.0288 ** (2.03)	0.0323 ** (2.26)
FIO_OM_L	0.0022 (0.10)	- 0.0073 (- 0.31)	- 0.0096 (- 0.41)
FIO_NINDEX	0.0448 ** (2.12)	0.0526 ** (2.14)	0.0426 (1.59)
DIO	- 0.0292 * (- 1.65)	- 0.0291 (- 1.51)	- 0.0297 (- 1.56)
DOMSTAT	0.0035 (0.67)	0.0046 (0.82)	0.0052 (0.89)
SIZE	- 0.0074 *** (- 5.33)	- 0.0080 *** (- 5.49)	- 0.0081 *** (- 5.43)
LEV	0.0216 *** (3.13)	0.0204 *** (2.81)	0.0217 *** (2.88)

续表

变量	(1) $CAR[-2, +1]$	(2) $CAR[-3, +1]$	(3) $CAR[-4, +1]$
OCF	-0.0036 (-0.24)	-0.0057 (-0.35)	0.0000 (0.00)
GROWTH	-0.0023 (-1.14)	-0.0020 (-0.95)	-0.0017 (-0.79)
TOP1	0.0001 (0.93)	0.0000 (0.65)	0.0000 (0.28)
TRSIZE	0.0165 *** (3.78)	0.0165 *** (3.65)	0.0175 *** (3.78)
RELATED	-0.0039 * (-1.68)	-0.0032 (-1.32)	-0.0026 (-1.02)
PAYCASH	-0.0086 (-1.58)	-0.0101 * (-1.77)	-0.0118 ** (-2.02)
MAJOR	0.0056 (0.73)	0.0073 (0.91)	0.0057 (0.69)
MTYPE	0.0058 (1.55)	0.0063 (1.57)	0.0054 (1.29)
Constant	0.1426 *** (4.76)	0.1557 *** (4.93)	0.1545 *** (4.76)
行业效应	Yes	Yes	Yes
年度效应	Yes	Yes	Yes
N	10, 303	10, 303	10, 303
Adj. R^2	0.0456	0.0465	0.0459

注：系数下方括号内报告的是考虑了异方差和序列相关性的稳健性标准误计算的 T 统计量。 *** 、 ** 、 * 分别表示检验统计量在 1% 、 5% 和 10% 水平上显著。

表 3 - 29　知识传递渠道：境外机构投资者目标和激励管理实践

变量	X = TARGET MANAGEMENT			X = INCENTIVE MANAGEMENT		
	(1) CAR [-2, +1]	(2) CAR [-3, +1]	(3) CAR [-4, +1]	(4) CAR [-2, +1]	(5) CAR [-3, +1]	(6) CAR [-4, +1]
FIO_X_H	0.0274 ** (2.03)	0.0287 ** (2.02)	0.0322 ** (2.26)	0.0263 ** (2.01)	0.0274 ** (1.99)	0.0310 ** (2.24)
FIO_X_L	0.0024 (0.12)	-0.0069 (-0.30)	-0.0092 (-0.39)	0.0037 (0.15)	-0.0073 (-0.26)	-0.0158 (-0.56)
FIO_NINDEX	0.0448 ** (2.12)	0.0527 ** (2.14)	0.0426 (1.59)	0.0448 ** (2.12)	0.0527 ** (2.14)	0.0426 (1.59)
DIO	-0.0292 * (-1.65)	-0.0291 (-1.51)	-0.0297 (-1.56)	-0.0292 * (-1.65)	-0.0291 (-1.51)	-0.0297 (-1.56)
DOMSTAT	0.0035 (0.67)	0.0046 (0.82)	0.0052 (0.89)	0.0036 (0.68)	0.0047 (0.83)	0.0052 (0.89)
SIZE	-0.0074 *** (-5.33)	-0.0080 *** (-5.49)	-0.0081 *** (-5.43)	-0.0074 *** (-5.33)	-0.0080 *** (-5.49)	-0.0082 *** (-5.44)
LEV	0.0216 *** (3.13)	0.0204 *** (2.81)	0.0217 *** (2.88)	0.0216 *** (3.13)	0.0204 *** (2.81)	0.0217 *** (2.88)
OCF	-0.0036 (-0.24)	-0.0057 (-0.35)	0.0000 (0.00)	-0.0037 (-0.24)	-0.0057 (-0.35)	0.0001 (0.00)
GROWTH	-0.0023 (-1.14)	-0.0020 (-0.95)	-0.0017 (-0.79)	-0.0023 (-1.15)	-0.0021 (-0.96)	-0.0018 (-0.80)
TOP1	0.0001 (0.93)	0.0000 (0.65)	0.0000 (0.28)	0.0001 (0.93)	0.0000 (0.65)	0.0000 (0.29)
TRSIZE	0.0165 *** (3.78)	0.0165 *** (3.65)	0.0175 *** (3.78)	0.0165 *** (3.78)	0.0165 *** (3.65)	0.0175 *** (3.78)

续表

变量	X = TARGET MANAGEMENT			X = INCENTIVE MANAGEMENT		
	(1) CAR [-2, +1]	(2) CAR [-3, +1]	(3) CAR [-4, +1]	(4) CAR [-2, +1]	(5) CAR [-3, +1]	(6) CAR [-4, +1]
RELATED	-0.0039 * (-1.68)	-0.0032 (-1.32)	-0.0026 (-1.02)	-0.0039 * (-1.68)	-0.0032 (-1.32)	-0.0026 (-1.02)
PAYCASH	-0.0086 (-1.58)	-0.0101 * (-1.77)	-0.0118 ** (-2.02)	-0.0086 (-1.59)	-0.0101 * (-1.78)	-0.0118 ** (-2.02)
MAJOR	0.0056 (0.73)	0.0073 (0.91)	0.0057 (0.69)	0.0056 (0.73)	0.0073 (0.91)	0.0057 (0.69)
MTYPE	0.0058 (1.55)	0.0063 (1.57)	0.0054 (1.29)	0.0058 (1.55)	0.0063 (1.57)	0.0054 (1.29)
Constant	0.1426 *** (4.76)	0.1557 *** (4.93)	0.1545 *** (4.76)	0.1427 *** (4.76)	0.1559 *** (4.94)	0.1548 *** (4.77)
行业效应	Yes	Yes	Yes	Yes	Yes	Yes
年度效应	Yes	Yes	Yes	Yes	Yes	Yes
N	10,303	10,303	10,303	10,303	10,303	10,303
Adj. R^2	0.0456	0.0465	0.0459	0.0456	0.0465	0.0459

注：系数下方括号内报告的是考虑了异方差和序列相关性的稳健性标准误计算的 T 统计量。*** 、** 、* 分别表示检验统计量在1%、5%和10%水平上显著。

3. 境外机构投资者风险容忍渠道

如果境外机构投资者能够缓解管理者短视，推动公司投资风险更高的项目，促进公司长期价值创造，那么对并购绩效的提升作用在高科技企业更加明显。对于是否高科技企业的判定，我们采用经济合作与发展组织（OECD）的定义，将计算机相关行业、电子行业、信息技术行业、生物制药行业、通信行业五个行业作为高科技企业。表3 – 30 中，列（1）~列（3）报告了高科技企业中境外机构投资者对并购绩效的影响，*FIO* 的系数分别为 0.0544、0.0622 和 0.0691，且均在 1% 水平上显著。列（1）~ 列（3）报告了非高科技企业中境外机构投资者对并购绩效的影响，*FIO* 的系数虽然为正，但均不显著。

表 3 - 30　　　　　　风险容忍渠道：公司所属行业风险程度

变量	高科技企业			非高科技企业		
	（1） *CAR*［-2，+1］	（2） *CAR*［-3，+1］	（3） *CAR*［-4，+1］	（4） *CAR*［-2，+1］	（5） *CAR*［-3，+1］	（6） *CAR*［-4，+1］
FIO	0.0544 ***	0.0622 ***	0.0691 ***	0.0156	0.0134	0.0131
	(2.61)	(2.83)	(3.02)	(1.16)	(0.93)	(0.92)
DIO	0.0134	0.0179	0.0189	-0.0475 ***	-0.0493 **	-0.0496 ***
	(0.32)	(0.39)	(0.42)	(-2.65)	(-2.54)	(-2.58)
DOMSTAT	0.0244 **	0.0260 **	0.0256 **	-0.0039	-0.0033	-0.0021
	(2.29)	(2.27)	(2.14)	(-0.63)	(-0.51)	(-0.32)
SIZE	-0.0109 ***	-0.0118 ***	-0.0123 ***	-0.0060 ***	-0.0064 ***	-0.0063 ***
	(-3.67)	(-3.77)	(-3.83)	(-3.80)	(-3.88)	(-3.72)
LEV	0.0121	0.0074	0.0081	0.0268 ***	0.0269 ***	0.0283 ***
	(0.98)	(0.57)	(0.61)	(3.13)	(2.99)	(3.03)
OCF	-0.0013	-0.0106	0.0016	-0.0023	-0.0019	0.0009
	(-0.04)	(-0.29)	(0.04)	(-0.13)	(-0.11)	(0.05)
GROWTH	0.0021	0.0017	0.0016	-0.0035	-0.0030	-0.0026
	(0.47)	(0.36)	(0.33)	(-1.53)	(-1.27)	(-1.06)
*TOP*1	-0.0000	-0.0001	-0.0001	0.0001	0.0001	0.0001
	(-0.21)	(-0.43)	(-0.69)	(1.20)	(1.01)	(0.68)
TRSIZE	0.0139 **	0.0127 *	0.0139 *	0.0178 ***	0.0183 ***	0.0191 ***
	(1.97)	(1.77)	(1.89)	(3.26)	(3.22)	(3.30)

续表

变量	高科技企业			非高科技企业		
	(1) CAR [-2, +1]	(2) CAR [-3, +1]	(3) CAR [-4, +1]	(4) CAR [-2, +1]	(5) CAR [-3, +1]	(6) CAR [-4, +1]
RELATED	-0.0070 (-1.51)	-0.0061 (-1.22)	-0.0055 (-1.07)	-0.0026 (-0.98)	-0.0019 (-0.70)	-0.0013 (-0.46)
PAYCASH	-0.0015 (-0.16)	-0.0063 (-0.62)	-0.0067 (-0.65)	-0.0121* (-1.87)	-0.0120* (-1.76)	-0.0144** (-2.04)
MAJOR	0.0011 (0.08)	-0.0006 (-0.05)	-0.0028 (-0.21)	0.0092 (0.96)	0.0128 (1.28)	0.0120 (1.17)
MTYPE	0.0039 (0.66)	0.0048 (0.75)	0.0041 (0.61)	0.0063 (1.31)	0.0067 (1.32)	0.0056 (1.07)
Constant	0.2565*** (4.13)	0.2752*** (4.22)	0.2928*** (4.36)	0.1129*** (3.33)	0.1201*** (3.37)	0.1150*** (3.14)
行业效应	Yes	Yes	Yes	Yes	Yes	Yes
年度效应	Yes	Yes	Yes	Yes	Yes	Yes
N	3,380	3,380	3,380	6,923	6,923	6,923
Adj. R²	0.0397	0.0418	0.0408	0.0512	0.0517	0.0512

注：系数下方括号内报告的是考虑了异方差和序列相关性的稳健性标准误计算的 T 统计量。***、**、*分别表示检验统计量在1%、5%和10%水平上显著。

3.3.4 公司治理机制的截面差异分析

通过上述检验，本书发现境外机构投资者会显著提升并购绩效，本书认为境外机构投资者通过对公司"内部人"的监督、知识溢出以及增加公司风险容忍度促进并购绩效的提升。而保证作用渠道畅通的一个重要前提是境外机构投资者的股东权利能够得到有效保障。当公司外部治理机制（法律制度环境、政府干预强弱、是否政府持股、产品市场竞争激烈程度）和内部治理机制（是否存在多个大股东）较好，内部代理冲突（高管在职消费高低）较弱时，境外机构投资者权利能够较好地行使股东权利，通过直接和间接干预的方式影响公司的投资决策，除此之外，较好的信息环境也有助于境外机构投资者更加准确地给出投资建议，进而向公司传递先进的投资理念，促进公司选择更优的投资方案。在本部分中，我们基于研究假设的分析，从法律制度环境、政府干预强弱、企业产权性质、产品市场竞争激烈程度、是否存在多个大股东以及高管在职消费高低六个维度验证境外机构投资者与已有的治理机制在企业的并购重组过程中是否形成互补效应。

1. 法律制度环境

根据王小鲁等（2016）的《中国分省份市场化指数报告》的市场化综合指数以及其中的市场中介组织的发育和法律制度环境指数，我们分别计算了样本公司所处地区的法律制度水平的中位数，并依据该中位数，把样本分为公司所在地法律制度环境好和差两组，重复模型（3-1）的回归，回归结果报告在表 3-31 和表 3-32 中。表 3-31 的列（1）~列（3）报告了市场化进程大于中位数的子样本组的回归结果，FIO 的系数分别为 0.0501、0.0522 和 0.0518，且均在 1% 水平上统计显著；列（4）~列（6）报告了市场化进程低于中位数的子样本组的回归结果，FIO 的系数均为负，且不显著。

表 3-31　　　　　　　　　法律制度环境的影响

变量	市场化进程高			市场化进程低		
	(1) $CAR\,[\,-2,\,+1\,]$	(2) $CAR\,[\,-3,\,+1\,]$	(3) $CAR\,[\,-4,\,+1\,]$	(4) $CAR\,[\,-2,\,+1\,]$	(5) $CAR\,[\,-3,\,+1\,]$	(6) $CAR\,[\,-4,\,+1\,]$
FIO	0.0501 *** (3.69)	0.0522 *** (3.53)	0.0518 *** (3.45)	-0.0078 (-0.36)	-0.0087 (-0.39)	-0.0046 (-0.20)

续表

变量	市场化进程高			市场化进程低		
	(1) CAR [-2, +1]	(2) CAR [-3, +1]	(3) CAR [-4, +1]	(4) CAR [-2, +1]	(5) CAR [-3, +1]	(6) CAR [-4, +1]
DIO	-0.0526 * (-1.85)	-0.0557 * (-1.85)	-0.0619 ** (-2.00)	-0.0132 (-0.57)	-0.0125 (-0.49)	-0.0115 (-0.47)
DOMSTAT	-0.0098 (-1.23)	-0.0085 (-0.99)	-0.0087 (-0.98)	0.0110 (1.50)	0.0128 (1.64)	0.0148 * (1.83)
SIZE	-0.0076 *** (-3.70)	-0.0088 *** (-4.04)	-0.0085 *** (-3.80)	-0.0073 *** (-3.64)	-0.0072 *** (-3.45)	-0.0076 *** (-3.54)
LEV	0.0273 *** (2.67)	0.0286 *** (2.63)	0.0319 *** (2.85)	0.0160 * (1.66)	0.0133 (1.32)	0.0122 (1.18)
OCF	0.0181 (0.81)	0.0170 (0.71)	0.0211 (0.84)	-0.0250 (-1.16)	-0.0271 (-1.20)	-0.0199 (-0.85)
GROWTH	-0.0003 (-0.09)	-0.0002 (-0.07)	-0.0002 (-0.05)	-0.0042 * (-1.72)	-0.0039 (-1.54)	-0.0034 (-1.30)
TOP1	0.0001 (0.56)	-0.0000 (-0.02)	-0.0000 (-0.29)	0.0001 (1.04)	0.0001 (1.07)	0.0001 (0.80)
TRSIZE	0.0226 *** (3.09)	0.0230 *** (3.01)	0.0263 *** (3.38)	0.0121 ** (2.24)	0.0122 ** (2.19)	0.0114 ** (2.01)
RELATED	-0.0050 (-1.52)	-0.0051 (-1.46)	-0.0048 (-1.31)	-0.0030 (-0.92)	-0.0017 (-0.50)	-0.0012 (-0.33)
PAYCASH	-0.0053 (-0.65)	-0.0067 (-0.80)	-0.0060 (-0.69)	-0.0123 * (-1.69)	-0.0138 * (-1.80)	-0.0177 ** (-2.24)
MAJOR	0.0037 (0.34)	0.0053 (0.47)	0.0030 (0.26)	0.0103 (0.91)	0.0122 (1.04)	0.0115 (0.96)

续表

变量	市场化进程高			市场化进程低		
	(1) CAR [-2, +1]	(2) CAR [-3, +1]	(3) CAR [-4, +1]	(4) CAR [-2, +1]	(5) CAR [-3, +1]	(6) CAR [-4, +1]
MTYPE	0.0062 (0.77)	0.0057 (0.67)	0.0047 (0.53)	0.0051 (1.24)	0.0063 (1.43)	0.0052 (1.14)
Constant	0.2505 *** (3.75)	0.2764 *** (3.91)	0.2555 *** (3.52)	0.1274 *** (2.59)	0.1166 ** (2.26)	0.1353 *** (2.60)
行业效应	Yes	Yes	Yes	Yes	Yes	Yes
年度效应	Yes	Yes	Yes	Yes	Yes	Yes
N	5,070	5,070	5,070	5,066	5,066	5,066
Adj. R^2	0.0533	0.0517	0.0515	0.0436	0.0468	0.0460

注：系数下方括号内报告的是考虑了异方差和序列相关性的稳健性标准误计算的 T 统计量。*** 、** 、* 分别表示检验统计量在1%、5%和10%水平上显著。

表 3 - 32 中，列（1）～列（3）为市场中介组织的发育和法律制度环境较好样本组的回归结果，FIO 系数显著为正，而列（4）～列（6）为市场中介组织的发育和法律制度环境较差样本组的回归结果，FIO 系数为正，但均不显著。这一结果表明，境外股东持股与公司所在的法律制度环境在并购交易的价值创造过程中存在互补关系。当公司所处法律制度环境较差时，境外机构投资者影响公司并购交易的途径无法得到保障，不仅无法有效监督公司"内部人"对公司的利益侵占，而且无法将先进的投资理念传递至公司。该结果与股东积极主义的法律相关研究认为的机构投资者的消极监督主要来自于规章制度的障碍（Black，1990；Gordon，1994；Pound，1991）一致。当公司所处法律制度环境较好时，境外机构投资者拥有能够影响公司经营决策的途径，进而更加有效地监督公司。该结果与李等（Li et al.，2006）研究中指出的，当宏观环境更好时，有助于

提升境外股东对公司的监督效率一致。本章假设 2 得以验证。

表 3 – 32　　市场中介组织的发育和法律制度环境的影响

变量	法律制度环境好			法律制度环境差		
	(1) CAR [-2, +1]	(2) CAR [-3, +1]	(3) CAR [-4, +1]	(4) CAR [-2, +1]	(5) CAR [-3, +1]	(6) CAR [-4, +1]
FIO	0.0365 ** (2.50)	0.0337 ** (2.13)	0.0337 ** (2.14)	0.0198 (1.00)	0.0255 (1.25)	0.0282 (1.34)
DIO	− 0.0388 (− 1.51)	− 0.0404 (− 1.48)	− 0.0454 (− 1.62)	− 0.0181 (− 0.73)	− 0.0178 (− 0.65)	− 0.0155 (− 0.58)
DOMSTAT	− 0.0074 (− 0.96)	− 0.0058 (− 0.71)	− 0.0053 (− 0.61)	0.0106 (1.40)	0.0120 (1.48)	0.0131 (1.57)
SIZE	− 0.0070 *** (− 3.40)	− 0.0083 *** (− 3.81)	− 0.0079 *** (− 3.54)	− 0.0084 *** (− 4.19)	− 0.0084 *** (− 3.99)	− 0.0090 *** (− 4.16)
LEV	0.0243 ** (2.39)	0.0258 ** (2.37)	0.0272 ** (2.41)	0.0192 ** (1.98)	0.0165 (1.62)	0.0174 * (1.66)
OCF	0.0093 (0.41)	0.0121 (0.51)	0.0160 (0.64)	− 0.0184 (− 0.86)	− 0.0251 (− 1.12)	− 0.0175 (− 0.74)
GROWTH	0.0028 (0.85)	0.0028 (0.81)	0.0032 (0.90)	− 0.0066 *** (− 2.63)	− 0.0062 ** (− 2.36)	− 0.0060 ** (− 2.23)
TOP1	0.0000 (0.45)	0.0000 (0.20)	− 0.0000 (− 0.05)	0.0001 (1.13)	0.0001 (0.90)	0.0001 (0.56)
TRSIZE	0.0217 *** (3.08)	0.0223 *** (3.02)	0.0250 *** (3.31)	0.0135 ** (2.38)	0.0134 ** (2.31)	0.0132 ** (2.23)
RELATED	− 0.0071 ** (− 2.20)	− 0.0069 ** (− 2.04)	− 0.0069 * (− 1.95)	− 0.0012 (− 0.35)	− 0.0001 (− 0.04)	0.0009 (0.24)

续表

变量	法律制度环境好			法律制度环境差		
	(1) CAR [-2, +1]	(2) CAR [-3, +1]	(3) CAR [-4, +1]	(4) CAR [-2, +1]	(5) CAR [-3, +1]	(6) CAR [-4, +1]
PAYCASH	-0.0062 (-0.78)	-0.0074 (-0.89)	-0.0084 (-0.98)	-0.0118 (-1.58)	-0.0134* (-1.72)	-0.0157* (-1.96)
MAJOR	0.0041 (0.38)	0.0060 (0.53)	0.0040 (0.34)	0.0085 (0.76)	0.0100 (0.87)	0.0091 (0.76)
MTYPE	0.0107 (1.40)	0.0105 (1.29)	0.0101 (1.21)	0.0033 (0.79)	0.0043 (0.96)	0.0029 (0.63)
Constant	0.2034*** (3.63)	0.2296*** (3.91)	0.2132*** (3.56)	0.1588*** (3.28)	0.1490*** (2.95)	0.1709*** (3.33)
行业效应	Yes	Yes	Yes	Yes	Yes	Yes
年度效应	Yes	Yes	Yes	Yes	Yes	Yes
N	5,070	5,070	5,070	5,066	5,066	5,066
Adj. R^2	0.0503	0.0492	0.0485	0.0471	0.0497	0.0489

注：系数下方括号内报告的是考虑了异方差和序列相关性的稳健性标准误计算的 T 统计量。*** 、** 、* 分别表示检验统计量在 1%、5% 和 10% 水平上显著。

2. 政府干预

根据王小鲁等（2016）的《中国分省份市场化指数报告》中的政府与市场的关系指数，我们分别计算了样本公司所处地区的政府干预水平的中位数，并依据该中位数，把样本分为公司所在地政府干预强与弱两组，重复模型（3-1）的回归。表 3-33 报告了回归结果，列（1）～列（3）为政府干预程度高组的回归结果，FIO 的系数虽然都为正，但均不显著。列（4）～列（6）为政府干预程度低组，FIO 的系数分别为 0.0401、0.0404 和 0.0410，且至少在 5% 水平上显著。这一结果表明，在企业并购过程中，政府干预阻碍了境外机构投资者对并购绩效的促进作用。根据前文的理论分析，得到这一结论的可能原因是，当公司受到较强的政府干预时，境外机构投资者知识溢出对企业并购绩效的提升作用减弱。公司在地方政府各种约束下制定并购决策，境外机构投资者不仅面临较高的干预成本，而且基于自由市场的投资经验可能既无法适用于中国市场，又无法在较强政府干预的公司得到有效执行。除此之外，较强的政府干预导致境外机构投资者的监督效率以及公司的风险承担下降，也不利于公司并购绩效的提升。这一测试结果支持本书的研究假设3。

表3-33　　　　　　　　　政府与市场的关系的影响

变量	政府干预程度高			政府干预程度低		
	(1) CAR [-2, +1]	(2) CAR [-3, +1]	(3) CAR [-4, +1]	(4) CAR [-2, +1]	(5) CAR [-3, +1]	(6) CAR [-4, +1]
FIO	0.0060 (0.30)	0.0084 (0.40)	0.0127 (0.59)	0.0401 *** (2.74)	0.0404 ** (2.57)	0.0410 *** (2.59)
DIO	-0.0207 (-0.91)	-0.0196 (-0.79)	-0.0181 (-0.74)	-0.0511 * (-1.75)	-0.0546 * (-1.75)	-0.0615 * (-1.93)
DOMSTAT	0.0104 (1.36)	0.0119 (1.45)	0.0143 * (1.67)	-0.0103 (-1.38)	-0.0091 (-1.14)	-0.0105 (-1.27)
SIZE	-0.0086 *** (-4.33)	-0.0086 *** (-4.11)	-0.0089 *** (-4.15)	-0.0067 *** (-3.30)	-0.0077 *** (-3.61)	-0.0074 *** (-3.38)
LEV	0.0160 (1.59)	0.0151 (1.43)	0.0142 (1.29)	0.0255 *** (2.71)	0.0243 ** (2.44)	0.0272 *** (2.63)
OCF	-0.0325 (-1.43)	-0.0385 (-1.60)	-0.0319 (-1.27)	0.0212 (0.99)	0.0223 (0.98)	0.0264 (1.11)

续表

变量	政府干预程度高			政府干预程度低		
	(1) CAR [-2,+1]	(2) CAR [-3,+1]	(3) CAR [-4,+1]	(4) CAR [-2,+1]	(5) CAR [-3,+1]	(6) CAR [-4,+1]
GROWTH	-0.0044 (-1.56)	-0.0045 (-1.50)	-0.0043 (-1.45)	-0.0002 (-0.07)	0.0004 (0.13)	0.0009 (0.27)
TOP1	0.0002 (1.50)	0.0002 (1.54)	0.0001 (1.17)	-0.0000 (-0.14)	-0.0001 (-0.67)	-0.0001 (-0.80)
TRSIZE	0.0131** (2.34)	0.0127** (2.20)	0.0119** (2.04)	0.0208*** (2.91)	0.0217*** (2.91)	0.0251*** (3.27)
RELATED	-0.0039 (-1.15)	-0.0029 (-0.79)	-0.0024 (-0.65)	-0.0041 (-1.29)	-0.0042 (-1.24)	-0.0037 (-1.06)
PAYCASH	-0.0122* (-1.70)	-0.0133* (-1.75)	-0.0169** (-2.17)	-0.0045 (-0.54)	-0.0067 (-0.78)	-0.0061 (-0.69)
MAJOR	0.0116 (1.05)	0.0142 (1.24)	0.0141 (1.19)	0.0023 (0.21)	0.0029 (0.25)	0.0003 (0.02)
MTYPE	0.0040 (0.88)	0.0055 (1.13)	0.0044 (0.88)	0.0088 (1.32)	0.0076 (1.07)	0.0067 (0.91)
Constant	0.1963*** (4.52)	0.1976*** (4.39)	0.2087*** (4.53)	0.1962*** (3.30)	0.2332*** (3.70)	0.2230*** (3.43)
行业效应	Yes	Yes	Yes	Yes	Yes	Yes
年度效应	Yes	Yes	Yes	Yes	Yes	Yes
N	5,066	5,066	5,066	5,070	5,070	5,070
Adj. R^2	0.0490	0.0520	0.0510	0.0461	0.0456	0.0457

注：系数下方括号内报告的是考虑了异方差和序列相关性的稳健性标准误计算的 T 统计量。***、**、* 分别表示检验统计量在 1%、5% 和 10% 水平上显著。

3. 产权性质的影响

基于前面研究假设的分析，本部分主要检验在不同产权性质的企业中，境外机构投资者对公司并购交易价值创造过程的影响。根据控股股东是否为政府，将总样本分为国有企业和民营企业两个子样本组，分别检验境外机构投资者对并购绩效的影响，相关回归结果报告在表 3 - 34 中。列（1）~ 列（3）报告了国有企业样本的回归结果，解释变量境外机构投资者 *FIO* 系数为正，但均不显著。列（4）~ 列（6）展示了民营企业样本的回归结果，*FIO* 系数分别为 0.0374、0.0380 和 0.0389，至少在 5% 水平上显著。这一结果表明，在民营企业发起的并购事项中，境外机构投资者对并购价值创造发挥着积极作用。相比于民营企业，国有企业还承担着就业、社会稳定及财政收入的责任，境外机构投资者的投资理念以及并购经验可能无法适用于国有企业。除此之外，国有企业经理人直接由政府任命，而非市场竞争环境下挑选的职业经理人，加之长期所有者缺位导致国有企业代理问题较为严重，境外机构投资者面临较高的监督成本，导致监督效率下降。因此，境外机构投资者通过治理效应提升公司并购绩效的可能性不大。这一结论支持本书的研究假设 4。

表 3 - 34　　　　　　　　　公司产权性质的影响

变量	国有企业			民营企业		
	（1） *CAR* [-2, +1]	（2） *CAR* [-3, +1]	（3） *CAR* [-4, +1]	（4） *CAR* [-2, +1]	（5） *CAR* [-3, +1]	（6） *CAR* [-4, +1]
FIO	0.0148 (0.70)	0.0169 (0.75)	0.0212 (0.96)	0.0374 *** (2.68)	0.0380 ** (2.57)	0.0389 ** (2.57)
DIO	0.0053 (0.22)	0.0081 (0.30)	0.0075 (0.29)	- 0.0659 ** (-2.50)	- 0.0705 ** (-2.56)	- 0.0729 *** (-2.58)

续表

变量	国有企业			民营企业		
	(1) CAR [-2, +1]	(2) CAR [-3, +1]	(3) CAR [-4, +1]	(4) CAR [-2, +1]	(5) CAR [-3, +1]	(6) CAR [-4, +1]
DOMSTAT	-0.0063 (-0.55)	-0.0087 (-0.72)	-0.0117 (-0.95)	0.0185 (0.99)	0.0231 (1.13)	0.0258 (1.22)
SIZE	-0.0048 *** (-2.61)	-0.0050 *** (-2.60)	-0.0054 *** (-2.76)	-0.0098 *** (-4.37)	-0.0110 *** (-4.62)	-0.0110 *** (-4.46)
LEV	0.0068 (0.71)	0.0044 (0.43)	0.0044 (0.42)	0.0260 *** (2.59)	0.0261 ** (2.47)	0.0278 ** (2.54)
OCF	-0.0285 (-1.32)	-0.0277 (-1.22)	-0.0319 (-1.34)	0.0100 (0.46)	0.0058 (0.25)	0.0191 (0.79)
GROWTH	-0.0014 (-0.51)	-0.0004 (-0.13)	0.0003 (0.09)	-0.0030 (-1.04)	-0.0031 (-1.01)	-0.0029 (-0.94)
TOP1	0.0003 *** (2.59)	0.0003 ** (2.36)	0.0003 ** (2.42)	-0.0001 (-0.70)	-0.0001 (-0.86)	-0.0001 (-1.15)
TRSIZE	0.0246 *** (3.30)	0.0265 *** (3.37)	0.0282 *** (3.49)	0.0151 *** (2.77)	0.0145 *** (2.58)	0.0150 *** (2.62)
RELATED	-0.0041 (-1.37)	-0.0031 (-0.99)	-0.0030 (-0.90)	-0.0051 (-1.43)	-0.0047 (-1.23)	-0.0036 (-0.92)
PAYCASH	-0.0140 ** (-2.00)	-0.0146 ** (-1.99)	-0.0152 ** (-2.02)	-0.0035 (-0.44)	-0.0053 (-0.63)	-0.0078 (-0.91)
MAJOR	0.0321 *** (2.88)	0.0351 *** (3.04)	0.0342 *** (2.87)	-0.0068 (-0.64)	-0.0058 (-0.52)	-0.0074 (-0.65)
MTYPE	-0.0058 (-1.49)	-0.0051 (-1.26)	-0.0065 (-1.56)	0.0165 ** (2.51)	0.0168 ** (2.39)	0.0167 ** (2.30)

续表

变量	国有企业			民营企业		
	(1) CAR [-2, +1]	(2) CAR [-3, +1]	(3) CAR [-4, +1]	(4) CAR [-2, +1]	(5) CAR [-3, +1]	(6) CAR [-4, +1]
Constant	0.0867 ** (2.22)	0.0810 ** (1.98)	0.0908 ** (2.18)	0.2255 *** (4.50)	0.2554 *** (4.82)	0.2592 *** (4.72)
行业效应	Yes	Yes	Yes	Yes	Yes	Yes
年度效应	Yes	Yes	Yes	Yes	Yes	Yes
N	4,327	4,327	4,327	5,772	5,772	5,772
Adj. R^2	0.0666	0.0691	0.0682	0.0554	0.0553	0.0541

注：系数下方括号内报告的是考虑了异方差和序列相关性的稳健性标准误计算的 T 统计量。*** 、** 、* 分别表示检验统计量在1%、5%和10%水平上显著。

4. 产品市场竞争

陈信元等（2013）研究发现，资本支出为现存竞争者和潜在进入者的必要投资，可以反映潜在进入者的进入壁垒，表示潜在的竞争威胁，该研究中对资本支出取负数作为行业竞争激烈程度的代理变量。因此，该指标越大说明潜在竞争威胁越大，即产品市场竞争越激烈。我们参照文献陈信元等（2013），采用该指标的中位数对研究样本进行分组运行模型（3－1）。表3－35 报告了产品市场竞争激烈程度分组的回归结果。列（1）~ 列（3）为产品竞争程度高组，对应不同窗口期的并购超额收益，FIO 的系数至少在5%水平上显著为正。列（4）~ 列（6）为产品竞争程度低组，FIO 的系数虽然为正，但均不显著。结果表明，当公司面临的产品市场竞争更激烈时，境外机构投资者对公司并购绩效的提升作用更加明显。已有研究发现产品市场竞争是一种有效的外部治理机制，竞争激烈的市场环境中，公司的信息披露总量更多，有助于缓解信息不对称，提升外部投资者对公司的监督效率，降低经理人的机会主义行为，进而有助于促进并购绩效的提升。表 3 - 35 的分组回归结果与上述研究结论逻辑一致。

表 3 - 35　　　　　　　　产品市场竞争的影响

变量	产品市场竞争程度高			产品市场竞争程度低		
	（1） CAR ［ - 2， + 1］	（2） CAR ［ - 3， + 1］	（3） CAR ［ - 4， + 1］	（4） CAR ［ - 2， + 1］	（5） CAR ［ - 3， + 1］	（6） CAR ［ - 4， + 1］
FIO	0. 0396 **	0. 0418 **	0. 0434 **	0. 0200	0. 0204	0. 0231
	（2. 58）	（2. 44）	（2. 56）	（1. 28）	（1. 24）	（1. 38）
DIO	- 0. 0387 *	- 0. 0451 *	- 0. 0487 **	- 0. 0186	- 0. 0122	- 0. 0084
	（ - 1. 81）	（ - 1. 91）	（ - 2. 08）	（ - 0. 64）	（ - 0. 39）	（ - 0. 27）
$DOMSTAT$	- 0. 0061	- 0. 0058	- 0. 0042	0. 0149 **	0. 0162 **	0. 0159 *
	（ - 0. 83）	（ - 0. 74）	（ - 0. 51）	（1. 98）	（2. 01）	（1. 89）
$SIZE$	- 0. 0087 ***	- 0. 0093 ***	- 0. 0092 ***	- 0. 0057 ***	- 0. 0064 ***	- 0. 0067 ***
	（ - 4. 49）	（ - 4. 54）	（ - 4. 41）	（ - 2. 87）	（ - 3. 07）	（ - 3. 09）
LEV	0. 0308 ***	0. 0310 ***	0. 0324 ***	0. 0106	0. 0079	0. 0096
	（3. 14）	（3. 01）	（3. 04）	（1. 07）	（0. 75）	（0. 88）
OCF	0. 0115	0. 0129	0. 0118	- 0. 0166	- 0. 0238	- 0. 0096
	（0. 59）	（0. 62）	（0. 54）	（ - 0. 66）	（ - 0. 89）	（ - 0. 35）
$GROWTH$	- 0. 0023	- 0. 0016	- 0. 0009	- 0. 0022	- 0. 0029	- 0. 0034
	（ - 1. 00）	（ - 0. 65）	（ - 0. 36）	（ - 0. 57）	（ - 0. 70）	（ - 0. 80）
$TOP1$	0. 0002	0. 0001	0. 0001	- 0. 0000	- 0. 0001	- 0. 0001
	（1. 52）	（1. 32）	（0. 87）	（ - 0. 29）	（ - 0. 47）	（ - 0. 54）
$TRSIZE$	0. 0213 ***	0. 0214 ***	0. 0229 ***	0. 0104	0. 0105	0. 0108
	（3. 74）	（3. 60）	（3. 76）	（1. 57）	（1. 53）	（1. 57）
$RELATED$	- 0. 0000	0. 0005	0. 0019	- 0. 0076 **	- 0. 0067 **	- 0. 0069 *
	（ - 0. 01）	（0. 14）	（0. 51）	（ - 2. 41）	（ - 1. 98）	（ - 1. 94）

续表

变量	产品市场竞争程度高			产品市场竞争程度低		
	(1) CAR [-2, +1]	(2) CAR [-3, +1]	(3) CAR [-4, +1]	(4) CAR [-2, +1]	(5) CAR [-3, +1]	(6) CAR [-4, +1]
PAYCASH	-0.0023 (-0.29)	-0.0020 (-0.24)	-0.0022 (-0.26)	-0.0150 ** (-2.02)	-0.0182 ** (-2.31)	-0.0212 *** (-2.63)
MAJOR	-0.0042 (-0.40)	-0.0037 (-0.33)	-0.0059 (-0.51)	0.0161 (1.45)	0.0185 (1.60)	0.0177 (1.49)
MTYPE	0.0092 (1.50)	0.0093 (1.43)	0.0088 (1.30)	0.0023 (0.54)	0.0033 (0.73)	0.0021 (0.44)
Constant	0.1790 *** (4.31)	0.1906 *** (4.33)	0.1952 *** (4.33)	0.1460 *** (3.26)	0.1685 *** (3.59)	0.1807 *** (3.71)
行业效应	Yes	Yes	Yes	Yes	Yes	Yes
年度效应	Yes	Yes	Yes	Yes	Yes	Yes
N	5,149	5,149	5,149	5,145	5,145	5,145
Adj. R^2	0.0574	0.0544	0.0527	0.0382	0.0420	0.0425

注：系数下方括号内报告的是考虑了异方差和序列相关性的稳健性标准误计算的 T 统计量。*** 、 ** 、 * 分别表示检验统计量在1%、5%和10%水平上显著。

综合表3-31至表3-35的分组回归结果可以发现，境外机构投资者与外部治理机制中的法律制度环境和产品市场竞争在企业并购交易的价值创造过程中存在互补关系。当公司所处的法律制度环境较好时，境外机构投资者的股东权利能够得到有效保障，能够通过有效的途径影响管理者的经营决策。与此同时，激烈的产品市场竞争，不仅有助于约束经理人的机会主义行为，而且有助于境外机构投资者获取更多公司相关信息，进一步提升境外机构投资者对公司的监督。更重要的是，较好的外部治理环境有助于来自发达国家的境外机构投资者在公司经营决策中传递知识，优化公司的经营决策。总之，当外部治理环境更好（法律制度环境更好，产品市场竞争更激励）时，境外机构投资者对公司并购绩效的促进作用更为明显，与霍等（Kho et al.，2009）研究发现的较差的制度环境会弱化境外股东监督作用的发挥，不利于外部投资者对公司进行监督逻辑一致。这一结论支持本书的研究假设 5。

5. 公司内部代理成本

参照已有研究对公司内部代理成本的衡量方法，本书选用高管在职消费代理公司内部代理成本。参照文献蔡等（Cai et al.，2011），高管在职消费采用差旅费和业务招待费之和除以销售收入来度量。由于在职消费是高管侵占股东利益，增加个人私利的一种重要渠道，因此，高管的在职消费越高表明公司的代理成本越高。我们根据高管在职消费的中位数对样本进行分组测试，表 3 – 36 报告了相应的回归结果。列（1）~列（3）为在职消费高样本组的回归结果，*FIO* 的系数虽然为正，但均不显著。列（4）~列（6）报告了在职消费低样本组的回归结果，*FIO* 的系数分别为 0.0289、0.0318 和 0.0342，且均在 5% 水平上显著。表 3 – 36 的结果表明，当公司代理成本较低时，境外机构投资者对并购绩效的提升发挥了积极作用，而当公司的代理成本较高时，境外机构投资者对公司并购绩效没有影响。这一结论与前文的研究假设 6 一致。

表 3 – 36　　　　　　　　高管在职消费的影响

变量	在职消费高			在职消费低		
	(1) *CAR* [−2, +1]	(2) *CAR* [−3, +1]	(3) *CAR* [−4, +1]	(4) *CAR* [−2, +1]	(5) *CAR* [−3, +1]	(6) *CAR* [−4, +1]
FIO	0.0280 (1.60)	0.0269 (1.46)	0.0289 (1.53)	0.0289 ** (1.97)	0.0318 ** (2.03)	0.0342 ** (2.16)
DIO	− 0.0681 *** (− 2.71)	− 0.0706 *** (− 2.69)	− 0.0738 *** (− 2.74)	0.0067 (0.27)	0.0088 (0.32)	0.0106 (0.40)

续表

变量	在职消费高			在职消费低		
	(1) CAR［−2, +1］	(2) CAR［−3, +1］	(3) CAR［−4, +1］	(4) CAR［−2, +1］	(5) CAR［−3, +1］	(6) CAR［−4, +1］
DOMSTAT	0.0005 (0.07)	−0.0011 (−0.13)	−0.0000 (−0.00)	0.0035 (0.50)	0.0062 (0.82)	0.0064 (0.81)
SIZE	−0.0079 *** (−3.87)	−0.0085 *** (−3.89)	−0.0086 *** (−3.85)	−0.0068 *** (−3.62)	−0.0075 *** (−3.82)	−0.0076 *** (−3.76)
LEV	0.0193 ** (1.98)	0.0173 * (1.66)	0.0179 * (1.67)	0.0203 ** (2.06)	0.0198 * (1.91)	0.0213 ** (2.00)
OCF	−0.0140 (−0.61)	−0.0181 (−0.74)	−0.0098 (−0.39)	0.0076 (0.36)	0.0082 (0.37)	0.0100 (0.43)
GROWTH	−0.0008 (−0.29)	−0.0011 (−0.40)	−0.0018 (−0.63)	−0.0036 (−1.16)	−0.0026 (−0.79)	−0.0012 (−0.37)
TOP1	−0.0000 (−0.29)	−0.0000 (−0.24)	−0.0000 (−0.41)	0.0002 (1.63)	0.0001 (1.18)	0.0001 (0.81)
TRSIZE	0.0214 *** (3.56)	0.0232 *** (3.65)	0.0251 *** (3.88)	0.0091 (1.48)	0.0069 (1.11)	0.0067 (1.06)
RELATED	−0.0048 (−1.33)	−0.0043 (−1.14)	−0.0037 (−0.93)	−0.0028 (−0.94)	−0.0018 (−0.59)	−0.0012 (−0.36)
PAYCASH	−0.0076 (−1.01)	−0.0090 (−1.15)	−0.0115 (−1.42)	−0.0095 (−1.23)	−0.0112 (−1.38)	−0.0123 (−1.47)
MAJOR	−0.0075 (−0.73)	−0.0072 (−0.67)	−0.0096 (−0.88)	0.0224 * (1.94)	0.0254 ** (2.12)	0.0246 ** (2.00)
MTYPE	0.0135 ** (2.33)	0.0132 ** (2.15)	0.0120 * (1.86)	−0.0023 (−0.50)	−0.0012 (−0.25)	−0.0020 (−0.39)

变量	在职消费高			在职消费低		
	(1) CAR [-2, +1]	(2) CAR [-3, +1]	(3) CAR [-4, +1]	(4) CAR [-2, +1]	(5) CAR [-3, +1]	(6) CAR [-4, +1]
$Constant$	0.1427 *** (3.29)	0.1563 *** (3.35)	0.1572 *** (3.26)	0.1529 *** (3.76)	0.1644 *** (3.86)	0.1668 *** (3.78)
行业效应	Yes	Yes	Yes	Yes	Yes	Yes
年度效应	Yes	Yes	Yes	Yes	Yes	Yes
N	5,152	5,152	5,152	5,147	5,147	5,147
$Adj. R^2$	0.0596	0.0621	0.0621	0.0314	0.0307	0.0299

注：系数下方括号内报告的是考虑了异方差和序列相关性的稳健性标准误计算的 T 统计量。*** 、** 、* 分别表示检验统计量在1%、5%和10%水平上显著。

6. 多个大股东

我们参照江等（Jiang et al.，2018）多个大股东的度量方法判定公司是否具有多个大股东。具体地，选取第一大股东持股比例大于10%并且不超过50%的样本来定义是否具有多个大股东，同时，考虑一致行动人共同持股情况，通过阅读上市公司的年报逐家提取一致行动人信息，并对属于一致行动人的股东持股数量进行合并，视为同一个股东。如果存在至少一个非控股股东持股10%以上，则视为存在多个大股东，否则不存在。我们把样本依据是否存在多个大股东分为两组。表3-37报告了回归结果。列（1）~列（3）为存在多个大股东样本组，对不同窗口期的并购超额收益率 CAR，FIO 的系数分别为0.0376、0.0363和0.0385，均在5%水平上显著。列（7）~列（9）为不存在多个大股东的回归结果，并购超额收益对 FIO 的回归系数均为正，但不显著。这一结果表明，当公司存在多个大股东时，境外机构投资者才对公司并购绩效具有促进作用，当公司仅存在单一大股东时，境外机构投资者对并购绩效的影响不显著。在中国特殊的制度背景下，境外机构投资者对公司并购行为的影响，可能依赖于大股东的股权结构，只有当其他大股东对控制性大股东具有一定的制衡作用时，境外机构投资者才对公司并购绩效具有促进作用。这一结论支持本书的研究假设7。

表 3 –37 多个大股东持股的影响

变量	存在多个大股东			不存在多个大股东		
	(1) CAR [-2, +1]	(2) CAR [-3, +1]	(3) CAR [-4, +1]	(4) CAR [-2, +1]	(5) CAR [-3, +1]	(6) CAR [-4, +1]
FIO	0.0376 ** (2.33)	0.0363 ** (2.12)	0.0385 ** (2.22)	0.0164 (1.03)	0.0233 (1.37)	0.0265 (1.51)
DIO	-0.0342 (-1.28)	-0.0386 (-1.40)	-0.0428 (-1.53)	-0.0281 (-1.19)	-0.0242 (-0.89)	-0.0207 (-0.79)
DOMSTAT	-0.0060 (-0.64)	-0.0030 (-0.30)	-0.0004 (-0.03)	0.0103 (1.63)	0.0115 * (1.69)	0.0114 (1.61)
SIZE	-0.0082 *** (-3.56)	-0.0091 *** (-3.73)	-0.0096 *** (-3.88)	-0.0061 *** (-3.55)	-0.0065 *** (-3.57)	-0.0063 *** (-3.39)
LEV	0.0384 *** (3.33)	0.0379 *** (3.10)	0.0398 *** (3.16)	0.0059 (0.73)	0.0034 (0.40)	0.0039 (0.45)
OCF	-0.0148 (-0.56)	-0.0250 (-0.88)	-0.0156 (-0.53)	-0.0033 (-0.18)	-0.0012 (-0.06)	0.0002 (0.01)
GROWTH	-0.0023 (-0.83)	-0.0017 (-0.58)	-0.0016 (-0.51)	-0.0022 (-0.75)	-0.0022 (-0.73)	-0.0017 (-0.54)
TOP1	-0.0000 (-0.34)	-0.0001 (-0.48)	-0.0001 (-0.62)	0.0001 (1.17)	0.0001 (0.89)	0.0001 (0.55)
TRSIZE	0.0274 *** (3.45)	0.0282 *** (3.40)	0.0284 *** (3.35)	0.0086 * (1.79)	0.0081 (1.63)	0.0094 * (1.86)

续表

变量	存在多个大股东			不存在多个大股东		
	(1) CAR [- 2, +1]	(2) CAR [- 3, +1]	(3) CAR [- 4, +1]	(4) CAR [- 2, +1]	(5) CAR [- 3, +1]	(6) CAR [- 4, +1]
RELATED	- 0. 0078 ** (- 2. 00)	- 0. 0063 (- 1. 51)	- 0. 0065 (- 1. 50)	- 0. 0008 (- 0. 30)	- 0. 0007 (- 0. 23)	0. 0005 (0. 16)
PAYCASH	- 0. 0091 (- 1. 08)	- 0. 0118 (- 1. 33)	- 0. 0152 * (- 1. 66)	- 0. 0080 (- 1. 17)	- 0. 0089 (- 1. 24)	- 0. 0093 (- 1. 25)
MAJOR	- 0. 0036 (- 0. 28)	- 0. 0041 (- 0. 30)	- 0. 0075 (- 0. 54)	0. 0131 (1. 39)	0. 0163 * (1. 66)	0. 0162 (1. 61)
MTYPE	0. 0037 (0. 66)	0. 0050 (0. 84)	0. 0047 (0. 76)	0. 0055 (1. 16)	0. 0047 (0. 95)	0. 0031 (0. 60)
Constant	0. 1910 *** (3. 95)	0. 2054 *** (4. 02)	0. 2211 *** (4. 19)	0. 1264 *** (3. 18)	0. 1319 *** (3. 16)	0. 1383 *** (3. 23)
行业效应	Yes	Yes	Yes	Yes	Yes	Yes
年度效应	Yes	Yes	Yes	Yes	Yes	Yes
N	4, 252	4, 252	4, 252	6, 051	6, 051	6, 051
Adj. R^2	0. 0696	0. 0725	0. 0702	0. 0332	0. 0328	0. 0325

注：系数下方括号内报告的是考虑了异方差和序列相关性的稳健性标准误计算的 T 统计量。***、**、* 分别表示检验统计量在 1%、5% 和 10% 水平上显著。

3.3.5　进一步研究

1. 境外机构投资者与并购数量和并购金额

所有权与经营权的分离使管理者成为公司经营决策问题的研究主体。简森和卢拜克（Jensen and Ruback，1983）研究指出，公司管理层出于代理权市场的竞争，会通过并购的方式增加自己所能掌控的资源，无论发起并购的原因是股东利益最大化还是自身利益最大化。简森（Jensen，1986a，1986b）研究发现，公司并购其本质源于股东与经理人之间的代理冲突。当公司有过多的现金流时，他们会发起价值减损的并购项目以保持自己所掌控的资源数量以及管理者权利不被股权回购和股利分配所减少。米哈和列夫（Amihud and Lev，1981）研究表明，经理人为了降低自身职业风险，会发起大量互不相关的混合并购，特别是在股权分散的公司，这种现象更为明显。施莱弗和维什尼（Shleifer and Vishny，1989）研究发现，并购中管理者存在堑壕行为，他们为了提升自身价值、巩固地位、增加股东更换他们的成本而进行多元化并购；不仅如此，他们还会在并购中支付过多的并购溢价来获取额外的薪酬补贴。莫克等（Morck et al.，1990）提供了经验证据，证明管理层会出于自身利益考量而发起价值毁损的并购。格林斯泰因和赫里巴尔（Grinstein and Hribar，2004）研究发现，管理者为了更高的薪酬奖励而连续发起并购，并且管理者权力越大发起的并购规模越大。

除了代理理论，学术界还采用管理者过度自信假说解释企业发起并购的动因。罗尔（Roll，1986）研究发现，过度自信的管理者更加确信自己对目标公司的估值，认为市场低估了并购后的经济价值，往往支付过高的并购溢价而给公司带来价值损失。布朗等（Brown et al.，2007）以澳大利亚上市公司并购事件为样本，研究发现，管理者过度自信和更高的薪酬激励均会增加公司的并购数量。弥门迪尔和泰特（Malmendier and Tate，2008）研究表明，过度自信的管理者不仅支付更高的并购溢价，而且更容易发起并购。

境外股东能够对公司的经营决策产生影响。境外股东往往持有一定比例的公司股权，可以直接通过投票影响公司经营决策，或者间接地"用脚投票"对管理层施加退出威胁来影响管理层决策（Aggarwal et al.，2011）。方等（Fang et al.，2015）研究发现，境外机构投资者能够影响公司的审计师选择，进而使得公司财务信息披露与国际标准趋同。贝纳等（Bena et al.，2017）境外机构投资者对管理层的监督作用能够促进企业进行长期投资，包括固定资产、研发以及人力资本。因此，并购作为公司一项重大的战略投资活动，无论是由于代理问题还是管理者过度自信而发起，将受到境外机构投资者的影响。而境外机构投资者往往来自管理经验更为丰富的国家（地区），他们拥有更强的信息收集和分析能力，能够在一定程度上对并购决策给出意见，进而及时阻止发起并终止价值毁损的并购项目，公司发起并购的概率、并购数量以及并购金额会因此下降。

表 3 – 38 中，列（1）报告了并购数量（MA_NUM）对境外机构投资者的回归结果。境外机构投资者 FIO 的系数为 – 0.1295，在 1% 水平上显著，说明境外机构投资者降低了公司发起并购的数量。列（2）报告了公司是否发起并购（YNMA）对境外机构投资者 FIO 的 Logit 回归结果。境外机构投资者 FIO 的系数为 – 0.4822，且在 1% 水平上显著，说明境外机构投资者降低了公司发起并购的概率。列（3）报告了公司年并购总金额（MA_AMOUNT）对境外机构投资者 FIO 的回归结果，FIO 的系数为 – 0.0394，在 1% 水平上显著。说明境外机构投资者降低了公司的并购总金额。综合以上结果，境外机构投资者对公司的并购决策有影响，具体表现为并购频率和并购总金额的下降。

表 3 – 38　　　　境外机构投资者与并购频率和并购金额

变量	（1） MA_NUM	（2） YNMA	（3） MA_AMOUNT
FIO	– 0.1295 *** （ – 3.75）	– 0.4822 *** （ – 2.89）	– 0.0394 *** （ – 3.25）
DIO	0.0357 （0.78）	0.1255 （0.64）	– 0.0203 （ – 1.13）
DOMSTATE	– 0.1433 *** （ – 7.56）	– 0.6063 *** （ – 8.42）	– 0.0318 *** （ – 4.69）

续表

变量	(1) MA_NUM	(2) YNMA	(3) MA_AMOUNT
SIZE	0.0695 *** (10.45)	0.2139 *** (11.45)	-0.0105 *** (-5.12)
LEV	0.1706 *** (8.37)	0.5985 *** (7.92)	0.0101 (0.87)
OCF	-0.1891 *** (-3.95)	-0.7449 *** (-3.76)	0.0169 (0.90)
GROWTH	0.0379 *** (4.87)	0.1659 *** (6.91)	0.0182 *** (4.20)
ROA	0.4066 *** (5.69)	1.9153 *** (6.77)	-0.0207 (-0.49)
MSHRATE	0.1891 *** (9.41)	0.7193 *** (7.62)	-0.0029 (-0.29)
OUTD	0.0004 (1.18)	0.0012 (0.82)	0.0004 *** (3.08)
Constant	-1.2707 *** (-8.83)	-5.6436 *** (-13.17)	0.2742 *** (6.04)
行业效应	Yes	Yes	Yes
年度效应	Yes	Yes	Yes
N	23,089	23,089	23,089
$Adj./Pseudo-R^2$	0.0479	0.0295	0.0317

注：系数下方括号内报告的是考虑了异方差和序列相关性的稳健性标准误计算的 T 统计量。*** 、** 、* 分别表示检验统计量在1%、5%和10%水平上显著。

2. 境外机构投资者与公司跨国并购

斯蒂格利兹（Stigliz, 2000）和李等（Li et al., 2011）研究指

出，境外机构投资者不仅为东道主国家（地区）提供了资金来源，还有能够为持股公司提供新的出口业务以及国际商业联系。费雷里亚等（Ferreria et al.，2010）研究发现，境外机构投资者能够降低东道主国家（地区）与来源地之间的信息不对称，降低交易成本，进而提升所持股公司的跨国并购概率。跨国并购往往因为距离、文化和语言的差异而具有较强的信息不对称，境外机构投资者有助于填补此类鸿沟，促进信息交换，降低交易成本。与此同时，境外机构投资者往往有较强的信息收集能力，同时依靠其与管理者、其他投资者和股东的商业关系网络传递信息，为持股公司提供更多的投资机会以及潜在目标公司的信息（Luong et al.，2017），有助于持股公司挑选到合适的并购目标，进而促进持股公司发起跨国并购。

我们定义被解释变量为哑变量是否跨国并购（FOREIN_MA），当公司在当年有发起跨国并购则 FOREIN_MA 取值为 1，否则取值为 0。我们采用全样本下 Logit 回归。表 3 – 39 中，列（1）报告了 FOREIN_MA 对 FIO 的回归结果，FIO 的系数为 1.4632，且在 5% 水平上显著。结果表明，境外机构投资者持股提升了公司发起跨国并购概率，与我们的理论预期一致。

3. 境外机构投资者与并购支付方式

并购支付方式是并购过程中的一项重要的决策。并购中两种最基本的支付方式为现金支付和股权支付，不同的支付方式会影响公司的财务状况以及主并方和目标方在并购中所承担的风险（Hitt et al.，2001）。已有研究表明，主并方选择股权支付会向市场传递公司价值高估的信号，而不利于公司的发展。由于信息不对称，目标方也会因此承担主并方股权价值减损的风险（Wansley et al.，1987）。哈福德等（Harford et al.，2009）研究发现，当主并方的负债率高于最优水平时，公司不太可能通过负债的方式进行现金支付，更倾向于股权支付。科珂和沃尔平（Cocco and Volpin，2013）研究发现，目标公司更喜欢现金支付以降低主并方的公司不确定性。当主并方与目标方之间的信息不对称程度较大时，对于优质的目标公司，现金支付有利于目标方股东快速获取收益，而非股权支付还需卖出股票延迟获取利益，对目标方来说现金支付更有吸引力，主并方现金支付更容易从众多收购者竞争中胜出（Fishman，1989）。米哈等（Amihud et al.，1990）和弗拉弗洛斯（Travlos，1987）研究发现，现金支付并购绩效更好。

除此之外，股权结构对主并方支付方式的选择也有一定影响。简森（Jensen，1991）指出，具有较高持股比例的机构投资者倾向于股权支付以避免投票权被稀释，有助于他们保持对管理层的监督地位。境外机构投资者为持股公司带来了更多的资金支持，并且有助于优化公司治理，降低融资成本（Gillan and Stark，2003；Ferreria and Matos，2008），为主并方选择现金支付提供了可能。因此，我们预期境外机构投资者持股有助于公司进行现金支付。

参考文献王艳和李善民（2017），我们定义被解释变量支付方式为哑变量，当主并公式选择现金支付时取值为1，其他支付方式为0，用 *PAYCASH* 表示，并采用 Logit 回归。表3－39 中列（2）报告了支付方式对境外机构投资者 *FIO* 的回归结果。*FIO* 的系数为0.8814，且在 5% 水平上显著。境内机构投资者 *DIO* 的系数为 － 0.0184，且不显著。结果表明，境外机构投资者持股增加了现金支付的概率，而境内机构投资者对持股公司并购支付方式的选择没有影响。

表3－39　　境外机构投资者与跨国并购概率和并购支付方式

变量	(1) *FOREIN_MA*	(2) *PAYCASH*
FIO	1.4632 ** (2.14)	0.8814 ** (2.36)
DIO	1.6941 *** (3.40)	－ 0.0184 （－ 0.06）

续表

变量	(1) FOREIN_MA	(2) PAYCASH
DOMSTATE	1. 2534 ** (2. 48)	− 0. 2987 (− 0. 81)
SIZE	0. 3503 *** (4. 09)	0. 0382 (0. 56)
LEV	− 0. 3716 (− 1. 19)	0. 3450 (1. 50)
OCF	0. 6907 (0. 70)	0. 3312 (0. 54)
GROWTH	0. 1400 (1. 52)	− 0. 0906 (− 1. 57)
ROA	− 2. 3409 * (− 1. 65)	3. 2265 *** (2. 92)
MSHRATE	1. 5554 *** (4. 27)	− 1. 1677 ** (− 2. 35)
OUTD	0. 0060 (0. 71)	0. 0042 (1. 02)
TRSIZE	0. 1021 ** (2. 25)	− 4. 3327 *** (− 3. 32)
MAJOR	1. 1738 *** (5. 19)	− 3. 2112 *** (− 16. 65)
MTYPE	0. 6434 *** (2. 87)	− 1. 6268 *** (− 4. 73)
RELATED	− 0. 3604 *** (− 2. 99)	− 0. 8204 *** (− 7. 65)

续表

变量	(1) FOREIN_MA	(2) PAYCASH
PAYCASH	1.6129 *** (6.36)	-1.6270 *** (-4.73)
Constant	-13.2556 *** (-7.74)	2.8509 * (1.85)
行业效应	Yes	Yes
年度效应	Yes	Yes
N	9,066	8,977
Pseudo - R^2	0.0669	0.456

注：系数下方括号内报告的是考虑了异方差和序列相关性的稳健性标准误计算的 T 统计量。***、**、*分别表示检验统计量在 1%、5% 和 10% 水平上显著。

3.4

本章小结

　　本章主要结合中国资本市场开放制度背景，研究境外机构投资者对企业并购的影响及作用机制。通过对 2003～2016 年上市公司前十大股东来源地的逐个分析，人工整理中国上市公司境外机构投资者持股数据，并采用多元回归分析实证检验了境外机构投资者对企业并购绩效的影响。实证结果表明，境外机构投资者有助于提升企业并购绩效，这一结果在控制了内生性以及其他影响因素后仍然成立，研究结果做如下总结。

　　首先，境外机构投资者有助于企业并购绩效的提升，且这一结果在控制内生性和其他因素后依然稳健；其次，境外机构投资者通过直接干预管理层或者间接"退出威胁"的方式来影响公司的经营决策。实证结果显示，境外机构投资者与公司聘任外国国籍高管呈正相关，且提升了高管变更—业绩敏感性。在间接干预方面，由于已有研究表明，当公司的流动性比较强的时候，大股东的退出可能性较大，"退出威胁"能够发挥治理效用。相应的实证结果显示，境外机构投资者在流动性高的公司对并购绩效的促进作用更加明显。再次，境外机构投资者主要通过优化公司治理以及知识溢出的渠道促进并购绩效的提升，表现有以下两个方面：第一，通过对境外机构投资者异质性分析发现，主要是来源地治理水平高以及持股比例较高（5%以上）的境外机构投资者促进了并购绩效的提升，说明境外机构投资者通过增加对公司的监督，优化公司治理，促进并购绩效的提升；第二，境外机构投资者通过知识溢出促进并购绩效的提升，实证结果发现，来自高治理水平且上市公司并购更加频繁的国家（地区）境外机构投资者对并购绩效的促进作用更加明显，来自管理实践先进、目标管理实践和激励管理实践更加先进的国家（地区）境外机构投资者对并购绩效的促进作用更加明显，境外机构投资者对并购绩效的提升作用在高科技企业中更加明显。最后，对公司异质性研究发现：境外机构投资者对并购绩效的提升作用与公司的内外部治理机制存在互补关系。在公司外部治理机制方面，境外机构投资者在政府干预较少和公司所在地市场化进程较高对并购绩效的提升作用更加明显；在公司内部治理机制方面，境外机构投资者在存在多个大股东的公司作用更加明显；考虑公司内部代理冲突，境外机构投资者在高管在职消费较低的公司作用更加明显；考虑产权性质的影响，境外机构投资者在民营企业对公司并购绩效的提升作用更加明显。

进一步研究发现，境外机构投资者不仅促进了公司短期绩效的提升，同时有助于长期绩效的提升。在境外机构投资者对并购决策的影响方面，境外机构投资者降低了公司的并购数量和并购金额，促进公司发起跨国并购，与此同时，境外机构投资者促进公司选择现金支付。

第 4 章

境外机构投资者与公司创新

　　本章主要研究境外机构投资者对中国上市公司创新活动的影响。具体地，首先研究境外机构投资者对公司创新的影响及作用机制；其次考察境外机构投资者对公司创新影响的行业异质性，包括行业创新密集程度差异和行业创新难易程度差异；最后研究境外机构投资者对创新效率的影响（单位 R&D 投入带来的创新产出和 R&D 投入影响境外机构投资者对创新产出的作用程度），以及境外机构投资者来源地异质性（国家及地区法律制度背景和公司治理水平）对公司创新的影响。图 4-1 展示了本章的研究思路。

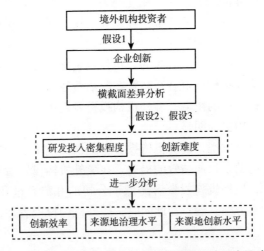

图 4-1　境外机构投资者对公司创新的影响研究思路

4. 1

理论分析与研究假设

创新是一种企业长期投资，短期内无法实现盈利，具有高风险，且需要经营者勇于冒险的企业经营活动（Holmstrom，1989）。巴塔查亚和里特尔（Bhattacharya and Ritter，1983）在研究中指出，由于创新的高风险，且需要长期投入，公司出于对创新内容的保密，会减少甚至模糊对创新的信息披露，可能会降低公司的信息透明度。除此之外，公司价值会因其战略布局和创新过程的性质而被低估。因此，创新项目的投资容易出现信息不对称、管理者短视和道德风险等各种市场摩擦。境外机构投资者对企业创新活动的影响主要体现在以下三个方面。

第一，境外机构投资者通过对公司管理者实施监督，促进企业创新。由于信息不对称，市场无法完全掌握经理人的实际经营状况。经理人往往为了逃避责任，不去投资风险较大的研发项目（Hart，1983；Bertrand and Mullainathan，2003）。阿格依奥等（Aghion et al.，2013）在研究中指出，经理人出于职业生涯和个人声誉的考虑，会减少对研发的投资以规避前期失败的风险。他们甚至出现机会主义行为，转移并占有公司的资产，导致公司没有足够的资本进行研发投资。而境外机构投资者能够积极地对公司进行监督，并参与公司的价值创造（Shleifer and Vishny，1986；Gillan and Starks，2003）。因此，境外机构投资者通过促进公司治理水平的提升，加强对管理者的监督，促进企业创新。

第二，境外机构投资者持股有助于提高企业的风险承担水平，促进企业创新。一方面，境外机构投资者可以在全球范围内进行投资配置，更为多样化的投资集合有助于其分散风险。因此，基于自身的风险承担水平，境外股东会鼓励管理者进行高风险投资（Faccio et al.，2011）。丹尼斯和麦康奈尔（Denis and McConnell，2003）研究发现，有境外股东持股的公司会有高风险的投资策略，进而有更高的公司价值。安等（An et al.，2016）研究发现，相较于境内机构投资者，境外机构投资者能够通过全球范围内的投资组合，来分散持股公司的特质风险，促进公司寻找到高风险高收益的项目。另一方面，境外机构投资者为公司提供了资金来源，缓解公司对银行贷款的依赖，进而有助于促进企业改变稳健保守的投资策略（Morck and Nakamura，1999），增加企业对创新项目的投入。

第三，境外机构投资者对企业的知识溢出，有助于企业创新。斯蒂格利兹（Stigliz，2000）和李等（Li et al.，2011）研究指出，外资进入东道主国家（地区），不仅为东道主国家（地区）带了资金而且还有人力资本、管理经验及商业关系等。经济主体对知识创造的投资也具有正的外部性（Trajtenberg et al.，2000）。境外机构投资者能够通过影响公司的经营决策，促进创新知识跨国家（地区）流动（Luong et al.，2017）。这与瓜达卢佩等（Guadalupe et al.，2012）在研究中提出的，跨国投资能够促进知识溢出，进而有益于促进所投资国家（地区）的创新结论一致。梁等（Luong et al.，2017）在研究中指出，境外机构投资者全球范围内的商业网络是创新知识以及商业机会信息汇总与传递的通道。境外机构投资者除了传递创新知识促进企业创新之外，也能够为企业提供具有可操作性，且更加合理的财务筹划方案，保障企业高风险项目顺利实施，进而促进公司的创新产出（Boubaki et al.，2013）。综合以上分析，提出以下假设：

假设1：境外机构投资者持股有助于促进企业创新。

荷尔等（Hall et al.，2005）及田和王（Tian and Wang，2014）在研究中指出，R&D过程特别长、成本高、技术难度大和具有高度不确定的行业创新难度较高。如制药、医疗器械、化学、计算机、通信和电力行业。根据前面对境外机构投资者对企业创新影响的分析，如果境外机构投资者对企业创新具有促进作用。那么，将通过增加对管理者的监督，减少管理者对公司资源的侵占，促进使资金投入真正能够提升企业价值的项目上。因此，公司存在境外机构投资者时，有助于提升对投入时间长以及成本高的创新项目。由于境外机构投资者能够提升公司的风险承担水平，有助于提升企业对风险高的创新项目的投入。除此之外，境外机构投资者通过向企业传递创新知识，促进企业挑选虽然技术难度大但更具投资潜力的创新项目，以及传递其先进的管理实践经验，有助于企业提高创新产出。

综合以上分析，提出以下两个假设：

假设 2：当公司属于较高创新难度行业时，境外机构投资者对创新的促进作用更明显。

假设 3：当公司属于创新密集型行业时，境外机构投资者对创新的促进作用更加明显。

4.2

研究设计

4.2.1　样本与数据来源

由于中国在 2002 年颁布法令正式允许有限额度的合格境外机构投资者进入中国 A 股市场投资。因此，本章研究选取 2003 ~ 2016 年沪深两市 A 股上市公司作为研究对象。参考已有境外机构投资者相关研究，如梁等（Luong et al. ，2017）和邓柏峻等（2016），根据以下规则进行样本筛选：第一，剔除金融行业的公司；第二，剔除主要变量数据有缺失的样本，最后得到 23,132 个公司—年度数据，涉及 2,839 家 A 股上市公司。为了消除极端值对回归结果的影响，按照通常做法，本书对所有连续变量进行上下 1% 的缩尾处理。数据分析采用 Stata15.0 统计软件。

关于境外机构投资者数据的收集方法与第 5 章的介绍一致，主要是首先从 CSMAR 股东数据库中获取上市公司前十大股东原始数据；其次，根据前十大股东名称从上市公司年报和证券交易所指定后上市公司信息披露平台获取股东背景信息，判断该股东的最终控制人是否来自境外以及具体的来源地；最后，对获取的境外机构投资者数据进行信息来源的多渠道验证，以保证最终数据的准确性，最终得到中国上市公司前十大股东境外机构持股数据库。其余财务数据以及公司治理数据均来自 CSMAR 数据库。

境外机构投资者来源地法律环境、公司治理状况得分排名来自相关文献公开的指数。具体来说，（1）拉·波塔等（La Porta et al.，1998）给出的 49 个国家沿用的法律体系（海洋法系还是大陆法系），对于该文未涉及的国家我们通过搜索引擎查询该国家的法律体系进行补充；（2）来自迪扬科夫等（Djankov et al.，2008）提供的抗自我交易指数（Anti-self-dealing Index），主要衡量该国家公司治理水平；（3）考夫曼等（kaufmann et al.，2009）全球政府治理指数，该指数覆盖了 133 个国家的政府治理水平，从话语权和责任、政治稳定性、政府效率、规管质量、法治和腐败控制六个维度对各国进行打分，以衡量该国的治理状况，可以反映出国家制度先进程度。

4.2.2 研究变量的选择

借鉴何和田（He and Tian，2013）、方等（Fang et al.，2014）、黎文靖和郑曼妮（2016）等的研究，本书选取在当年或未来某个年度被成功授权的发明专利和实用型专利数量 *PATENT* 为被解释变量，用以衡量公司的创新程度。专利一共包括三种类型，即发明专利、实用型专利和外观专利。其中，发明专利和实用型专利的创新程度相对较高，更能体现创新的质量（徐欣和唐清泉，2010；江轩宇，2016）。本书同时采用发明专利数量以及三种类型专利数量作为被解释变量进行稳健性测试。

已有研究也有采用 R&D 支出数额来衡量企业的创新水平（He and Wintoki，2016）。然而，采用该指标衡量企业创新存在以下两方面问题：第一，公司 R&D 支出数据的准确性问题。由于会计准则关于研发支出的资本化和费用化（Acharya and Subramanian，2009）和企业自身信息披露水平以及战略选择差异，年报披露的 R&D 支出存在较多的缺失，甚至数据失真问题（He and Tian，2013）；第二，R&D 支出对企业创新水平的体现并不全面。R&D 支出仅体现出企业创新过程中可以被量化的部分，然而，成功的创新产出还包括一系列不可量化的因素，如人力资源的投入、新技术的引进和利用情况、不同维度的企业创新战略（Manso et al.，2017）等，R&D 支出数据无法反映这些因素。相对而言，专利数据能够综合地捕捉公司可观测和不可观测的对创新成功有用的信息。因此，本书聚焦于境外机构投资者对企业专利数量产出的影响。

4.2.3 模型与变量定义

为了检验本章的研究假设，我们利用面板数据建立回归模型（4-1）作为基础模型。如果模型（4-1）中 β_1 显著为正，则表明境外机构投资者持股能够显著促进公司创新。

$$
\begin{aligned}
PATENT_{i,t+1} = {} & \beta_0 + \beta_1 FIO_{i,t} + \beta_2 DIO_{i,t} + \beta_3 DIOSTAT_{i,t} + \beta_4 SIZE_{i,t} \\
& + \beta_5 LEV_{i,t} + \beta_6 Q_{i,t} + \beta_7 PPE_{i,t} + \beta_8 AGE_{i,t} + \beta_9 ROA_{i,t} \\
& + \beta_{10} OCF_{i,t} + \beta_{11} CAPITAL_{i,t} + \beta_{12} TOP1_{i,t} + \beta_{13} PAY_{i,t} \\
& + \beta_{14} MSH_{i,t} + \beta_{15} AF_{i,t} + \beta_{16} TRUNOVER_{i,t} \\
& + \sum YEAR + \sum IND + \varepsilon_{i,t} \quad\quad (4-1)
\end{aligned}
$$

参考已有的企业创新研究的相关文献（He and Tian，2013；Fang et al.，2015），本书主要控制以下变量：公司规模（SIZE）；公司的财务杠杆（LEV）；反映公司成长性的托宾 Q 值（Q）；公司固定资产净值占总资产的比值（PPE）；公司上市年限的自然对数（AGE）；总资产收益率（ROA）；经营活动净现金流占总资产的比值（OCF）；公司投资支出（$CAPITAL$）；公司第一大股东持股比例（$TOP1$）；高管薪酬（PAY）；管理层持股比例（MSH）；个股年换手率（$TURNOVER$）；境内机构投资者持股比例（DIO）；政府持股比例（$DIOSTAT$）；分析师关注度（AF）。除此之外，本书还加入了年度（$YEAR$）和行业（IND）哑变量，用来控制年度和行业固定效应。模型各变量的具体定义如表4-1所示。

表4-1   主要变量定义

变量	变量含义	变量定义
$PATENT$	企业创新	发明专利和实用型专利数量总和加1取对数
FIO	境外机构投资者持股	上市公司前十大股东中，属于机构投资者且该机构的最终控制者来自境外机构的股东持股比例之和
DIO	境内机构投资者持股	上市公司前十大股东中属于境内金融机构的股东持股比例之和
$DOMSTAT$	政府持股	上市公司前十大股东中，政府直接持股和国有法人持股比例之和
$SIZE$	公司规模	总资产的自然对数
LEV	财务杠杆	总负债/总资产
Q	成长性	总资产市场价值与账面价值的比率
PPE	资产有形性	固定资产净额与总资产的比率
AGE	公司年龄	公司已上市年限加1取自然对数
ROA	资产报酬率	息税前利润与总资产的比率
OCF	现金流量	公司经营活动净现金流量占总资产的比值
$CAPITAL$	资本支出	购建固定资产、无形资产和其他长期资产支付的现金与总资产的比率
$TOP1$	股权集中度	第一大股东持股比例

变量	变量含义	变量定义
PAY	高管薪酬	薪酬最高的前三位高管平均薪酬加 1 取自然对数
MSH	高管持股比例	管理层持股比例
AF	分析师关注度	分析师跟踪人数加 1 取自然对数
TURNOVER	换手率	年内日均换手率
IND	行业	行业哑变量，依据证监会 2012 年修订的《上市公司行业分类指引》的 1 位码进行分类，剔除金融业后，样本分布在 17 个一级行业，共设置 16 个行业虚拟变量
YEAR	年份	年份哑变量，选取了 2003～2016 年共 14 年的数据作为研究对象，设置 13 个年份虚拟变量

4.3
实证结果与分析

4.3.1　描述性统计

表 4 - 2 列示了主要变量的描述性统计结果。从表中可以看出，2003～2016 年企业创新（*PATENT*）的平均值为 0.796，最小值为 0，最大值为 4.913，与已有研究（余明桂等，2016；朱冰等，2018）的统计结果较为接近。境外股东持股比例（*FIO*）的均值为 0.029，境内股东持股比例（*DIO*）的均值为 0.047，表明境内机构投资者平均持股比例高于境外机构投资者。第一大股东持股比例均值为 35.7%，与中国股权高度集中的背景一致。其余变量的描述性统计不再赘述。

表 4 - 2　　　　　　　　　　　主要变量的描述性统计结果

变量	样本量	均值	标准误	最小值	25%分位数	50%分位数	75%分位数	最大值
PATENT	23,132	0.796	1.238	0.000	0.000	0.000	1.609	4.913
FIO	23,132	0.029	0.094	0.000	0.000	0.000	0.000	0.886
DIO	23,132	0.047	0.061	0.000	0.004	0.026	0.067	0.352
DOMSTAT	23,132	0.204	0.238	0.000	0.000	0.054	0.409	0.770
SIZE	23,132	21.790	1.261	18.990	20.900	21.650	22.510	25.610
LEV	23,132	0.457	0.231	0.048	0.281	0.453	0.619	1.299
Q	23,132	4.069	4.085	-2.473	1.832	2.931	4.870	28.590
PPT	23,132	0.243	0.177	0.002	0.104	0.208	0.349	0.751
AGE	23,132	2.538	0.457	1.099	2.303	2.639	2.890	3.296
ROA	23,132	0.037	0.063	-0.285	0.013	0.037	0.067	0.208
OCF	23,132	0.173	0.145	0.003	0.072	0.129	0.228	0.698
CAPITAL	23,132	0.055	0.053	0.000	0.016	0.039	0.077	0.260
TOP1	23,132	0.357	0.152	0.090	0.235	0.336	0.465	0.750
PAY	23,132	12.920	0.793	10.710	12.450	12.940	13.430	14.940
MSH	23,132	0.102	0.188	0.000	0.000	0.000	0.103	0.681
AF	23,132	1.462	1.130	0.000	0.000	1.386	2.398	3.611
TURNOVER	23,132	0.639	0.513	0.055	0.289	0.494	0.829	2.793

表 4 - 3 报告了主要变量的皮尔逊（Pearson）相关系数矩阵。与本书的理论预期相一致，企业创新（PATENT）与境外机构投资者持股（FIO）正相关，且在1%水平上显著，这在一定程度上说明境外机构投资者持股与企业创新之间的正向关系。企业创新（PATENT）与境内机构投资者（DIO）正相关，但不显著。公司规模（SIZE）、盈利状况（ROA）、现金流量（OCF）、投资支出（CAPITAL）、第一大股东持股比例（TOP1）、高管薪酬（PAY）、

管理层持股（MSH）、分析师关注度（AF）均与公司创新（PANTENT）显著正相关；而财务杠杆（LEV）、成长性（Q）、资产有形性（PPE）、公司上市年限（AGE）均与公司创新（PATENT）在1%水平上显著负相关，与已有文献基本一致。解释变量 FIO 与其他控制变量之间的相关系数绝对值均小于0.2，说明接下来的多元回归不存在严重的多重共线性问题。

表4-3　　　　　　　　主要变量的相关系数

变量	PATENT	FIO	DIO	DOMSTAT	SIZE	LEV	Q	PPE
PATENT	1							
FIO	0.108***	1						
DIO	0.003	-0.048***	1					
DOMSTAT	-0.049***	-0.047***	-0.059***	1				
SIZE	0.105***	0.125***	0.145***	0.306***	1			
LEV	-0.088***	-0.042***	0.048***	0.225***	0.309***	1		
Q	-0.102***	-0.056***	0.044***	-0.152***	-0.319***	-0.016**	1	
PPE	-0.046***	0.046***	-0.018***	0.240***	0.081***	0.134***	-0.129***	1
AGE	-0.202***	-0.066***	0.087***	0.019***	0.173***	0.208***	0.077***	-0.015**
ROA	0.104***	0.051***	0.090***	-0.074***	0.069***	-0.424***	0.056***	-0.164***
OCF	0.101***	0.020***	-0.010	-0.147***	-0.225***	-0.466***	0.070***	-0.365***
CAPITAL	0.117***	0.063***	0.049***	-0.001	0.021***	-0.112***	-0.063***	0.279***
TOP1	0.060***	0.103***	-0.071***	0.410***	0.237***	0.015**	-0.097***	0.072***
PAY	0.122***	0.147***	0.145***	-0.069***	0.482***	-0.059***	-0.058***	-0.173***
MSH	0.145***	-0.078***	-0.102***	-0.435***	-0.231***	-0.367***	0.083***	-0.203***
AF	0.242***	0.114***	0.231***	-0.037***	0.389***	-0.186***	-0.042***	-0.076***
TURNOVER	-0.006	-0.017***	-0.140***	-0.230***	-0.306***	-0.219***	0.224***	-0.127***

续表

变量	*AGE*	*ROA*	*OCF*	*CAPITAL*	*TOP*1	*PAY*	*MSH*	*AF*
AGE	1							
ROA	−0.106 ***	1						
OCF	−0.219 ***	0.299 ***	1					
CAPITAL	−0.218 ***	0.149 ***	−0.032 ***	1				
*TOP*1	−0.173 ***	0.103 ***	−0.002	0.054 ***	1			
PAY	0.168 ***	0.274 ***	0.066 ***	0.015 **	0.006	1		
MSH	−0.261 ***	0.188 ***	0.293 ***	0.112 ***	−0.100 ***	0.042 ***	1	
AF	−0.154 ***	0.418 ***	0.212 ***	0.236 ***	0.116 ***	0.407 ***	0.203 ***	1
TURNOVER	−0.164 ***	0.062 ***	0.237 ***	0.019 ***	−0.063 ***	−0.106 ***	0.337 ***	0.009

注：*** 、** 、* 分别表示检验统计量在1%、5%和10%水平上显著。

4.3.2 多元回归分析

本书选择 OLS 方法估计模型（4-1），为了取得稳健的结果，根据彼得森（Petersen，2009）的方法，对回归模型中的标准误进行年份和行业层面的聚类调整。我们同时采用泊松回归和负二项回归方法对模型（4-1）进行估计，作为稳健性测试。表4-4报告了假设境外机构投资者持股对公司创新的检验结果。因变量 *PATENT* 由企业当年或者未来得到授权的发明专利和实用型专利数量之和加1取对数计算而得，用来衡量企业创新，回归模型如式（4-1）所示。表4-4中，列（1）为没有加入控制变量的回归结果，企业创新（*PATENT*）对境外机构投资者（*FIO*）的回归系数为1.0063，且在1%水平上显著。表明在不考虑其他因素影响时，境外机构投资者持股可以显著促进企业创新。

表 4 – 4　　　　境外机构投资者与创新的回归结果

变量	（1） PATENT	（2） PATENT	（3） PATENT
FIO	1. 0063 *** （9. 51）	0. 5382 *** （7. 39）	0. 5090 *** （5. 98）
DIO		0. 0797 （0. 53）	− 0. 1575 （ − 1. 31）
DOMSTAT		− 0. 1262 *** （ − 3. 12）	0. 0060 （0. 13）
SIZE		0. 2065 *** （8. 22）	0. 1268 *** （7. 72）
LEV		− 0. 1138 ** （ − 2. 33）	− 0. 0225 （ − 0. 38）
Q		− 0. 0076 ** （ − 2. 25）	− 0. 0107 *** （ − 2. 79）
PPE		− 0. 5062 *** （ − 4. 84）	− 0. 4514 *** （ − 4. 69）
AGE		− 0. 3339 *** （ − 10. 79）	− 0. 2639 *** （ − 10. 46）
ROA		0. 3457 ** （2. 35）	− 0. 3822 *** （ − 2. 69）
OCF		0. 1567 ** （2. 59）	− 0. 0040 （ − 0. 06）
CAPITAL		0. 6449 *** （3. 25）	0. 1665 （0. 78）
TOP1			0. 0518 （1. 15）

续表

变量	（1） *PATENT*	（2） *PATENT*	（3） *PATENT*
PAY			0. 1144 ***
			（4. 16）
MSH			0. 3582 ***
			（5. 55）
AF			0. 1062 ***
			（5. 79）
TURNOVER			－ 0. 0252
			（ － 0. 84）
Constant	－ 0. 2853 *	－ 3. 8409 ***	－ 3. 6229 ***
	（ － 1. 84）	（ － 7. 43）	（ － 6. 80）
行业效应	Yes	Yes	Yes
年度效应	Yes	Yes	Yes
N	23, 132	23, 132	23, 132
Adj. R²	0. 217	0. 273	0. 284

注：系数下方括号内报告的是考虑了异方差和序列相关性的稳健性标准误计算的 T 统计量。标准误经过年份—行业层面聚类调整；*** 、** 、* 分别表示检验统计量在 1% 、5% 和 10% 水平上显著。

表 4 - 4 中，列（2）在列（1）基础上加入了一系列已有研究发现的对公司创新有影响的公司特征变量，包括境内机构投资者持股比例（*DIO*）、政府持股比例（*DIOSTAT*）、公司规模（*SIZE*）、公司的财务杠杆（*LEV*）、反映公司成长性的托宾 Q 值（*Q*）、公司固定资产净值占总资产的比值（*PPE*）、公司上市年限的自然对数（*AGE*）、总资产收益率（*ROA*）、经营活动净现金流量占总资产的比值（*OCF*）、公司投资支出（*CAPITAL*）。列（3）又进一步增加了公司治理变量，包括公司第一大股东持股比例（*TOP*1）、高管薪

酬（*PAY*）、管理层持股比例（*MSH*）、个股年换手率（*TURN-OVER*）、分析师关注度（*AF*）。在这两个模型中，境外机构投资者（*FIO*）的回归系数分别为 0. 5382 和 0. 5090，均在 1% 水平上显著。表明在控制其他影响因素的情况下，境外机构投资者持股比例越高对企业创新的促进作用越大。值得说明的是，不同回归模型对应的境内机构投资者持股（*DIO*）的系数分别为 0. 0797 和 - 0. 1575，且均不显著。说明境内机构投资者持股对企业的创新并没有促进作用。已有研究表明，由于境内机构投资者与持股公司存在较多的商业利益关系，因此，其独立性弱于境外机构投资者进而丧失了监督作用（Gillan and Starks，2003；Stulz，2005；Ferreira et al.，2010）。除此之外，境内机构投资者更易受到制度环境的影响而降低监督功能（Huang and Zhu，2015）。因此，境内机构投资者监督作用的弱化均不利于促进上市公司创新。

从其余控制变量来看，公司规模（*SIZE*）越大、高管薪酬（*PAY*）越高和管理层持股（*MSH*）时，公司创新水平越高；公司资产有形性（*PPE*）越高、公司上市时间（*AGE*）越久，公司的并购绩效越低。系数估计结果与现有文献基本保持一致（Luong et al.，2017；Moshirian et al.，2019；江轩宇，2016）。

4.3.3　稳健性检验

1. 固定效应模型

考虑到境外机构投资者持股与公司创新之间的正向关系可能会受到公司层面不随时间变化的遗漏变量的影响，本部分采用公司固定效应模型来缓解由此带来的内生性偏差。回归结果如表 4 - 5 所示，检验变量 *FIO* 的系数估计值为 0. 2904，并且在 5% 的水平上显著。上述结果仍然与主检验结果保持一致，表明境外机构投资者持股与公司创新之间的正相关性不太可能是由不随时间变化的公司个体异质性驱动的。

表 4 – 5   境外机构投资者与创新的固定效应模型

变量	(1) *PATENT*
FIO	0. 2904 ** (2. 45)
DIO	0. 2197 ** (2. 04)
DOMSTAT	− 0. 0451 (− 0. 82)
SIZE	0. 0564 *** (4. 37)
LEV	− 0. 1898 *** (− 4. 12)
Q	− 0. 0019 (− 1. 13)
PPE	0. 0034 (0. 06)
AGE	− 0. 1460 *** (− 2. 58)
ROA	− 0. 2617 ** (− 2. 38)
OCF	0. 0385 (0. 65)
CAPITAL	0. 0479 (0. 38)
*TOP*1	− 0. 1400 * (− 1. 71)
PAY	0. 0023 (0. 15)
MSH	0. 3383 *** (3. 52)

续表

变量	(1) *PATENT*
AF	0.0118 (1.44)
TURNOVER	-0.0001 (-0.00)
Constant	-0.4682 (-1.29)
公司效应	Yes
年度效应	Yes
N	23,132
Adj. R^2	0.113

注：系数下方括号内报告的是考虑了异方差和序列相关性的稳健性标准误计算的 T 统计量。*** 、** 、* 分别表示检验统计量在 1%、5% 和 10% 水平上显著。

2. 工具变量的 2SLS 回归

公司创新与境外机构投资者之间的关系可能是内生的，例如，公司层面的某些遗漏变量可能会同时影响企业和境外机构投资者持股比例。此外，境外机构投资者会倾向于持股公司治理好的公司，而治理好的公司往往创新水平也更高，从而存在逆向因果关系。因此，本书采用工具变量的两阶段最小二乘法（2SLS）来缓解由内生性问题导致的系数估计偏差。

参考费雷拉等（Ferreira et al.，2009）我们选取外生变量上市公司是否发放股利作为境外股东持股的工具变量，采用 2SLS 分解出境外股东持股中的外生部分，用以识别境外股东持股与公司创新之间的因果关系。已有研究发现，境外股东倾向于投资发放股利的公司，而公司是否发放股利对企业创新并无影响。因此，我们采用公司是否发放股利作为境外机构投资者持股的一个工具变量，我们定义为 *DIV*，上市公司当年发放股利，则 *DIV* 取 1，否则为 0。

表 4－6 报告了工具变量的 2SLS 回归结果。列（1）为境外机构投资者持股对工具变量是否发放股利（*DIV*）的第一阶段的结果。*DIV* 的系数为 0.1803，在 1% 水平上显著。对工具变量 *DIV* 的 Kleibergen-Paap rk LM-statistic 可识别检验卡方值为 8.094，在 1% 水平上拒绝了"工具变量不可识别"的原假设。列（2）报告了第二阶段的回归结果，境外机构投资者 *FIO* 的系数为 15.0646，仍然保持在至少 5% 水平上显著。表 4－6 的结果表明，即使在控制了内生性问题后，本书的境外机构投资者持股促进企业创新，这一基本结论仍然是稳健的。

表 4－6　　　　　内生性问题：工具变量的 2SLS 回归结果

变量	（1）	（2）
	第一阶段回归	第二阶段回归
	FIO	*PATENT*
FIO		15.0646 **
		(2.41)
DIV	0.1803 ***	
	(2.75)	
DIO	－0.1424 ***	1.9351 **
	(－16.25)	(2.13)
DOMSTAT	－0.0861 ***	1.2611 **
	(－20.77)	(2.32)
SIZE	0.0087 ***	－0.0027
	(10.31)	(－0.05)
LEV	－0.0262 ***	0.3661 **
	(－7.93)	(2.09)
Q	0.0004 ***	－0.0160 ***
	(2.86)	(－4.45)

续表

变量	（1）	（2）
	第一阶段回归	第二阶段回归
	FIO	*PATENT*
PPE	0.0225 ***	− 0.7888 ***
	(5.18)	(− 4.64)
AGE	− 0.0095 ***	− 0.1245 *
	(− 4.61)	(− 1.73)
ROA	− 0.0650 ***	0.4662
	(− 6.35)	(1.10)
OCF	0.0157 ***	− 0.2485 *
	(2.73)	(− 1.70)
CAPITAL	0.0221 *	− 0.1514
	(1.66)	(− 0.54)
*TOP*1	0.0722 ***	− 1.0145 **
	(10.78)	(− 2.15)
PAY	0.0176 ***	− 0.1464
	(15.24)	(− 1.28)
MSH	− 0.0950 ***	1.7406 ***
	(− 18.05)	(2.90)
AF	0.0031 ***	0.0579 **
	(4.35)	(2.36)
TURNOVER	0.0050 ***	− 0.0961 **
	(2.94)	(− 2.25)
Constant	− 0.3759 ***	1.5945
	(− 16.90)	(0.63)
行业效应	Yes	Yes

续表

变量	(1)	(2)
	第一阶段回归	第二阶段回归
	FIO	*PATENT*
年度效应	Yes	Yes
N	23, 132	23, 132
Adj. R²	0. 102	− 0. 817

注：系数下方括号内报告的是考虑了异方差和序列相关性的稳健性标准误计算的 T 统计量。*** 、** 、* 分别表示检验统计量在 1% 、5% 和 10% 水平上显著。

3. 更换境外机构投资者的衡量指标

我们同时通过更换境外机构投资者的代理变量进行稳健性测试。采用上市公司前十大股东中境外机构投资者数量（*FIO_NUM*）以及上市公司前十大股东中是否有境外机构投资者（*FIO_DUM*）作为代理变量，采用 OLS 方法重新估计模式（4 − 1），结果如表 4 − 7 所示。回归模型（4 − 1）中，上市公司是否有境外机构投资者持股（*FIO_DUM*）的系数为 0.1044，且在 1% 水平上显著；上市公司前十大股东中，为境外机构投资者的股东数量（*FIO_NUM*）的系数为 0.0458，在 1% 水平上显著。结果与主回归结论一致，即境外机构投资者持股促进了企业创新。

表 4 − 7　　　　　　　其他方法度量境外机构投资者

变量	(1) *PATENT*	(2) *PATENT*
FIO_DUM	0. 1044 *** (5. 41)	
FIO_NUM		0. 0458 *** (4. 90)

续表

变量	(1) *PATENT*	(2) *PATENT*
DIO	− 0. 1701 (− 1. 44)	− 0. 1480 (− 1. 25)
DOMSTAT	− 0. 0219 (− 0. 50)	− 0. 0270 (− 0. 61)
SIZE	0. 1263 *** (7. 70)	0. 1258 *** (7. 74)
LEV	− 0. 0227 (− 0. 37)	− 0. 0237 (− 0. 39)
Q	− 0. 0107 *** (− 2. 78)	− 0. 0107 *** (− 2. 79)
PPE	− 0. 4468 *** (− 4. 66)	− 0. 4434 *** (− 4. 59)
AGE	− 0. 2700 *** (− 10. 72)	− 0. 2751 *** (− 11. 01)
ROA	− 0. 3947 *** (− 2. 78)	− 0. 4053 *** (− 2. 84)
OCF	− 0. 0000 (− 0. 00)	− 0. 0003 (− 0. 00)
CAPITAL	0. 1746 (0. 82)	0. 1773 (0. 83)
*TOP*1	0. 0773 * (1. 72)	0. 0841 * (1. 86)
PAY	0. 1164 *** (4. 24)	0. 1158 *** (4. 24)

续表

变量	（1） *PATENT*	（2） *PATENT*
MSH	0. 3460 *** （5. 40）	0. 3385 *** （5. 35）
AF	0. 1042 *** （5. 67）	0. 1045 *** （5. 65）
TURNOVER	− 0. 0205 （− 0. 68）	− 0. 0211 （− 0. 70）
Constant	− 3. 6365 *** （− 6. 82）	− 3. 6179 *** （− 6. 87）
行业效应	Yes	Yes
年度效应	Yes	Yes
N	23, 132	23, 132
Adj. R²	0. 284	0. 284

注：系数下方括号内报告的是考虑了异方差和序列相关性的稳健性标准误计算的 T 统计量。 *** 、 ** 、 * 分别表示检验统计量在 1%、5% 和 10% 水平上显著。

4. 变换 *PATENT* 的计算方法

在主回归部分计算企业创新（*PATENT*）时采用的是企业在当年及未来被授权的发明专利和实用型专利数量之和加 1 取对数。我们同时选取以下三种衡量企业创新的代理变量进行稳健性测试：（1）采用企业被授权的三种类型的专利（发明专利、实用型专利和外观专利）之和来代理企业创新，用 *PATENT_T* 表示；（2）由于发明专利具有更高的创新程度（徐欣和唐清泉，2010），因此，我们采用授权的发明专利数量代理企业创新，用 *PATENT_I* 表示；（3）参考文献潭等（Tan et al. , 2015），采用当年申请的专利数量作为企业创新的代理变量，用 *PATENT_APPLY* 表示。同时用这三种方法作为企业创新的衡量指标，采用 OLS 方法重新估计模型

（4 - 1），结果如表 4 - 8 所示。

　　表 4 - 8 中，列（1）~ 列（3）依次报告了采用上述三种企业创新衡量指标的回归结果。列（1）报告了企业授权的总的专利数对境外机构投资者（FIO）的回归结果，FIO 的系数为 0.6484，在 1% 水平上显著为正。列（2）为采用公司授权的发明专利数量作为企业创新代理变量的回归结果，FIO 的系数为 0.1874，在 1% 水平上显著为正。列（3）为采用公司申请专利数量作为企业创新衡量指标的回归结果，解释变量 FIO 的系数依然为正，且在 1% 水平上显著。该测试结果说明我们的主假设境外机构投资者持股促进了企业创新的结论是稳健的。

表 4 - 8　　　　　　　　　　**改变 PATENT 的计算方法**

变量	(1) PATENT_T（总）	(2) PATENT_I（发明）	(3) PATENT_APPLY（申请）
FIO	0.6484 *** (6.76)	0.1874 *** (3.39)	0.5872 *** (6.12)
DIO	- 0.1746 (- 1.27)	0.0320 (0.51)	- 0.2303 * (- 1.66)
DOMSTAT	- 0.0539 (- 1.18)	0.0485 ** (2.06)	0.0341 (0.70)
SIZE	0.1449 *** (8.19)	0.0969 *** (8.16)	0.1528 *** (8.33)
LEV	- 0.0849 (- 1.29)	- 0.1220 *** (- 4.75)	- 0.0783 (- 1.17)
Q	- 0.0084 ** (- 2.22)	0.0046 *** (2.67)	- 0.0096 ** (- 2.31)
PPE	- 0.4831 *** (- 4.51)	- 0.2158 *** (- 4.02)	- 0.4753 *** (- 4.54)

续表

变量	(1) PATENT_T（总）	(2) PATENT_I（发明）	(3) PATENT_APPLY（申请）
AGE	− 0. 2630 *** (− 10. 44)	− 0. 1120 *** (− 6. 07)	− 0. 2813 *** (− 10. 44)
ROA	− 0. 3836 ** (− 2. 58)	− 0. 3457 *** (− 3. 21)	− 0. 3639 * (− 1. 94)
OCF	0. 0270 (0. 38)	− 0. 0167 (− 0. 35)	− 0. 0394 (− 0. 58)
CAPITAL	0. 0584 (0. 24)	0. 1998 (1. 47)	0. 3767 (1. 62)
TOP1	0. 1140 ** (2. 48)	− 0. 0547 (− 1. 64)	− 0. 0407 (− 0. 83)
PAY	0. 1216 *** (4. 26)	0. 0857 *** (3. 85)	0. 1353 *** (4. 71)
MSH	0. 3932 *** (6. 29)	0. 0751 ** (2. 06)	0. 4980 *** (6. 88)
AF	0. 1301 *** (6. 11)	0. 0715 *** (4. 18)	0. 1330 *** (6. 28)
TURNOVER	− 0. 0519 (− 1. 56)	− 0. 0413 * (− 1. 89)	− 0. 0433 (− 1. 31)
Constant	− 3. 8346 *** (− 6. 72)	− 2. 8827 *** (− 6. 66)	− 4. 3925 *** (− 7. 14)
行业效应	Yes	Yes	Yes
年度效应	Yes	Yes	Yes
N	23, 132	23, 132	23, 132
Adj. R^2	0. 290	0. 234	0. 318

注：系数下方括号内报告的是考虑了异方差和序列相关性的稳健性标准误计算的 T 统计量。*** 、** 、* 分别表示检验统计量在 1% 、5% 和 10% 水平上显著。

5. 采用其他回归模型

考虑到企业专利授权数量的分布特征可能不符合正太分布，而是符合泊松分布，因此我们尝试采用泊松回归来重新估计解释变量 FIO 的系数。除此之外，不同专利之间可能并非相互独立，因此，我们采用负二项回归估计模型（4-1）。表 4-9 报告了分别采用泊松回归和负二项回归的结果。其中，列（1）为泊松回归模型的结果，可以发现，解释变量境外机构投资者（FIO）的系数为0. 3085，且在 1% 水平上显著，与主回归结果一致；列（2）报告了负二项回归模型结果，FIO 的系数同样在 1% 水平上显著为正。两种回归模型的估计结果均与主回归结果一致，表明境外机构投资者持股促进了企业创新。

表 4-9　　　改变估计方法：采用泊松回归和负二项回归

变量	（1） 泊松回归 *PATENT*	（2） 负二项回归 *PATENT*
FIO	0. 3085 *** (4. 60)	0. 3590 *** (4. 16)
DIO	0. 0246 (0. 17)	0. 0451 (0. 26)
DOMSTAT	0. 0373 (0. 88)	0. 0443 (0. 86)
SIZE	0. 1430 *** (14. 09)	0. 1593 *** (12. 73)
LEV	− 0. 0335 (− 0. 64)	− 0. 0928 (− 1. 47)
Q	− 0. 0429 *** (− 12. 81)	− 0. 0412 *** (− 10. 81)

续表

变量	（1） 泊松回归 *PATENT*	（2） 负二项回归 *PATENT*
PPE	−0.7316 *** （−12.00）	−0.7216 *** （−9.75）
AGE	−0.2630 *** （−15.03）	−0.3147 *** （−14.13）
ROA	−0.2326 （−1.34）	−0.2944 （−1.43）
OCF	−0.1860 *** （−2.84）	−0.2078 ** （−2.57）
CAPITAL	0.2828 * （1.86）	0.2937 （1.56）
*TOP*1	0.1143 ** （2.06）	0.1345 ** （1.98）
PAY	0.1587 *** （12.21）	0.1548 *** （9.74）
MSH	0.4316 *** （9.55）	0.4718 *** （8.43）
AF	0.1361 *** （14.21）	0.1353 *** （11.74）
TURNOVER	0.0055 （0.31）	0.0133 （0.62）
Constant	−5.4655 *** （−12.12）	−7.9234 *** （−10.83）
行业效应	Yes	Yes
年度效应	Yes	Yes
N	23,132	23,132

续表

变量	(1) 泊松回归 *PATENT*	(2) 负二项回归 *PATENT*
Pseudo R²	0.265	0.1852
Log-likelihood	−23,312.987	−22,977.295
Wald chi2	16,774.940	671.38
P − value	0.000	0.000

注：系数下方括号内报告的是考虑了异方差和序列相关性的稳健性标准误计算的 T 统计量。***、**、*分别表示检验统计量在 1%、5% 和 10% 水平上显著。

6. 剔除 B 股和 H 股

在 B 股市场或 H 股市场上市的公司面临的法律监管环境以及投资者结构与 A 股有很大的差异，同时，引入外资资本是 B 股和 H 股设立的初衷之一，B 股和 H 股为境外投资者提供了投资中国公司的渠道，有助于吸引外资进入上市公司，在 H 股上市会导致境外股东持股更高。为了排除我们的回归结果单纯由 B 股和 H 股市场投资者所驱动，我们剔除上市公司同时发行 B 股和 H 股的样本，重新运行模型（4－1），以检验基本结论的稳健性。

表 4－10 报告了相应的回归结果。可以发现，境外机构投资者 *FIO* 的系数为正，且在 10% 水平上显著。与本章的主检验结果一致，该测试结果在一定程度上说明了境外机构投资者持股有助于企业创新这一结论保持稳健。

表 4－10　　　　　　剔除同时发行 BH 股的公司样本

变量	(1) *PATENT*
FIO	0.1444 * (1.88)

变量	(1) *PATENT*
DIO	-0.1750 (-1.48)
DOMSTAT	-0.0466 (-1.06)
SIZE	0.0925 *** (6.55)
LEV	0.0095 (0.15)
Q	-0.0131 *** (-3.45)
PPE	-0.4831 *** (-4.76)
AGE	-0.2976 *** (-11.45)
ROA	-0.3019 ** (-2.03)
OCF	0.0001 (0.00)
CAPITAL	0.1492 (0.72)
*TOP*1	0.0993 ** (2.27)
PAY	0.0956 *** (3.66)
MSH	0.2907 *** (4.68)

变量	(1) *PATENT*
AF	0. 1153 *** (5. 93)
TURNOVER	− 0. 0393 (− 1. 23)
Constant	− 2. 7094 *** (− 5. 59)
行业效应	Yes
年度效应	Yes
N	21, 548
Adj. R²	0. 281

注：系数下方括号内报告的是考虑了异方差和序列相关性的稳健性标准误计算的 T 统计量。*** 、** 、* 分别表示检验统计量在 1%、5% 和 10% 水平上显著。

4.3.4 横截面差异分析

我们在本节检验企业所属行业研发密集度和创新难度差异对境外机构投资者促进企业创新作用的影响。参照文献孔等（Kong et al. ，2019），计算年份行业层面的平均 R&D 支出，并根据该均值的中位数对行业进行分组，定义该年份行业平均 R&D 支出高于该中位数的行业为研发投入密集型行业，而低于该中位数的行业为研发投入非密集型行业。参考文献荷尔等（Hall et al. ，2005）及田和王（Tian and Wang，2014），我们将制药、医疗器械、化学、计算机、通信和电力行业归为创新难度大的行业，其他行业为创新难度低的行业。我们分别根据上市公司所属行业为研发密集程度和创新难度对样本进行分组，重新估计模型（4 - 1）。

表 4 - 11 报告了行业异质性对境外机构投资者促进企业创新作

用的影响检验结果。列（1）和列（2）分别报告了上市公司为研发密集型行业和非研发密集型行业的回归结果。两个回归模型 *FIO* 的系数分别为 0.5302 和 0.3082，且至少在 5% 水平上显著，系数差异显著性检验拒绝了两系数无差异的原假设。可以发现，无论公司是否属于研发投入密集型行业，境外机构投资者对公司创新均具有促进作用，但作用程度有差异。境外机构投资者持股比例增加一个单位时，如果公司属于研发密集型行业，可以带来企业创新提升 0.5302 个单位；而如果公司不属于研发密集型行业，则只能带来企业创新提升 0.3082 个单位。境外机构投资者持股对企业创新的促进作用在属于研发密集型行业的公司更大。

表 4 – 11　　行业异质性分析：行业研发密集度与创新难度

变量	研发投入高	研发投入低	创新难度高	创新难度低
	（1）	（2）	（3）	（4）
	PATENT	*PATENT*	*PATENT*	*PATENT*
FIO	0.5302 ***	0.3082 **	0.9569 ***	0.3521 ***
	(5.29)	(2.19)	(6.95)	(2.71)
DIO	− 0.1447	− 0.2189	0.1878	− 0.2202
	(− 1.02)	(− 1.25)	(1.20)	(− 1.29)
DOMSTAT	0.0808	− 0.1384 ***	0.4883 ***	− 0.1458 ***
	(1.47)	(− 2.81)	(6.87)	(− 2.92)
SIZE	0.1657 ***	0.0297 ***	0.1672 ***	0.1232 ***
	(9.18)	(3.44)	(6.33)	(7.40)
LEV	− 0.0267	− 0.1661 ***	− 0.1140	− 0.0316
	(− 0.36)	(− 3.21)	(− 1.61)	(− 0.54)
Q	− 0.0127 **	0.0009	− 0.0055	− 0.0086 **
	(− 2.53)	(0.40)	(− 0.96)	(− 2.50)

续表

变量	研发投入高	研发投入低	创新难度高	创新难度低
	(1)	(2)	(3)	(4)
	PATENT	PATENT	PATENT	PATENT
PPE	− 0. 6576 ***	0. 1611 ***	− 0. 4290 ***	− 0. 3346 ***
	(− 5. 74)	(3. 08)	(− 3. 67)	(− 3. 59)
AGE	− 0. 2851 ***	− 0. 1477 ***	− 0. 4042 ***	− 0. 2247 ***
	(− 9. 79)	(− 5. 07)	(− 8. 57)	(− 9. 19)
ROA	− 0. 5871 ***	− 0. 1594	− 1. 0675 ***	− 0. 0150
	(− 3. 62)	(− 0. 92)	(− 4. 90)	(− 0. 07)
OCF	− 0. 1372 *	− 0. 0980	− 0. 2036	0. 1072
	(− 1. 83)	(− 1. 45)	(− 1. 59)	(1. 62)
CAPITAL	0. 0357	0. 5334 **	0. 2698	0. 2429
	(0. 14)	(2. 31)	(0. 74)	(1. 00)
TOP1	0. 1147 **	− 0. 0863 *	− 0. 4691 ***	0. 1972 ***
	(2. 10)	(− 1. 67)	(− 4. 25)	(3. 70)
PAY	0. 1522 ***	− 0. 0483 ***	0. 1945 ***	0. 0839 ***
	(5. 27)	(− 5. 26)	(5. 84)	(2. 97)
MSH	0. 3921 ***	0. 5297 ***	0. 2093 **	0. 4391 ***
	(5. 57)	(3. 77)	(2. 28)	(6. 12)
AF	0. 1252 ***	− 0. 0042	0. 1150 ***	0. 0949 ***
	(5. 99)	(− 0. 30)	(5. 18)	(4. 81)
TURNOVER	− 0. 0042	− 0. 0005	0. 0302	− 0. 0522 **
	(− 0. 12)	(− 0. 02)	(0. 79)	(− 2. 03)
Constant	− 4. 9711 ***	0. 5607 **	− 4. 6215 ***	− 1. 6523 **
	(− 9. 52)	(2. 57)	(− 5. 94)	(− 2. 58)
行业效应	Yes	Yes	Yes	Yes

续表

变量	研发投入高	研发投入低	创新难度高	创新难度低
	(1)	(2)	(3)	(4)
	PATENT	*PATENT*	*PATENT*	*PATENT*
年度效应	Yes	Yes	Yes	Yes
系数差异著性检验				
$P - value$（FIO）	0.003		0.039	
N	18,210	3,674	6,623	16,509
$Adj. R^2$	0.273	0.0796	0.254	0.315

注：系数下方括号内报告的是考虑了异方差和序列相关性的稳健性标准误计算的 T 统计量。*** 、** 、* 分别表示检验统计量在1%、5%和10%水平上显著。

表 4-11 中，列（3）和列（4）分别报告了根据行业创新难度高低类型分组回归后的结果。列（3）为创新难度高的样本回归，从回归结果中可以看出，FIO 的系数为 0.9569，在 1% 水平上显著。列（4）为创新难度低的样本回归，从回归结果中可以看出，FIO 的系数为 0.3521，在 1% 水平上显著。模型（4-3）和模型（4-4）的 FIO 系数差异显著性检验在 5% 水平上显著，也即在 5% 水平下拒绝了 FIO 系数在两组样本中无差异的原假设。当境外股东持股比例增加 1 个单位时，可以促进创新难度高的企业创新产出提升 0.9569 个单位，而对创新难度低的企业创新产出仅提升 0.3521 个单位。该检验结果说明，境外机构投资者对企业创新的促进作用普遍存在，而对于创新难度高的企业作用更加明显，这与前文我们论述的境外机构投资者不仅通过改善持股公司治理状况促进创新，而且具有知识溢出的作用的逻辑一致。

4.3.5　进一步分析

1. 境外机构投资者对创新效率的影响

参考科图姆和勒纳（Kortum and Lerner，2000），采用单位 R&D

投入创新产出来衡量企业的创新效率，替代模型（4-1）中的被解释变量重新估计 FIO 的系数。具体地，我们用主回归中的专利数量加 1 取对数值除以 R&D 投入加 1 取对数值为 $PATENT/ln(RD+1)$，该比值即为创新效率的衡量指标。表 4-12 中，列（1）报告了对应的检验结果。境外机构投资者（FIO）的系数显著为正，境外机构投资者持股增加了企业单位 R&D 投入的创新产出率。该检验结果表明，境外机构投资者持股促进了企业的创新效率。

表 4-12　　　　　境外机构投资者对企业创新效率的影响

变量	(1) $PATENT/ln(RD+1)$	(2) PATENT
FIO	1.3349 *** (3.91)	0.0443 (0.23)
LnRD		0.0295 *** (9.02)
$LnRD \times FIO$		0.0335 ** (2.39)
DIO	-1.4414 *** (-3.97)	-0.1887 (-1.56)
DOMSTAT	0.1055 (1.03)	0.0287 (0.70)
SIZE	0.8137 *** (7.37)	0.1147 *** (6.91)
LEV	-0.5695 *** (-2.96)	0.0260 (0.42)
Q	0.0498 *** (5.30)	-0.0079 ** (-2.12)
PPE	-0.2421 (-0.81)	-0.3811 *** (-4.15)

续表

变量	(1) PATENT/ln (RD + 1)	(2) PATENT
AGE	−0. 1014 *** (−2. 74)	−0. 2137 *** (−9. 08)
ROA	−1. 6883 *** (−2. 82)	−0. 4155 *** (−2. 79)
OCF	−0. 4724 ** (−2. 09)	−0. 0224 (−0. 32)
CAPITAL	0. 1305 (0. 30)	0. 1274 (0. 59)
TOP1	−0. 1699 (−0. 76)	0. 0344 (0. 74)
PAY	0. 3043 *** (4. 92)	0. 0926 *** (3. 52)
MSH	0. 4645 *** (3. 89)	0. 2590 *** (4. 00)
AF	0. 1205 *** (4. 32)	0. 0932 *** (5. 65)
TURNOVER	0. 0839 (1. 52)	−0. 0293 (−1. 02)
Constant	−20. 6030 *** (−7. 04)	−3. 0247 *** (−5. 55)
行业效应	Yes	Yes
年度效应	Yes	Yes
N	14, 085	21, 717
Adj. R^2	0. 0636	0. 305

注：系数下方括号内报告的是考虑了异方差和序列相关性的稳健性标准误计算的 T 统计量。 *** 、 ** 、 * 分别表示检验统计量在 1% 、 5% 和 10% 水平上显著。

除此之外，我们还通过引入 R&D 投入与境外机构投资者（*FIO*）的交乘项来考察境外机构投资者在企业 R&D 支出转化为企业创新产出中的作用，以此来检验境外机构投资者对企业创新效率的影响。表 4 - 12 中，列（2）报告了相应的检验结果。交乘项 *LnRD × FIO* 的系数为 0.0335，且在 1% 水平上显著。说明境外机构投资者促进了企业 R&D 支出转化成创新产出，与表 4 - 12 中列（1）的结论一致。综合这两项回归结果，我们可以发现，境外机构投资者持股促进了企业创新效率的提升。

2. 不同来源地的境外机构投资者对企业创新的影响

参考费雷拉等（Ferreira et al.，2010）和梁等（Luong et al.，2017）的做法，我们根据境外机构投资者来源地宏观层面治理强弱对境外机构投资者进行区分。具体地，我们依据现有研究公布的全球各国家（地区）一系列治理指数的中位数，将国家（地区）分类为治理强弱两组。然后依据该分类，计算中国上市公司股东中来自国家（地区）治理环境好的境外机构投资者持股比例之和，以及来自国家（地区）治理环境较差的境外机构投资者所持股份比例的总和。并以此作为解释变量，重新估计模型（4 - 1）。参考已有的全球法律制度以及公司治理相关指数，我们共采用以下三个指数来对境外机构投资者来源地进行分组：①来自拉·波塔等（La Porta et al.，1998）判定来源地采用的是大陆法系还是海洋法系，对于该文未涉及的国家（地区）我们通过搜索引擎查询该国家（地区）的法律体系进行补充；②来自迪扬科夫等（Djankov et al.，2008）提供的抗自我交易指数（Anti-self-dealing Index）；③来自考夫曼等（Kaufmann et al.，2009）提供的政府治理先进性综合指标。

表 4 - 13 中的列（1）~ 列（3）分别报告了依据上述三个国家（地区）层面的指标重新计算境外机构投资者持股比例后的回归结果。列（1）中，解释变量 *F_COMLAW_H* 为来源地沿用海洋法系的境外机构投资者持股比例，*F_COMLAW_L* 为来源地沿用大陆法系的境外机构投资者持股比例，系数分别为 0.5681 和 0.0703，

虽然均为正，但只有 *F_COMLAW_H* 的系数在显著。检验结果说明，境外机构投资者持股对企业创新的促进作用主要是由来源地为海洋法系的境外机构投资者驱动的。

表 4 – 13　区分境外机构投资者来源地的法律体系和公司治理水平

变量	X = COMLAW	X = ANTISELF	X = POLI
	(1) PATENT	(2) PATENT	(3) PATENT
F_X_H	0.5681 *** (5.80)	0.5235 *** (5.76)	0.4968 *** (5.58)
F_X_L	0.0703 (0.37)	−0.0856 (−0.22)	−0.0703 (−0.12)
DIO	−0.1562 (−1.35)	−0.1584 (−1.37)	−0.1563 (−1.35)
DOMSTAT	0.0046 (0.12)	0.0045 (0.11)	0.0052 (0.13)
SIZE	0.1263 *** (12.75)	0.1268 *** (12.81)	0.1270 *** (12.81)
LEV	−0.0227 (−0.62)	−0.0219 (−0.59)	−0.0222 (−0.60)
Q	−0.0108 *** (−6.33)	−0.0107 *** (−6.31)	−0.0107 *** (−6.30)
PPE	−0.4500 *** (−9.59)	−0.4486 *** (−9.56)	−0.4508 *** (−9.60)
AGE	−0.2640 *** (−13.10)	−0.2637 *** (−13.09)	−0.2644 *** (−13.11)
ROA	−0.3796 *** (−3.19)	−0.3775 *** (−3.17)	−0.3795 *** (−3.18)

续表

变量	X = COMLAW	X = ANTISELF	X = POLI
	（1） PATENT	（2） PATENT	（3） PATENT
OCF	- 0. 0063 （ - 0. 11）	- 0. 0045 （ - 0. 08）	- 0. 0034 （ - 0. 06）
CAPITAL	0. 1667 （1. 16）	0. 1638 （1. 14）	0. 1672 （1. 16）
TOP1	0. 0512 （0. 94）	0. 0531 （0. 97）	0. 0519 （0. 95）
PAY	0. 1155 *** （10. 04）	0. 1151 *** （10. 01）	0. 1143 *** （9. 95）
MSH	0. 3557 *** （7. 04）	0. 3552 *** （7. 03）	0. 3542 *** （7. 01）
AF	0. 1064 *** （12. 59）	0. 1065 *** （12. 60）	0. 1063 *** （12. 58）
TURNOVER	- 0. 0255 （ - 1. 57）	- 0. 0261 （ - 1. 61）	- 0. 0254 （ - 1. 57）
Constant	- 3. 6209 *** （ - 12. 83）	- 3. 6310 *** （ - 12. 87）	- 3. 6241 *** （ - 12. 84）
行业效应	Yes	Yes	Yes
年度效应	Yes	Yes	Yes
N	23, 132	23, 132	23, 132
Adj. R^2	0. 284	0. 284	0. 284

注：系数下方括号内报告的是考虑了异方差和序列相关性的稳健性标准误计算的 T 统计量。 *** 、 ** 、 * 分别表示检验统计量在 1% 、5% 和 10% 水平上显著。

表 4 - 13 中的列（2）报告了来源地依据迪扬科夫等（Djankov

et al.，2008）的治理指数分组后，分别计算的境外机构投资者持股比例的回归结果。$F\_ANTISELF\_H$ 为公司治理较好的来源地的境外机构投资者持股比例，$F\_ANTISELF\_L$ 则为公司治理水平较差的来源地的境外机构投资者持股比例。其中，$F\_ANTISELF\_H$ 的系数为0.5235，在1%水平上显著；而 $F\_ANTISELF\_L$ 的系数为 -0.0856，不显著。该检验结果说明，境外机构投资者持股对企业创新的促进作用主要是由来源地治理水平较高的境外机构投资者驱动的。

表4－13中，列（3）为依据考夫曼等（kaufmann et al.，2009）的政府治理指数的高低对境外股东来源地进行分组，重新计算相应的境外机构投资者持股比例后的回归结果。解释变量 F_POLI_H 为来自政府治理好的国家（地区）的境外机构投资者持股比例，F_POLI_L 为来源地为政府治理差的境外机构投资者持股比例。F_POLI_H 的系数为0.4968，在1%水平上显著，而 F_POLI_L 的系数为 -0.0703，且不显著。该回归结果表明，境外机构投资者持股对企业创新的促进作用主要是由来源地政府治理水平先进的境外机构投资者所驱动。这与费雷拉和马托斯（Ferreira and Matos，2008）、阿加沃尔等（Aggarwal et al.，2011）的研究逻辑一致。

综合表4－13中三项回归结果表明，不同来源地的境外机构投资者对企业创新的促进作用不同。来源地法律制度更先进、国家（地区）公司治理水平越高或政府治理更好的境外机构投资者是促进企业创新的主要驱动因素，而来源地相对落后的境外机构投资者对企业的创新并没有促进作用。该结果也同时为境外机构投资者对企业创新作用渠道中的治理渠道提供了证据，也即境外机构投资者通过优化持股公司的治理水平促进企业创新。这点与文献梁等（Luong et al.，2017）中提出的境外机构投资者对创新影响的治理渠道逻辑一致。

参考文献梁等（Luong et al.，2017），境外机构投资者对企业创新作用的知识溢出渠道影响为正。我们用国家专利数量占该国生产总值（GDP）或资本市场市值（CAP）的比值分别来衡量该国的创新水平，并依据该指标的中位数对来源地进行分组（*H_PATENT_GDP*，*L_PATENT_GDP*，*H_PATENT_CAP*，*L_PATENT_CAP*），分别计算归属不同组来源地的境外机构投资者持股比例，重新估计模型（4-1）。表4-14 中，列（1）和列（2）报告了回归结果。可以发现 *H_PATENT_GDP_F*，*L_PATENT_GDP_F*，*H_PATENT_CAP_F*，*L_PATENT_CAP_F* 的系数均显著为正。境外机构投资者来源地创新水平高低似乎对持股公司创新的影响差异不大。然而，对于来源地创新水平低的境外机构投资者对公司创新的作用可能是由来源地创新水平低但国家（地区）综合治理水平高的境外机构投资者驱动的。因此，我们进一步根据来源地创新水平高低和公司治理水平高低分为四组，来检验不同来源地的境外机构投资者对公司创新的影响。表4-14 中的列（3）和列（4）报告了对应的回归结果。可以发现，对于来源地创新水平高的组，无论国家（地区）公司治理水平高低，该来源地的境外机构投资者对公司创新均具有促进作用。而来源地创新水平较低时，仅有来源地公司治理好的境外机构投资者对公司创新具有促进作用。说明来源地治理环境更好或者创新性水平更高都能够促进企业创新。

表 4 - 14　　　　区分境外机构投资者来源地的创新水平

变量	（1） *PATENT*	（2） *PATENT*	（3） *PATENT*	（4） *PATENT*
H_PATENT_GDP_F	0.5536 *** (2.63)			
L_PATENT_GDP_F	0.4809 *** (4.99)			
H_PATENT_CAP_F		0.6116 *** (2.72)		
L_PATENT_CAP_F		0.4735 *** (4.97)		

续表

变量	(1) *PATENT*	(2) *PATENT*	(3) *PATENT*	(4) *PATENT*
GDP_HGOV_H_ PATENT_F			0. 9516 *** (3. 03)	
GDP_HGOV_L_ PATENT_F			0. 9924 *** (4. 47)	
GDP_LGOV_H_ PATENT_F			0. 8016 * (1. 78)	
GDP_LGOV_L_ PATENT_F			− 0. 3450 * (− 1. 80)	
CAP_HGOV_H_ PATENT_F				0. 9523 *** (2. 94)
CAP_HGOV_L_ PATENT_F				1. 0123 *** (4. 65)
CAP_LGOV_H_ PATENT_F				1. 0786 ** (2. 30)
CAP_LGOV_L_ PATENT_F				− 0. 3630 * (− 1. 93)
DIO	− 0. 1559 (− 1. 35)	− 0. 1559 (− 1. 35)	− 0. 1533 (− 1. 32)	− 0. 1543 (− 1. 33)
DOMSTAT	0. 0053 (0. 13)	0. 0055 (0. 14)	0. 0047 (0. 12)	0. 0053 (0. 13)
SIZE	0. 1272 *** (12. 85)	0. 1273 *** (12. 86)	0. 1256 *** (12. 70)	0. 1258 *** (12. 72)
LEV	− 0. 0222 (− 0. 60)	− 0. 0220 (− 0. 60)	− 0. 0229 (− 0. 62)	− 0. 0223 (− 0. 61)

续表

变量	（1） *PATENT*	（2） *PATENT*	（3） *PATENT*	（4） *PATENT*
Q	−0.0107 *** （−6.30）	−0.0107 *** （−6.29）	−0.0108 *** （−6.34）	−0.0108 *** （−6.33）
PPE	−0.4511 *** （−9.60）	−0.4512 *** （−9.61）	−0.4532 *** （−9.65）	−0.4515 *** （−9.62）
AGE	−0.2642 *** （−13.11）	−0.2642 *** （−13.12）	−0.2652 *** （−13.15）	−0.2650 *** （−13.14）
ROA	−0.3809 *** （−3.20）	−0.3812 *** （−3.20）	−0.3862 *** （−3.24）	−0.3876 *** （−3.25）
OCF	−0.0043 （−0.07）	−0.0049 （−0.08）	−0.0049 （−0.08）	−0.0035 （−0.06）
CAPITAL	0.1673 （1.16）	0.1680 （1.17）	0.1703 （1.19）	0.1744 （1.21）
*TOP*1	0.0525 （0.96）	0.0524 （0.96）	0.0534 （0.98）	0.0516 （0.95）
PAY	0.1141 *** （9.91）	0.1139 *** （9.90）	0.1152 *** （10.01）	0.1154 *** （10.03）
MSH	0.3553 *** （7.03）	0.3558 *** （7.04）	0.3575 *** （7.08）	0.3578 *** （7.08）
AF	0.1063 *** （12.58）	0.1063 *** （12.58）	0.1059 *** （12.54）	0.1059 *** （12.54）
TURNOVER	−0.0252 （−1.55）	−0.0251 （−1.55）	−0.0252 （−1.55）	−0.0250 （−1.54）
Constant	−3.6268 *** （−12.85）	−3.6270 *** （−12.85）	−3.6039 *** （−12.78）	−3.6113 *** （−12.81）

续表

变量	(1) PATENT	(2) PATENT	(3) PATENT	(4) PATENT
行业效应	Yes	Yes	Yes	Yes
年度效应	Yes	Yes	Yes	Yes
N	23, 132	23, 132	23, 132	23, 132
Adj. R^2	0. 284	0. 284	0. 284	0. 285

注：系数下方括号内报告的是考虑了异方差和序列相关性的稳健性标准误计算的 T 统计量。***、**、*分别表示检验统计量在 1%、5% 和 10% 水平上显著。

4. 4

本章小结

本章主要研究了境外机构投资者对企业创新的影响。通过 2003 ~ 2016 年的上市公司样本研究发现，在中国的制度环境下，境外机构投资者能够促进企业的创新，在考虑内生性及其他影响因素后，结果依然稳健。不同行业对创新投入以及相应的产出不同，对企业所属行业异质性分析发现，境外机构投资者对企业创新的促进作用在研发密集型行业和创新难度较高的行业更加明显。进一步研究发现，境外机构投资者不仅促进了企业的创新，还提升了企业的创新效率，即提高了 R&D 单位投入对企业授权专利的产出。除此之外，不同来源地的境外机构投资者对企业创新的促进作用存在差异。来源地法律制度更先进、国家（地区）公司治理水平越高或政府治理更好的境外机构投资者是促进企业创新的主要驱动因素，而来源地相对落后的境外机构投资者对企业的创新并没有促进作用。在此基础上，同时检验来源地创新水平不同对境外机构投资者对企业创新影响的差异。实证结果显示，排除来源地公司治理水平差异的影响，国家（地区）创新水平越高，该国的机构投资者是对持股公司创新促进的主要驱动因素。

第5章

境外机构投资者与企业投资效率

本章主要研究境外机构投资者对企业投资效率的影响。考虑境外机构投资者异质性对其影响投资效率的作用差异，包括是否大额（持股5%以上）境外机构投资者和境外机构投资者的来源地治理水平差异对其影响投资效率的作用。在此基础上，借助股权分置改革外生冲击，检验了境外机构投资者通过"退出威胁"对投资效率的影响。并且，研究排除了境外机构投资者通过缓解企业融资约束对投资效率的作用渠道。进一步地，研究了境外机构投资者分别对过度投资和投资不足的影响。最后，检验了境外机构投资者对投资利润转化率的影响。图5-1展示了本章的研究思路。

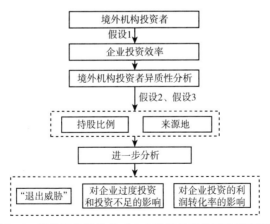

图5-1 境外机构投资者对企业投资效率的影响研究思路

资料来源：笔者绘制。

5. 1

理论分析与研究假设

在理想的市场条件下，公司的投资完全由投资机会驱动，并且资本被有效地分配到净现值为正的项目中，最终每个项目的资本边际收益相等（Modigliani and Miller，1958）。但现实市场存在摩擦导致资本的投入偏离收益最大化，大量研究表明，信息不对称和代理问题是主要的摩擦来源（Stein，2003；Chen et al.，2007；Jiang et al.，2011）。

管理者与投资者之间的信息不对称导致企业投资不足，而两者之间的代理问题导致企业过度投资。梅耶斯和梅吉拉夫（Myers and Majluf，1984）基于信息不对称模型，解释了企业投资不足的原因。管理者掌握更多的公司特质信息，当他们认为公司股票被高估时，会通过发行证券来进行融资。投资者理解公司增发证券的含义，并据此对新发行的证券折价。因此，当有适合投资的项目时，管理者也不会通过发行证券进行融资，导致投资不足。与此同时，简森和麦克林（Jensen and Meckling，1976）指出，管理者是自利的，他们并不总是以股东利益最大化为目标。所有权与经营权的分离导致股东与经理人之间利益不一致。当公司的自由现金流充足时，经理人便会出于自身利益的考虑投资一些净现值为负的项目，最终导致企业过度投资（Jensen，1986；Harford，1999；Richardson，2006）。

首先，境外机构投资者促进企业财务信息质量提升，有助于缓解信息不对称，进而提升投资效率。格德哈米等（Guedhami et al.，2009）通过对全球 32 个国家（地区）176 家国有企业私有化样本研究发现，境外股东持股促进企业选择高质量的审计师，进而提升公司的会计信息质量。方等（Fang et al.，2015）选取发展中国家（地区）上市公司，发现美国机构投资者提升了公司选择国际"四大"作为外部审计的概率，进而促进东道主国家（地区）上市公司财务信息披露国际化趋同。进一步研究发现，公司财务信息可比性的增强为外部分析师提供了更多信息内容，促进跟踪分析师的增多。随后，金等（Kim et al.，2019）在前人研究的基础上，通过非美国的 40 个国家（地区）公司样本，得到了一致的结论。莱尔（Lel，2018）则直接验证了境外机构投资者持股能够降低公司的盈余管理。以上研究均表明，境外机构投资者促进了公司信息质量的提升。而先前的研究发现，公司高质量的信息环境能够提升投资效率（Biddle et al.，2009；Chen et al.，2007；Cheng et al.，2013）。因此，境外机构投资者通过提高公司信息质量促进投资效率提升。

其次，境外机构投资者能够提升公司治理水平，缓解代理冲突，进而促进投资效率提升。阿加沃尔等（Aggarwal et al.，2011）通过董事、审计、反收购条款、薪酬和股东四个维度的 42 个子指标得到综合的公司治理水平指标，研究发现，境外机构投资者促进了公司治理水平的提升。除此之外，与西方发达国家（地区）不同的是，中国上市公司的股权集中程度高，公司控股股东有权任命高管或自己担任高管（Pagano and Roell，1998），控股股东有动机并且有能力通过投资净现值为负的项目或者转移公司资源获取控制权私利。因此，控股股东与中小股东之间的代理冲突也会影响公司的投资决策。黄和朱（Huang and Zhu，2015）借助中国股权分置改革这一事件，研究结论表明，在新兴经济体，境外机构投资者能够显著降低控股股东对公司的侵占。因此，境外机构投资者能够通过缓解公司内部代理冲突促进投资效率的提升。

最后，境外机构投资者相比于境内机构投资者更具独立性，能够更好地发挥监督作用。境内机构投资者往往与持股公司具有商业上的利益关系，他们会迎合管理者，而无法对公司进行有效监督（Gillan and Starks，2003；Ferreira and Matos，2008；Aggarwal et al.，2011；Bena et al.，2017）。阿加沃尔等（Aggarwal et al.，2011）研究中通过案例发现，即使是同一个机构投资者，对本国（地区）

公司和境外公司的监督也具有差异。其作为本国（地区）公司的股东会迎合管理者，而对境外公司则较好地发挥了监督作用。除此之外，经济运行中存在政府干预。即便是压力不敏感型的共同基金，也会因为政府压力而无法有效发挥监督作用（Huang and Zhu，2015），而境外机构投资者则不受影响。并且，境外机构投资者需要同时遵守他们本国（地区）以及东道主国家（地区）的制度规则，他们更加注重声誉，因此，相对境内机构投资者，他们更无法容忍公司经营过程中管理者的机会主义行为（Lel，2018）。除此之外，陈等（Chen et al.，2007）也指出，独立的机构投资者更倾向于收集信息，并积极参与到公司的投资决策中。图5-2展示了境外机构投资者对企业投资效率影响的逻辑。

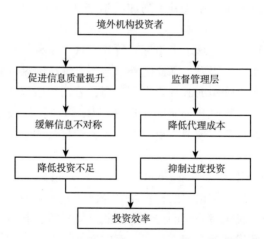

图5-2　境外机构投资者对企业投资效率的影响逻辑

资料来源：笔者绘制。

综合以上分析，提出以下假设：

假设1：境外机构投资者能够促进企业投资效率提升。

境外机构投资者持股比例和来源地治理水平异质性会影响其对公司投资效率的作用效果。一部分学者针对大额机构投资者的监督作用展开研究。何等（He et al. ，2013）通过全球数据研究发现，大额境外机构投资者通过提升公司治理水平和信息披露质量提升股价信息含量。李等（Li et al. ，2011）针对 31 个经济体，研究发现，大额境外机构投资者具有促进资本市场稳定的作用，与股价收益波动率负相关。大额境外机构投资者往往是战略投资者，长期持有股票（Li et al. ，2011）。公司投资决策的改变可能无法带来短期收益，但是从长期来看，能够带来股票价格的变化（Bushee，2001；Chen et al. ，2007）。因此，并不是所有类型的机构投资者均关注公司的长期价值投资。塞拉（Cella，2019）研究表明，长期持股类型的机构投资者能够通过监督公司的投资决策获利。与此同时，由于大额境外机构投资者卖出股票成本较高，他们更倾向于对所持股公司进行监督（Li et al. ，2011）。因此，大额境外机构投资者对公司投资效率的提升作用更加明显。因此，提出假设 2。

假设 2：相比于持股比例较小的境外机构投资者，大额持股的境外机构投资者对投资效率的促进作用更加明显。

阿加沃尔等（Aggarwal et al. ，2011）研究发现，来自海洋法系以及治理水平较高的国家（地区）的境外机构投资者是促进公司治理水平提升的主要驱动力量。金等（Kim et al. ，2019）也在研究中发现，促进公司选择高质量审计师，进而提升公司财务信息质量的境外机构投资者主要来自治理水平较高的国家（地区）。境外机构投资者是来源地和东道主国家（地区）之间的桥梁，境外机构投资者能够将来源地先进的公司治理实践传递到东道主国家（地区）（Aggarwal et al. ，2011），那么，来源地公司治理水平高有助于境外机构投资者的传递，从而带来东道主国家（地区）公司治理水平提升的公司治理实践。因此，提出假设 3。

假设 3：来源地治理水平高的境外机构投资者对投资效率的促进作用更加明显。

5.2

研究设计

5.2.1 样本与数据来源

由于中国在 2002 年颁布法令正式允许有限额度的合格境外机构投资者进入中国 A 股市场投资。因此，本章研究选取 2003～2016 年沪深两市 A 股上市公司作为研究对象。参考先前的研究，我们根据以下规则进行样本筛选：第一，由于金融行业的投资活动较为特殊，故剔除金融行业的公司；第二，剔除主要变量数据有缺失的样本，最后得到 207,693 个公司—年度层面样本，共涉及 2,756 家 A 股上市公司。为了消除极端值对回归结果的影响，按照通常做法，本书对所有连续变量进行上下 1% 的缩尾处理。数据分析采用 Stata15.0 统计软件。

关于境外机构投资者数据的收集方法与 4.2.1 小节中的介绍一致，不再赘述。本节使用的上市公司财务数据以及公司治理数据均来自 CSMAR 数据库。

5.2.2 模型与变量定义

我们使用模型（5-1）检验境外机构投资者持股（FIO）与投资效率之间的关系：

$$
\begin{aligned}
INV_{i,t+1} = {} & \beta_0 + \beta_1 FIO_{i,t} \times GROWTH_{i,t} + \beta_2 DIO_{i,t} \times GROWTH_{i,t} \\
& + \beta_3 FIO_{i,t} + \beta_4 DIO_{i,t} + \beta_5 GROWTH_{i,t} + \beta_6 DIOSTAT_{i,t} \\
& + \beta_7 SIZE_{i,t} + \beta_8 OCF_{i,t} + \beta_9 LDEBT_{i,t} + \beta_{10} AGE_{i,t} \\
& + \beta_{11} INDEPEND_{i,t} + \beta_{12} DUAL_{i,t} + \sum YEAR + \sum IND \\
& + \varepsilon_{i,t}
\end{aligned}
\tag{5-1}
$$

参考文献比德尔等（Biddle et al., 2009），本书新增投资总额

（INV）为公司构建固定资产、无形资产和其他长期资产支付的现金与取得子公司及其他营业单位支付的现金净额之和，减去处置固定资产、无形资产和其他长期资产收回的现金净额以及处置子公司及其他营业单位收到的现金净额，再扣除固定资产折旧、无形资产摊销和长期待摊费用摊销，所得结果除总资产得到企业新增投资总额在总资产中所占的比例。投资机会（GROWTH）用销售收入增长率衡量。由于投资决策通常是当年年初的时候根据前一财务年度末的投资机会来制定。因此，我们对模型（5－1）中的投资机会（GROWTH）、境外机构投资者（FIO）以及各控制变量均采用滞后一期数据，而新增投资总额采用当期数据。

投资机会（GROWTH）的系数即为投资效率，衡量了公司投资额对投资机会敏感性（Fazzari et al.，1988）。在本章中，β_1 捕捉了境外机构投资者（FIO）对公司企业效率的影响。根据前文分析，如果境外机构投资者有助于优化企业的投资决策，那么该值预期为正，即境外机构投资者有助于企业投资效率提升。

根据先前的研究（Chen et al.，2011b），我们同时控制了一系列的控制变量。包括公司规模（SIZE）、长期负债（LDEBT）、公司上市年限（AGE）、现金流量（OCF）、董事会独立性（INDEPEND）、两职合一（DUAL）、政府持股比例（DOMSTAT）。为了排除境内机构投资者的影响，我们还控制了境内机构投资者持股比例（DIO）。此外，还控制了行业（IND）和年份（YEAR）的影响。各变量的具体定义详见表5－1。

表 5 – 1　　　　　　　　　　主要变量定义

变量	变量含义	变量定义
INV	新增投资总额	（购建固定资产、无形资产和其他长期资产支付的现金 + 取得子公司及其他营业单位支付的现金净额 － 处置固定资产、无形资产和其他长期资产收回的现金净额 － 处置子公司及其他营业单位收到的现金净额 － 固定资产折旧 － 无形资产摊销 － 长期待摊费用摊销）/总资产

续表

变量	变量含义	变量定义
FIO	境外机构投资者持股	上市公司前十大股东中，属于机构投资者且该机构的最终控制者来自境外机构的股东持股比例之和
DIO	境内机构投资者持股	上市公司前十大股东中属于境内金融机构的股东持股比例之和
DOMSTAT	政府持股	上市公司前十大股东中，政府直接持股和国有法人持股比例之和
SIZE	公司规模	总资产的自然对数
LEV	财务杠杆	总负债/总资产
GROWTH	成长性	销售收入增长率
LDEBT	长期负债	长期负债/总资产
AGE	公司年龄	公司已上市年限
OCF	现金流量	公司经营活动净现金流量占总资产的比值
INDEPEND	董事会独立性	独立董事数量/董事数量总和
DUAL	两职合一	如果董事长和 CEO 是同一人则取 1，否则取 0
IND	行业	行业哑变量，依据证监会 2012 年修订的《上市公司行业分类指引》的 1 位码进行分类，剔除金融业后，样本分布在 17 个一级行业，共设置 16 个行业虚拟变量
YEAR	年份	年份哑变量，选取了 2003 ~ 2016 年共 14 年的数据作为研究对象，设置 13 个年份虚拟变量

5.3

实证结果与分析

5.3.1 描述性统计

表 5 - 2 报告了主要变量的描述性统计。企业新增投资总额均

值为 0.033，中位数为 0.016，与现有研究（吕长江和张海平，2011；柳建华等，2015；王克敏等，2017）的统计结果一致。在本章中，境外机构投资者的平均持股比例为 3%，与前面章节的 2.9% 基本保持了一致。境内机构投资者平均持股比例为 4.7%，相比境外机构投资者持股比例更多，这与中国上市公司机构投资者持股情况一致。控制变量的描述统计与已有投资效率相关研究均一致（Jiang et al.，2018），这些变量的描述性统计不再赘述。

表 5 - 2　　　　　　主要变量的描述性统计结果

变量	样本量	均值	标准误	最小值	25%分位数	50%分位数	75%分位数	最大值
INV	20,693	0.033	0.068	-0.128	-0.006	0.016	0.059	0.296
FIO	20,693	0.030	0.096	0.000	0.000	0.000	0.000	0.886
GROWTH	20,693	0.058	0.368	-2.494	-0.032	0.102	0.223	0.823
DIO	20,693	0.047	0.070	0.000	0.003	0.024	0.065	0.850
DOMSTAT	20,693	0.220	0.243	0.000	0.000	0.104	0.434	0.942
SIZE	20,693	21.630	1.213	18.900	20.800	21.600	22.420	25.140
OCF	20,693	0.043	0.078	-0.218	0.002	0.043	0.088	0.266
LDEBT	20,693	0.069	0.100	0.000	0.000	0.019	0.104	0.448
INDEPEND	20,693	0.366	0.052	0.000	0.333	0.333	0.400	0.556
DUAL	20,693	0.217	0.412	0.000	0.000	0.000	0.000	1.000
AGE	20,693	9.630	5.969	1.000	4.000	9.000	14.000	24.000

表 5 - 3 报告了主要变量的皮尔逊（Pearson）相关系数矩阵。企业新增投资额（INV）与境外机构投资者（FIO）、境内机构投资者（DIO）、公司规模（SIZE）、销售增长率（GROWTH）、现金流量（OCF）、长期负债（LDEBT）、两职合一（DUAL）均显著正相关，与董事会独立性虽然正相关，但不显著；除此之外，企业新增投资额（INV）与政府持股（DOMSTAT）和公司上市年份（AGE）

均显著负相关。解释变量境外机构投资者持股比例（FIO）与其他控制变量之间的相关系数绝对值均小于0.1，说明接下来的多元回归不存在严重的多重共线性问题。

表5-3 主要变量的相关系数

变量	INV	FIO	GROWTH	DIO	DOMSTAT	SIZE
INV	1					
FIO	0.042 ***	1				
GROWTH	0.201 ***	0.00400	1			
DIO	0.076 ***	− 0.047 ***	0.046 ***	1		
DOMSTAT	− 0.088 ***	− 0.059 ***	− 0.00500	− 0.069 ***	1	
SIZE	0.017 **	0.054 ***	0.046 ***	0.204 ***	0.125 ***	1
OCF	0.111 ***	0.063 ***	0.039 ***	0.055 ***	0.092 ***	0.128 ***
LDEBT	0.018 **	0.015 **	0.00900	0.056 ***	0.228 ***	0.227 ***
INDEPEND	0.00600	0.021 ***	− 0.00500	− 0.00900	− 0.087 ***	0.088 ***
DUAL	0.093 ***	0.015 **	0.027 ***	− 0.031 ***	− 0.251 ***	− 0.081 ***
AGE	− 0.277 ***	− 0.090 ***	− 0.123 ***	0.100 ***	0.215 ***	0.332 ***

变量	OCF	LDEBT	INDEPEND	DUAL	AGE
OCF	1				
LDEBT	− 0.033 ***	1			
INDEPEND	− 0.043 ***	0.00900	1		
DUAL	− 0.039 ***	− 0.134 ***	0.097 ***	1	
AGE	− 0.017 **	0.218 ***	− 0.00700	− 0.189 ***	1

注：*** 、** 、* 分别表示检验统计量在1%、5%和10%水平上显著。

5.3.2 多元回归分析

表5-4报告了境外机构投资者持股对企业投资效率的影响检

验结果。列（1）为不加入控制变量的回归结果，可以发现交乘项
$FIO \times GROWTH$ 的系数为 0.0674，且在 1% 水平上显著。列（2）报
告了加入控制变量后，模型（5-1）的回归结果。交乘项 $FIO \times GROWTH$ 的系数为 0.0467，同样在 1% 水平上显著。说明境外机构
投资者持股提升了企业的投资效率。系数 0.0467 说明，当境外机
构投资者持股比例不变时，销售增长率增加 1 单位，有境外机构投
资者持股的公司比没有境外机构投资者持股的公司投资总额将会增
加 1.7%（计算方法为 0.0467 × 0.368）。

表 5-4　　　　境外机构投资者持股与投资效率的回归结果

变量	（1） INV	（2） INV	（3） INV
$FIO \times GROWTH$	0.0574 *** (3.09)	0.0467 *** (2.77)	0.0480 *** (2.88)
FIO	0.0137 *** (3.18)	− 0.0051 (− 1.25)	− 0.0051 (− 1.25)
$GROWTH$	0.0235 *** (8.47)	0.0140 *** (5.49)	0.0126 *** (4.85)
DIO		0.0764 *** (7.81)	0.0747 *** (7.91)
$DIO \times GROWTH$			0.0322 (1.55)
$DOMSTAT$		− 0.0140 *** (− 5.51)	− 0.0139 *** (− 5.48)
$SIZE$		0.0058 *** (7.43)	0.0058 *** (7.34)
OCF		0.0736 *** (9.63)	0.0736 *** (9.62)

续表

变量	(1) INV	(2) INV	(3) INV
LDEBT		0. 0476 *** (5. 15)	0. 0475 *** (5. 14)
INDEPEND		− 0. 0105 (− 1. 30)	− 0. 0102 (− 1. 26)
DUAL		0. 0080 *** (8. 60)	0. 0080 *** (8. 61)
AGE		− 0. 0029 *** (− 14. 52)	− 0. 0029 *** (− 14. 51)
Constant	0. 0397 *** (6. 79)	− 0. 0599 *** (− 3. 49)	− 0. 0589 *** (− 3. 43)
行业效应	Yes	Yes	Yes
年度效应	Yes	Yes	Yes
N	20, 693	20, 693	20, 693
Adj. R^2	0. 0417	0. 119	0. 119

注：系数下方括号内报告的是考虑了异方差和序列相关性的稳健性标准误计算的 T 统计量。*** 、** 、* 分别表示检验统计量在 1%、5% 和 10% 水平上显著。

　　为了与境内机构投资者进行区分，我们进一步加入了境内机构投资者持股比例（DIO）与销售收入增长率（GROWTH）交乘项。表 5 - 4 中，列（3）报告了相应的回归结果。DIO × GROWTH 的系数为 0. 0322，虽然与公司新增投资额具有正相关性，但不显著，因此，检验结果无法证明境内机构投资者持股对企业投资效率具有提升作用。从该结果可以发现，境外机构投资者与境内机构投资者持股在对公司经营决策的影响上具有差异。

　　从其余控制变量来看，系数估计结果与现有文献的发现（Chen

et al. , 2013) 基本保持一致。销售收入增长率（*GROWTH*）在不同的回归模型中均在 1% 水平上显著为正，意味着更多的投资机会能够带来更高的投资支出。企业经营活动现金流（*OCF*）、长期负债（*LDEBT*）、公司规模（*SIZE*）、两职合一（*DUAL*）的系数均显著为正，说明更多的经营现金流、长期负债、更大规模和两职合一的公司具有更高的投资额。而公司上市年份（*AGE*）与投资支出负相关，说明公司上市时间越久，相对应的投资总额越低。其余控制变量，董事会的独立性（*INDEPEND*）没有发现对投资额的显著影响。

5.3.3　稳健性检验

1. 固定效应模型

考虑到境外机构投资者持股与公司投资效率之间的正向关系可能会受到公司层面不随时间变化的遗漏变量的影响，本部分采用公司固定效应模型来缓解由此带来的内生性偏差。回归结果如表 5 - 5 所示，*FIO* × *GROWTH* 的系数估计值为 0.0402，并且在 10% 的水平上显著。上述结果仍然与主检验结果保持一致，表明境外机构投资者持股与公司创新之间的正相关性不太可能是由不随时间变化的公司个体异质性驱动的。

表 5 - 5　　　境外机构投资者与投资效率的固定效应模型

变量	(1) *INV*
FIO × *GROWTH*	0.0402 * (1.90)
FIO	0.0284 * (1.78)

续表

变量	(1) INV
GROWTH	0.0062 *** (3.57)
DIO	0.0658 *** (5.28)
DOMSTAT	0.0111 * (1.78)
SIZE	0.0083 *** (6.08)
OCF	0.0271 *** (3.22)
LDEBT	− 0.0450 *** (− 4.05)
INDEPEND	− 0.0006 (− 0.03)
DUAL	0.0070 *** (2.95)
AGE	− 0.0155 (− 1.35)
Constant	0.0397 *** (6.79)
公司效应	Yes
年度效应	Yes
N	20,693
Adj. R^2	0.0378

注：系数下方括号内报告的是考虑了异方差和序列相关性的稳健性标准误计算的 T 统计量。 *** 、 ** 、 * 分别表示检验统计量在 1% 、 5% 和 10% 水平上显著。

2. 工具变量的 2SLS 回归

企业投资效率与境外机构投资者之间的关系可能存在反向因果的内生性问题，例如，境外机构投资者会倾向于持股公司治理好的公司，而治理好的公司往往投资效率也更高，从而存在逆向因果关系。因此，本书采用工具变量的两阶段最小二乘法（2SLS）来缓解由内生性问题导致的系数估计偏差。

参考费雷拉等（Ferreira et al.，2009）的研究表明可以选取外生变量"上市公司是否发放股利"作为境外股东持股的工具变量，采用 2SLS 分解出境外股东持股中的外生部分，用以识别境外股东持股与公司创新之间的因果关系。已有研究发现，境外股东倾向于投资发放股利的公司，而公司是否发放股利对企业投资效率并无影响。因此，我们采用公司是否发放股利作为境外机构投资者持股的一个工具变量，我们定义为 DIV，上市公司当年发放股利，则 DIV 取 1，否则为 0。

表 5 - 6 报告了工具变量的 2SLS 回归结果。列（1）为境外机构投资者持股对工具变量是否发放股利（DIV）的第一阶段的结果。DIV 的系数为 0.4274，在 1% 水平上显著。对工具变量 DIV 的 *Kleibergen-Paap rk LM-statistic* 可识别检验卡方值为 8.094，在 1% 水平上拒绝了"工具变量不可识别"的原假设。列（2）报告了第二阶段的回归结果，$FIO \times GROWTH$ 的系数为 1.4251，仍然保持在至少 5% 水平上显著。表 5 - 6 的结果表明，即使在控制了内生性问题后，本书的境外机构投资者持股促进企业投资效率，这一基本结论仍然是稳健的。

表 5 - 6　　　　内生性问题：工具变量的 2SLS 回归结果

变量	(1)	(2)
	第一阶段回归	第二阶段回归
	FIO	*INV*
DIV	0.4274 ***	
	(6.11)	

续表

变量	（1）第一阶段回归 FIO	（2）第二阶段回归 INV
FIO × GROWTH		1.4251 ** （2.27）
FIO		0.1830 （1.59）
GROWTH	-0.0061 *** （-4.37）	-0.0092 （-0.77）
DIO	-0.0888 *** （-11.88）	0.0978 *** （7.20）
DOMSTAT	-0.0361 *** （-13.76）	-0.0029 （-0.58）
SIZE	0.0099 *** （11.45）	0.0021 （1.31）
OCF	0.0479 *** （5.85）	0.0566 *** （5.49）
LDEBT	0.0329 *** （4.50）	0.0402 *** （5.38）
INDEPEND	0.0265 * （1.92）	-0.0158 （-1.29）
DUAL	-0.0015 （-0.84）	0.0090 *** （5.83）
AGE	-0.0011 *** （-7.64）	-0.0025 *** （-12.16）

续表

变量	（1）	（2）
	第一阶段回归	第二阶段回归
	FIO	*INV*
Constant	− 0.1939 ***	− 0.0053
	（− 10.90）	（− 0.15）
行业效应	Yes	Yes
年度效应	Yes	Yes
N	20,693	20,693
Adj. R^2	0.0428	− 0.303

注：系数下方括号内报告的是考虑了异方差和序列相关性的稳健性标准误计算的 T 统计量；*** 、** 、* 分别表示检验统计量在1%、5%和10%水平上显著。

3. 变换境外机构投资者衡量指标

我们同时通过更换境外机构投资者的代理变量进行稳健性测试。采用上市公司前十大股东中境外机构投资者数量（*FIO_NUM*）以及上市公司前十大股东中是否有境外机构投资者（*FIO_DUM*）作为代理变量，采用 OLS 方法重新估计模型（5 − 1）。表 5 − 7 汇报了更换境外机构投资者衡量指标后的估计结果。其中，列（1）报告了上市公司前十大股东中，境外机构投资者的股东数量（*FIO_NUM*）对企业投资效率的影响。交乘项 *FIO_NUM × GROWTH* 的系数为 0.0045，在 1% 水平上显著，与我们的主检验结果一致。列（2）报告了采用上市公司是否有境外机构投资者持股（*FIO_DUM*）衡量境外机构投资者的回归结果。*FIO_DUM × GROWTH* 的系数为 0.0125，且在 1% 水平上显著，也与前文的检验结果一致。综合来看，我们更换了不同的境外机构投资者衡量指标后，检验结果与主回归结论均一致，说明境外机构投资者持股促进企业投资效率提升的结果是稳健的。

表 5 - 7　　　　　　　　其他方法度量境外机构投资者

变量	(1) INV	(2) INV
FIO_NUM × GROWTH	0. 0045 *** (2. 69)	
FIO_NUM	0. 0010 * (1. 93)	
FIO_DUM × GROWTH		0. 0125 *** (3. 64)
FIO_DUM		0. 0007 (0. 54)
GROWTH	0. 0137 *** (5. 51)	0. 0131 *** (5. 19)
DIO	0. 0779 *** (7. 76)	0. 0767 *** (7. 76)
DOMSTAT	− 0. 0138 *** (− 5. 32)	− 0. 0137 *** (− 5. 36)
SIZE	0. 0056 *** (6. 99)	0. 0057 *** (7. 12)
OCF	0. 0723 *** (9. 50)	0. 0731 *** (9. 67)
LDEBT	0. 0474 *** (5. 17)	0. 0474 *** (5. 15)
INDEPEND	− 0. 0109 (− 1. 35)	− 0. 0109 (− 1. 35)
DUAL	0. 0079 *** (8. 47)	0. 0080 *** (8. 60)

续表

变量	（1） INV	（2） INV
AGE	- 0. 0029 *** （ - 14. 39）	- 0. 0029 *** （ - 14. 52）
Constant	- 0. 0554 *** （ - 3. 15）	- 0. 0567 *** （ - 3. 25）
行业效应	Yes	Yes
年度效应	Yes	Yes
N	20, 693	20, 693
Adj. R^2	0. 119	0. 119

注：系数下方括号内报告的是考虑了异方差和序列相关性的稳健性标准误计算的 T 统计量。 *** 、 ** 、 * 分别表示检验统计量在 1% 、5% 和 10% 水平上显著。

4. 变换投资效率的计算方法

我们借鉴理查德森（Richardson，2006）的模型重新计算投资效率的衡量指标。具体地，我们采用模型如式（5 - 2）所示：

$$INV_{i,t+1} = \alpha_0 + \alpha_1 GROWTH_{i,t} + \alpha_2 LEV_{i,t} + \alpha_3 CASH_{i,t} + \alpha_4 AGE_{i,t}$$
$$+ \alpha_5 SIZE_{i,t} + \alpha_6 RETURN_{i,t} + \alpha_7 INV_{i,t} + \xi_{i,t} \qquad (5 - 2)$$

INV 为公司新增投资额，与前面定义一致；GROWTH 为上一年销售收入增长率；LEV 为上一年公司财务杠杆，等于上一年负债总额除以年末总资产；CASH 等于上一年现金及现金等价物除以期末总资产；AGE 等于到上一年为止公司上市年限；SIZE 等于上一年公司总资产的自然对数；RETURN 为股票上一年的年个股回报率。为了控制行业和年度的影响，我们分行业分年度进行回归，估计出企业第 t 年的预期资本支出额，再用当年实际新增投资支出减去预期值，也即该模型的残差，就是企业第 t 年的非效率投资。残差大于 0，表示企业在当年过度投资；残差小于 0 则表示企业投资不足。我们参照先前的研究，取残差的绝对值表示非效率投资，用 INVEF

表示。

采用以下模型重新估计境外股东持股（FIO）对非效率投资（INVEF）的影响：

$$INVEF_{i,t+1} = \beta_0 + \beta_1 FIO_{i,t} + \beta_2 DIO_{i,t} + \beta_3 DIOSTAT_{i,t} + \beta_4 SIZE_{i,t}$$
$$+ \beta_5 OCF_{i,t} + \beta_6 LDEBT_{i,t} + \beta_7 AGE_{i,t} + \beta_8 INDEPEND_{i,t}$$
$$+ \beta_9 DUAL_{i,t} + \sum YEAR + \sum IND + \varepsilon_{i,t} \qquad (5-3)$$

模型（5-3）中的变量定义均与前面一致。如果境外机构投资者有助于提升企业投资效率，那么非效率投资（INVEF）对境外机构投资者（FIO）的回归系数预期小于0。表5-8中列（1）报告了企业非效率投资对境外机构投资者的回归结果，FIO的系数为-0.0058，且在1%水平上显著。说明境外股东持股降低了企业的非效率投资，与我们的主回归结果结论一致。

表5-8　　　　　　　　　改变投资效率的计算方法

变量	(1) INVEF
FIO	-0.0058 ** (-2.45)
DIO	0.0199 *** (4.16)
DOMSTAT	-0.0104 *** (-8.27)
SIZE	-0.0021 *** (-6.16)
OCF	-0.0160 *** (-8.77)
LDEBT	0.0208 *** (2.92)

变量	(1) *INVEF*
INDEPEND	0.0296 *** (6.51)
DUAL	0.0122 ** (2.54)
AGE	0.0014 ** (2.24)
Constant	-0.0003 *** (-5.21)
行业效应	Yes
年度效应	Yes
N	18,255
Adj. R²	0.0427

注：系数下方括号内报告的是考虑了异方差和序列相关性的稳健性标准误计算的 T 统计量。*** 、** 、* 分别表示检验统计量在 1% 、5% 和 10% 水平上显著。

5.3.4　大额境外机构投资者与投资效率

根据前面分析，境外机构投资者通过加强对企业的监督而提升投资效率。大股东对公司经营决策的影响途径往往通过直接"发声"，即通过投票、与管理者沟通、谈判直接干预企业的投资行为，或者"用脚投票"施行退出威胁。如果境外机构投资者对所持股公司具有治理作用，那么治理作用的发挥依赖于其持股比例。参考已有文献巴拉特等（Bharath et al.，2013）和埃德曼斯（Edmans，2014），我们采用 5% 作为判别大股东的标准，分别计算上市公司前十大股东中持股比例大于 5% 的境外机构投资者的总持股比例（*FIO_B*）

和持股比例不足 5% 的境外机构投资者的总持股比例（*FIO_NB*）。*FIO_B* 和 *FIO_NB* 同时替代（*FIO*）放入模型（5 - 1）中进行回归。

表 5 - 9 中，列（1）报告了根据境外机构投资者是否为大股东分别计算其持股比例后对持股公司投资效率影响检验结果。*FIO_B* × *GROWTH* 的系数为 0.0447，且在 1% 水平上显著，而 *FIO_NB* × *GROWTH* 的系数虽然为正，但不显著。检验结果说明，境外机构投资者对所持股公司投资效率的提升作用主要是由大额境外机构股东（持股比例在 5% 以上）驱动的。也就是说，境外机构投资者持股比例足够大时，才会促进投资效率的提升。

表 5 - 9   区分境外机构投资者是否大股东和来源地治理水平

变量	X = COMLAW		X = GOVERN
	（1） *INV*	（2） *INV*	（3） *INV*
FIO_B × *GROWTH*	0.0447 *** （2.61）		
FIO_NB × *GROWTH*	0.1427 （0.99）		
FIO_B	− 0.0086 ** （− 2.09）		
FIO_NB	0.1168 *** （3.42）		
F_X_H × *GROWTH*		0.0499 *** （3.02）	0.0543 *** （2.98）
F_X_L × *GROWTH*		0.0422 （0.49）	− 0.0179 （− 0.22）
F_X_H		− 0.0065 （− 1.40）	− 0.0049 （− 1.14）

续表

变量	X = COMLAW		X = GOVERN
	(1) *INV*	(2) *INV*	(3) *INV*
F_X_L		0.0061 (0.34)	0.0010 (0.05)
GROWTH	0.0138 *** (5.33)	0.0139 *** (5.59)	0.0139 *** (5.60)
DIO	0.0765 *** (7.80)	0.0765 *** (7.80)	0.0765 *** (7.79)
DOMSTAT	−0.0138 *** (−5.40)	−0.0139 *** (−5.51)	−0.0139 *** (−5.52)
SIZE	0.0057 *** (7.16)	0.0058 *** (7.38)	0.0058 *** (7.51)
OCF	0.0727 *** (9.52)	0.0736 *** (9.64)	0.0735 *** (9.65)
LDEBT	0.0482 *** (5.28)	0.0476 *** (5.16)	0.0476 *** (5.15)
INDEPEND	−0.0104 (−1.29)	−0.0104 (−1.27)	−0.0105 (−1.29)
DUAL	0.0079 *** (8.54)	0.0080 *** (8.55)	0.0080 *** (8.51)
AGE	−0.0029 *** (−14.58)	−0.0029 *** (−14.54)	−0.0029 *** (−14.34)
Constant	−0.0567 *** (−3.27)	−0.0600 *** (−3.47)	−0.0599 *** (−3.53)
行业效应	Yes	Yes	Yes

续表

变量	X = COMLAW		X = GOVERN
	(1) *INV*	(2) *INV*	(3) *INV*
年度效应	Yes	Yes	Yes
N	19, 427	19, 427	19, 427
Adj. R^2	0. 119	0. 119	0. 119

注：系数下方括号内报告的是考虑了异方差和序列相关性的稳健性标准误计算的 T 统计量。***、**、* 分别表示检验统计量在 1%、5% 和 10% 水平上显著。

5.3.5 来源地治理水平、境外机构投资者与投资效率

参考费雷拉等（Ferreira et al., 2010）和梁等（Luong et al., 2017）的做法，如果境外机构投资者通过加强对持股公司的监督，优化其公司治理来提升企业的投资效率，那么，我们根据境外机构投资者来源地宏观层面治理强弱对境外机构投资者进行区分，来源地法律制度更加先进和公司治理水平较高的境外机构投资者对公司投资效率的提升作用应该更加明显。具体地，我们依据现有研究公布的全球各国家（地区）一系列治理指数的中位数，将国家（地区）分类为治理强弱两组。然后依据该分类，计算中国上市公司股东中来自国家（地区）治理环境好的境外机构投资者持股比例之和，以及来自国家（地区）治理环境较差的境外机构投资者所持股份比例的总和。并以此作为解释变量，重新运算模型（5－1）。

参考已有的全球法律制度以及公司治理相关指数，我们共采用以下两个指数来对境外机构投资者来源地进行分组。（1）拉·波塔等（La Porta et al., 1998）给出的 49 个国家（地区）沿用的法律体系（海洋法系还是大陆法系）；（2）布什曼等（Bushman et al., 2004）给出的 46 个国家（地区）公司治理信息披露指数，该指数

包含了股东、管理层以及员工的信息披露程度，可以反映出该国的公司治理水平。

表 5-9 中，列（2）和列（3）分别报告了依据拉·波塔等（La Porta et al.，1998）研究中披露的国家（地区）法律体系和布什曼等（Bushman et al.，2004）公司治理指数的高低划分来源地后的境外机构投资者持股比例。解释变量 F_COMLAW_H 为来源地采用的是海洋法系的境外机构投资者持股比例，F_COMLAW_L 为来源地采用的是大陆法系的境外机构投资者持股比例；F_GOVERN_H 为来自公司治理好的国家（地区）境外机构投资者持股比例，F_GOVERN_L 为来源地公司治理较差的境外机构投资者持股比例。列（2）中，$F\_COMLAW\_H \times GROWTH$ 的系数为 0.0499，且在 1% 水平上显著为正，而 $F\_COMLAW\_L \times GROWTH$ 的系数虽然为正，但并不显著。列（3）中，$F\_GOVERN\_H \times GROWTH$ 的系数为 0.0543，且在 1% 水平上显著。而 $F\_GOVERN\_L \times GROWTH$ 的系数为负不显著。列（2）和列（3）的回归结果表明，来源地法律制度环境和公司治理环境更好的境外机构投资者能够更加有效地促进所持股公司的治理优化，进而促进持股公司投资效率的提升。这与费雷拉和马托斯（Ferreira and Matos，2008），阿加沃尔等（Aggarwal et al.，2011）的研究逻辑一致。

5.3.6　进一步分析

1. 境外机构投资者、退出威胁与投资效率

在第 3 章中，我们检验了境外机构投资者影响公司经营决策的直接途径，如投票、派董事及更换经理人。而大股东对公司经营决策的影响还有间接途径，如"用脚投票"实施退出威胁。我们在此借助股权分置改革和投资效率来验证该途径。中国从 2005 年开始进行股权分置改革，分批实现了上市公司的股份流通，使得更多公司股东可以将所持股份在市场上进行交易。上市公司股份可以自由

交易流通，使得境外机构投资者能够"用脚投票"，退出威胁可置信。当境外机构投资者不满意管理者的经营行为时，除了直接干预"发声"，出售股票也是一种治理方式（姜付秀等，2015）。

我们采用如下模型来检验境外机构投资者对公司投资效率的影响途径：

$$INV = \gamma_0 + \gamma_1 POST \times FIO \times GROWTH + \gamma_2 FIO \times GROWTH$$
$$+ \gamma_3 FIO \times POST + \gamma_4 GROWTH \times POST + \gamma_5 FIO$$
$$+ \gamma_6 GROWTH + \gamma_7 POST + \gamma_8 DIO + \gamma_9 DIOSTAT$$
$$+ \gamma_{10} SIZE + \gamma_{11} OCF + \gamma_{12} LDEBT + \gamma_{13} AGE + \gamma_{14} DUAL$$
$$+ \gamma_{15} INDEPEND + \gamma_j \sum YEAR + \gamma_k \sum IND + \varepsilon \quad (5-4)$$

定义变量 $POST$ 为是否进行股权分置改革的代理变量，当该公司已经完成股权分置改革时，$POST$ 为1，否则为0。其余变量均与模型（5-1）中的一致。表5-10报告了股权分置改革在境外机构投资者对企业投资效率影响中的作用。交乘项 $POST \times FIO \times GROWTH$ 的系数为0.0574，在10%水平上显著。说明股权分置改革后，境外机构投资者对所持股公司投资效率的提升作用更大。也进一步验证了境外机构投资者通过加强对公司的监督，优化治理而提升所持股公司的投资效率。

表5-10　　　　　　　　　境外机构投资者退出威胁

变量	(1) INV
$POST \times FIO \times GROWTH$	0.0574 * (1.96)
$POST \times FIO$	-0.0200 ** (-2.46)
$FIO \times GROWTH$	0.0115 (0.45)

续表

变量	(1) *INV*
POST × GROWTH	− 0. 0184 *** (− 5. 85)
POST	− 0. 0045 * (− 1. 71)
FIO	0. 0027 (0. 49)
GROWTH	0. 0258 *** (8. 05)
DIO	0. 0783 *** (7. 81)
DOMSTAT	− 0. 0135 *** (− 5. 35)
SIZE	0. 0060 *** (7. 80)
OCF	0. 0746 *** (9. 82)
LDEBT	0. 0495 *** (5. 30)
INDEPEND	− 0. 0105 (− 1. 30)
DUAL	0. 0077 *** (8. 23)
AGE	− 0. 0025 *** (− 12. 84)

续表

变量	(1) *INV*
Constant	− 0. 0723 *** （ − 4. 52）
行业效应	Yes
年度效应	Yes
N	20, 693
*Adj. R*²	0. 122

注：系数下方括号内报告的是考虑了异方差和序列相关性的稳健性标准误计算的 T 统计量。*** 、** 、* 分别表示检验统计量在1%、5%和10%水平上显著。

2. 排除融资约束的影响

按照前面的理论分析，境外机构投资者通过加强对企业的监督来提升投资效率。也可能存在其他的解释，如境外机构投资者为企业带来了更多的资金，通过缓解企业的融资约束而促进投资效率的提升。为了排除这种可能性，我们加入权益融资成本重新进行回归估计。权益融资成本的计算采用 GLS 模型（Gebhardt et al. ，2001）和 CT 模型（Claus and Thom，2001）。表 5 - 11 中列 (1) 和列 (2) 分别加入两种方法计算的公司权益融资成本（*CAP_GLS* 和 *CAP_RCT*）与公司成长性（*GROWTH*）的交乘项，以排除境外机构投资者通过缓解企业融资约束而提升投资效率这一作用渠道。从表 5 - 11 报告的检测结果可以发现，当控制了融资约束的影响后，*FIO* × *GROWTH* 的系数至少在 5% 水平上显著为正。而公司权益融资成本（*CAP_GLS* 和 *CAP_RCT*）与公司成长性（*GROWTH*）的交乘项虽然为负，但并不显著。该检验结果说明，境外机构投资者并不是通过缓解企业融资约束来促进投资效率提升的。

表 5 - 11 排除融资约束解释

变量	(1) INV	(2) INV
$FIO \times GROWTH$	0.0372 ** (2.48)	0.0630 *** (2.87)
$CAP\_GLS \times GROWTH$	- 0.0022 (- 0.07)	
$CAP\_RCT \times GROWTH$		- 0.0219 (- 0.42)
CAP_GLS	- 0.0272 ** (- 2.22)	
CAP_RCT		- 0.0027 (- 0.15)
FIO	- 0.0023 (- 0.64)	- 0.0039 (- 0.79)
$GROWTH$	0.0128 *** (3.59)	0.0139 *** (3.10)
DIO	0.0857 *** (8.66)	0.0832 *** (7.06)
$DOMSTAT$	- 0.0142 *** (- 5.66)	- 0.0163 *** (- 6.21)
$SIZE$	0.0055 *** (7.07)	0.0044 *** (6.44)
OCF	0.0741 *** (9.08)	0.0690 *** (7.54)
$LDEBT$	0.0480 *** (5.08)	0.0400 *** (4.39)

续表

变量	(1) INV	(2) INV
INDEPEND	− 0. 0090 (− 1. 11)	0. 0044 (0. 54)
DUAL	0. 0078 *** (8. 16)	0. 0075 *** (5. 69)
AGE	− 0. 0028 *** (− 16. 23)	− 0. 0026 *** (− 13. 40)
Constant	− 0. 0659 *** (− 3. 89)	− 0. 0582 *** (− 3. 98)
行业效应	Yes	Yes
年度效应	Yes	Yes
N	17, 452	12, 261
Adj. R^2	0. 119	0. 115

注：系数下方括号内报告的是考虑了异方差和序列相关性的稳健性标准误计算的 T 统计量。*** 、** 、*分别表示检验统计量在 1% 、5% 和 10% 水平上显著。

3. 境外机构投资者对企业过度投资和投资不足的影响

为了进一步检验境外股东对企业过度投资以及投资不足的影响，我们参照江等（Jiang et al. ，2018）的做法，把模型（5 - 2）估计出的每个年度的残差值均分为三组，残差值最大的一组表示实际投资额超出预期投资额较多，为过度投资（OVER_INVEST），当样本属于该组，则 OVER_INVEST 取值 1，否则取值为 0；残差值最小的一组表示实际投资额小于预期投资额，一般该值为负，表现为投资不足（UNDER_INVEST），当样本属于该组时，UNDER_IN-VEST 取值为 1，否则取值为 0。我们取中间一组作为基准组参与回归。也即取过度投资和基准组样本进行回归，检验境外机构投资者（FIO）对过度投资的影响；取投资不足和基准组样本进行回归，检验境外机构投资者（*FIO*）对投资不足的影响。我们采用 Logit 回归方法估计该结果。

表 5 – 12 中，列（1）和列（2）分别报告了是否过度投资和是否投资不足对境外机构投资者（*FIO*）的回归结果。境外机构投资者（*FIO*）的系数均在 1% 水平上显著为负，说明境外机构投资者降低了企业的过度投资，以及缓解了企业的投资不足。

表 5 – 12　境外机构投资者对企业过度投资和投资不足的影响

变量	（1） *OVER_INVEST*	（2） *UNDER_INVEST*
FIO	− 0. 5481 *** （− 3. 00）	− 0. 5456 *** （− 2. 93）
DIO	− 0. 1888 （− 0. 72）	1. 0740 *** （4. 22）
DOMSTAT	− 0. 3378 *** （− 4. 08）	− 0. 5216 *** （− 6. 21）
SIZE	0. 1464 *** （7. 35）	0. 1240 *** （6. 16）
OCF	1. 4149 *** （6. 01）	1. 2192 *** （5. 19）
LDEBT	0. 5399 *** （2. 66）	1. 2476 *** （6. 22）
INDEPEND	0. 9391 *** （2. 82）	0. 2654 （0. 79）
DUAL	− 0. 0979 ** （− 2. 22）	0. 0911 ** （2. 10）
AGE	− 0. 0031 （− 0. 93）	0. 0225 *** （6. 87）

续表

变量	(1) *OVER_INVEST*	(2) *UNDER_INVEST*
Constant	−4.0556 *** (−8.84)	−3.1899 *** (−7.08)
行业效应	Yes	Yes
年度效应	Yes	Yes
N	14,557	14,563
Adj. R²	0.0247	0.0253

注：系数下方括号内报告的是考虑了异方差和序列相关性的稳健性标准误计算的 T 统计量。***、**、* 分别表示检验统计量在 1%、5% 和 10% 水平上显著。

4. 境外机构投资者对企业投资的利润转化率的影响

秋（Cho，1998）在研究中指出，股东对公司价值的影响包括两个阶段。首先是对投资的影响，进而对公司价值产生影响。已有研究发现，境外机构投资者能够通过促进公司治理，促进公司做出更好的并购决策（Ferrier et al.，2015），选择更优的研发项目（Luong et al.，2017）。综合来看，境外机构投资者促进了公司选择更优的投资项目。那么，我们进一步检验境外机构投资者是否能够促进投资支出对公司利润的转化，为我们的主假设提供进一步的经验证据。

我们采用检验模型如式（5−5）所示：

$$
\begin{aligned}
Performance_{t+1,t+2,t+3} = {} & \kappa_0 + \kappa_1 FIO_{t-1} \times INV_{t-1} + \kappa_2 FIO_{t-1} + \kappa_3 INV_{t-1} \\
& + \kappa_4 DIO_{t-1} + \kappa_5 DIOSTAT_{t-1} + \kappa_6 SIZE_{t-1} \\
& + \kappa_7 OCF_{t-1} + \kappa_8 LDEBT_{t-1} + \kappa_9 AGE_{t-1} \\
& + \kappa_{10} INDEPEND_{t-1} + \kappa_{11} DUAL_{t-1} \\
& + \kappa_j \sum YEAR + \kappa_k \sum IND + \eta \qquad (5-5)
\end{aligned}
$$

公司盈利状况（*Performance*），本书用息税前利润（*EBIT*）、资产收益率（*ROA*）和净资产收益率（*ROE*）来度量。分别考察境外机构投资者对 T－1 期的投资对企业未来 T＋1 期、T＋2 期和 T＋3 期收益转化情况的影响。表 5－13 报告了境外机构投资者在未来投资的利润转化效率中的作用。列（1）～列（3）分别报告了被解释变量为 T＋1 期、T＋2 期和 T＋3 期息税前利润（$EBIT$）对 $FIO \times INV$ 的回归结果。$FIO \times INV$ 的系数均为正，且至少在 5% 水平上显著。类似地，表 5－14 和表 5－15 中 $FIO \times INV$ 的系数同样为正。检验结果说明，境外机构投资者促进了企业投资转化为利润，进而提升公司价值。进一步验证了境外机构投资者促进公司投资效率的提升。

表 5－13　境外机构投资者对投资的公司利润（$EBIT$）转化率的影响

变量	(1) $EBIT_{t+1}$	(2) $EBIT_{t+2}$	(3) $EBIT_{t+3}$
$FIO \times INV$	0.2052 ** (1.98)	0.3631 *** (3.64)	0.4141 *** (3.52)
FIO	－0.0126 (－1.29)	－0.0093 (－0.87)	－0.0007 (－0.09)
INV	－0.0269 * (－1.91)	－0.0563 *** (－4.23)	－0.0464 *** (－3.54)
DIO	0.0453 *** (5.15)	0.0379 *** (4.46)	0.0282 *** (2.68)
$DOMSTAT$	－0.0223 *** (－4.45)	－0.0162 *** (－2.61)	－0.0174 ** (－2.59)
$SIZE$	0.0103 *** (8.59)	0.0068 *** (5.51)	0.0063 *** (5.03)
OCF	0.2381 *** (16.62)	0.2142 *** (12.86)	0.1825 *** (10.38)

续表

变量	(1) $EBIT_{t+1}$	(2) $EBIT_{t+2}$	(3) $EBIT_{t+3}$
LDEBT	-0.0646 *** (-13.32)	-0.0540 *** (-9.66)	-0.0449 *** (-7.69)
INDEPEND	-0.0225 * (-1.84)	-0.0388 *** (-2.81)	-0.0537 *** (-3.79)
DUAL	0.0009 (0.61)	-0.0007 (-0.38)	-0.0011 (-0.46)
AGE	-0.0009 *** (-4.81)	-0.0005 *** (-2.71)	-0.0003 (-1.60)
GROWTH	0.0120 *** (4.03)	0.0050 (1.52)	0.0007 (0.27)
Constant	-0.1632 *** (-7.40)	-0.0099 (-0.39)	-0.0022 (-0.08)
行业效应	Yes	Yes	Yes
年度效应	Yes	Yes	Yes
N	18,921	18,882	16,502
Adj. R^2	0.134	0.0906	0.0714

注：系数下方括号内报告的是考虑了异方差和序列相关性的稳健性标准误计算的 T 统计量。 *** 、 ** 、 * 分别表示检验统计量在1%、5%和10%水平上显著。

表 5 – 14 境外机构投资者对投资的公司利润（ROA）转化率的影响

变量	(1) ROA_{t+1}	(2) ROA_{t+2}	(3) ROA_{t+3}
FIO × INV	0.1262 * (1.66)	0.1928 *** (2.63)	0.2252 *** (3.02)
FIO	-0.0041 (-0.56)	-0.0081 (-1.27)	-0.0008 (-0.14)

续表

变量	（1） ROA_{t+1}	（2） ROA_{t+2}	（3） ROA_{t+3}
INV	－0.0060 （－0.64）	－0.0210 *** （－2.41）	－0.0305 *** （－2.81）
DIO	0.0308 *** （4.98）	0.0257 *** （3.78）	0.0239 *** （2.64）
DOMSTAT	－0.0110 *** （－2.85）	－0.0128 *** （－3.57）	－0.0136 *** （－3.04）
SIZE	0.0096 *** （12.23）	0.0079 *** （10.69）	0.0064 *** （8.52）
OCF	0.1657 *** （14.44）	0.1406 *** （12.37）	0.1212 *** （10.21）
LDEBT	－0.0575 *** （－17.55）	－0.0480 *** （－11.57）	－0.0395 *** （－10.28）
INDEPEND	－0.0284 *** （－3.48）	－0.0345 *** （－3.43）	－0.0409 *** （－3.56）
DUAL	－0.0003 （－0.29）	0.0001 （0.07）	－0.0007 （－0.51）
AGE	－0.0007 *** （－5.50）	－0.0006 *** （－4.07）	－0.0006 *** （－3.96）
GROWTH	0.0112 *** （5.16）	0.0080 *** （3.15）	0.0063 *** （3.12）
Constant	－0.1602 *** （－10.44）	－0.1008 *** （－6.70）	－0.0573 *** （－3.55）
行业效应	Yes	Yes	Yes
年度效应	Yes	Yes	Yes

续表

变量	(1) ROA_{t+1}	(2) ROA_{t+2}	(3) ROA_{t+3}
N	18,922	16,540	14,113
$Adj. R^2$	0.151	0.108	0.0829

注：系数下方括号内报告的是考虑了异方差和序列相关性的稳健性标准误计算的 T 统计量。***、**、*分别表示检验统计量在1%、5%和10%水平上显著。

表 5 – 15 境外机构投资者对投资的公司利润（ROE）转化率的影响

变量	(1) ROE_{t+1}	(2) ROE_{t+2}	(3) ROE_{t+3}
$FIO \times INV$	0.3297* (1.69)	0.4814** (2.55)	0.5063** (2.13)
FIO	−0.0051 (−0.29)	−0.0148 (−0.84)	−0.0030 (−0.15)
INV	0.0043 (0.24)	−0.0214 (−0.95)	−0.0477 (−1.63)
DIO	0.0838*** (4.93)	0.0579*** (3.01)	0.0554** (2.32)
$DOMSTAT$	−0.0259*** (−3.02)	−0.0279*** (−3.65)	−0.0285*** (−2.79)
$SIZE$	0.0209*** (11.34)	0.0166*** (9.73)	0.0142*** (9.32)
OCF	0.3030*** (10.35)	0.2458*** (9.62)	0.2172*** (8.91)

续表

变量	(1) ROE_{t+1}	(2) ROE_{t+2}	(3) ROE_{t+3}
LDEBT	− 0. 0487 *** (− 3. 45)	− 0. 0442 *** (− 3. 07)	− 0. 0409 *** (− 2. 88)
INDEPEND	− 0. 0493 *** (− 2. 62)	− 0. 0333 (− 1. 33)	− 0. 0377 (− 1. 46)
DUAL	− 0. 0022 (− 0. 69)	− 0. 0015 (− 0. 50)	− 0. 0027 (− 0. 76)
AGE	− 0. 0018 *** (− 5. 88)	− 0. 0014 *** (− 4. 16)	− 0. 0014 *** (− 3. 82)
GROWTH	0. 0303 *** (5. 46)	0. 0338 *** (5. 62)	0. 0179 *** (3. 44)
Constant	− 0. 3577 *** (− 9. 48)	− 0. 2004 *** (− 5. 72)	− 0. 1914 *** (− 5. 48)
行业效应	Yes	Yes	Yes
年度效应	Yes	Yes	Yes
N	18, 923	16, 541	14, 114
Adj. R^2	0. 0740	0. 0547	0. 0424

注：系数下方括号内报告的是考虑了异方差和序列相关性的稳健性标准误计算的 T 统计量。 *** 、 ** 、 * 分别表示检验统计量在 1% 、 5% 和 10% 水平上显著。

5. 4

本章小结

本章主要研究了在中国制度背景下，境外机构投资者对企业投资效率的影响。境外机构投资者一方面有助于提升企业的信息质量，降低投资者与企业的信息不对称，缓解投资不足；另一方面境外机构投资者对企业的监督有助于优化公司治理，减弱代理冲突，进而降低过度投资。本章为境外机构投资者促进企业投资效率的提升提供了基于中国市场的经验证据。通过 2003～2016 年上市公司样本，多元回归分析发现，境外机构投资者提高了公司投资对投资机会敏感性，控制内生性和其他影响因素后，结果依然稳健。通过对境外机构投资者异质性分析发现，大额境外机构投资者是促进公司投资效率提升的主要驱动因素。与此同时，来源地公司治理水平高的境外机构投资者对企业投资效率的提升作用更加明显。这点与第 3 章和第 4 章中，境外机构投资者对企业并购绩效和创新的结果一致。

得益于企业投资效率的衡量方法时间上具有连续性，因此，借助"股权分置改革"事件，进一步检验境外机构投资者的"退出威胁"是否具有治理效应，进而促进投资效率的提升。研究发现，股权分置改革后，境外机构投资者对企业投资—投资机会敏感性的提升作用增强。已有研究表明，境外机构投资者能够降低企业的融资成本，缓解企业融资约束，而企业面临的融资约束程度会对投资效率产生影响。因此，本章进一步检验境外机构投资者是否通过缓解企业的融资约束提升投资效率。研究发现，当控制企业的权益融资成本后，境外机构投资者与投资机会交乘项依然显著，而权益融资成本与投资机会交乘项不显著，因此排除了境外机构投资者通过缓解融资约束提升投资效率的作用渠道。除此之外，本章借助理查森（Richardson，2006）模型分别检验了境外机构投资者对企业过度投资和投资不足的影响。检验结果发现，境外机构投资者分别降低了企业的过度投资和投资不足，为前面的理论分析提供了经验证据。在已验证境外机构投资者提升了企业投资效率基础上，本章进一步检验这种对投资效率的促进是否转化成了公司价值。通过选取未来 1 年期、2 年期、3 年期的息税前利润（*EBIT*）、资产收益率

（*ROA*）和净资产收益率（*ROE*）对境外机构投资者与投资支出的交乘项回归发现，境外机构投资者不仅提升了企业的投资效率，而且促进投资支出转化成企业利润。这与第 3 章（境外机构投资者提升企业并购绩效）、第 4 章（境外机构投资者促进企业创新）以及本章前面的检验结果（境外机构投资者提升企业投资效率）相一致。

第6章

主要结论与政策建议

6.1
主要研究结论

　　资本市场开放如何影响一国经济发展，特别是对新兴经济体的影响，至今仍无定论。本书选取中国这一特殊新兴市场作为研究对象，聚焦于境外机构投资者对微观公司投资的影响，并研究其中的作用机制。具体地，本书试图回答以下问题：境外机构投资者对公司并购绩效是否有影响，通过怎样的方式产生影响；不同类型的境外机构投资者对公司并购绩效的作用是否存在差异；境外机构投资者对不同治理水平的公司并购绩效的影响是否不同，境外机构投资者对公司的治理效应与现有的治理机制是替代关系还是互补关系；境外机构投资者对企业的并购决策（并购频率、并购金额、跨国并购、并购支付方式）又有怎样的影响。除此之外，境外机构投资者对企业创新和投资效率有怎样的影响。本书通过理论和实证分析得到以下研究结论：

　　第一，境外机构投资者能够促进公司并购绩效提升，该结论在控制内生性及其他可能的影响因素后依然成立。对其作用机制的研究发现，境外机构投资者通过对公司的监督、知识溢出和风险容忍渠道来提升公司并购绩效。

　　在对监督渠道的验证方面我们发现：（1）当境外机构投资者的

来源地为海洋法系或者公司治理水平较高时，境外机构投资者显著提升公司并购绩效；而来源地为大陆法系或者公司治理水平较低时，并未发现境外机构投资者对公司并购绩效具有提升作用；（2）持股比例较高（5% 以上）的境外机构投资者是促进并购绩效提升的主要驱动力量，在考虑持股比例对并购绩效的非线性影响后，此结论依然成立；（3）本书同时检验了境外机构投资者监督途径。我们发现，境外机构投资者持股会带来公司更大比例地任命外籍高管；境外机构投资者同时增加了高管变更—业绩敏感性，也即当高管业绩表现不好时，境外机构投资者增加了高管卸职的概率；当公司流动性较高时，大股东的退出可置信，"退出威胁"能够发挥相应的治理效应，我们发现当境外机构投资者对流动性更高的公司作用更加明显。

在对知识溢出渠道的验证方面我们发现：（1）排除境外机构投资者来源地治理水平差异的影响，当境外机构投资者来源地具有更加丰富的并购经验（上市公司平均并购数量更高）时，境外机构投资者对公司并购绩效的提升作用更加明显；（2）境外机构投资者来源地具备更加先进的管理技术时，能够显著提升公司的并购绩效，本书并未发现来源地管理技术落后的境外机构投资者促进公司并购绩效提升的经验证据。在对风险容忍渠道的验证方面我们发现，境外机构投资者对高科技企业并购绩效的提升作用更加明显。

第二，对公司治理横截面差异分析研究发现，境外机构投资者与公司内、外部治理机制是互补关系。当公司所在地市场化程度较高、政府干预更少以及产品市场竞争更加激烈，公司代理冲突（高管在职消费水平）较少时，境外机构投资者对并购绩效的提升作用更加明显。除此之外，本书发现，境外机构投资者对民营企业的并购绩效提升作用更加明显，我们没有发现对国有企业并购绩效提升的经验证据。

第三，境外机构投资者影响企业的并购决策。研究发现，境外机构投资者降低了公司并购的数量和并购金额，促进公司发起海外并购。有境外机构投资者持股的公司更倾向于选择现金支付。

第四，境外机构投资者促进了企业创新。研究发现，对于研发投入密集型企业和创新难度较大的企业，境外机构投资者对企业创新的促进作用更加明显。进一步研究发现，境外机构投资者还促进了企业创新效率（单位研发投入的创新产出）的提升。来源地公司治理水平更高和创新较多的境外机构投资者是带来企业创新增加的主要驱动力量。

第五，相对于境内机构投资者，境外机构投资者通过缓解信息不对称和降低代理冲突促进企业投资效率的提升。持股比较高（5%以上）和来源地治理水平更好的境外机构投资者是驱动投资效率提升的主要力量。进一步研究发现，境外机构投资者同时降低了企业过度投资和缓解了投资不足。除此之外，境外机构投资者同时提升了企业投资支出的利润转化率。

6.2

政策启示

本书的分析和研究结果可为政策制定部门带来以下启示：

（1）在党的十八大后，政府明确表示围绕构建开放型经济新体制实施更加积极主动的开放策略。此后，政府致力于推进高质量资本市场开放，希望通过境外股东引进先进的公司治理实践和投资理念促进中国资本市场的改革。那么，高质量的境外机构投资者成为开放过程需要关注的重要内容。《合格境外机构投资者境内证券投资管理办法》对境外机构投资者资格做出了要求，如申请人需财务稳健，资信良好，达到中国证监会规定的资产规模等条件；从业人员符合所在国家（地区）的有关从业资格的要求；有健全的治理结构和完善的内控制度，经营行为规范，近3年未受到监管机构的重大处罚；所在国家（地区）有完善的法律和监管制度，其证券监管机构已与中国证监会签订监管合作谅解备忘录，并保持着有效的监管合作关系。可以发现该条款的制定主要出于境外机构投资者的"合法性"和"可靠性"。从本书研究结果来看，境外股东确实在一定程度上有助于优化公司治理和公司经营决策，但仅仅是来源地法律制度较好和公司治理水平较高的境外机构投资者发挥了作用。从对公司的投资影响结果来看，并未发现来源地法律制度较差和公司治理水平较低的境外机构投资者发挥作用的经验证据。除此之外，来源地并购较为活跃的境外机构投资者对公司并购绩效的促进作用更加明显，来源地创新水平较高的境外机构投资者有助于企业创新。本书对不同来源地境外机构投资者平均持股比例的统计数据显示，来自于亚洲国家（地区）、欧美国家（地区）和离岸属地的境外机构投资者平均持股比例分别为 10.49%、3.89% 和 17.56%。在中国外资来源地结构中，来自发达国家（地区）的外资进入资本市场的比例依然较低，"有效利用外资"的前提是有高质量的外资可用。因此，在中国现阶段资本市场开放过程中，可以进一步完善并形成具体可执行的境外机构投资者的资格条件。

（2）2012 年 7 月，中国证券监督管理委员会发布《关于实施〈合格境外机构投资者境内证券投资管理办法〉有关问题的规定》，扩大了合格境外机构投资者持股总和的比例。规定单个境外投资者通过合格投资者持有一家上市公司股票的，持股比例不得超过该公司股份总数的 10%；所有境外投资者对单个上市公司 A 股的持股比例总和，不超过该上市公司股份总数的 30%（初始为 20%）。本书研究发现，较大持股比例的境外机构投资者是促进企业做出更优投资决策的主要驱动力量。因此，可以在合理范围内扩大对境外机构投资者持股比例的限制，以更好地发挥其对公司的治理效应以及投资理念的引导作用。

（3）本书研究发现，境外机构投资者的治理效应与公司治理机制呈互补关系，且在代理冲突较弱的公司更加有效，也即境外机构投资者有效发挥作用，需要公司具备较为有效的治理机制作为前提。因此，中国应当加强市场法规、监管等基础环境建设，提升公司治理水平，以有效发挥境外机构投资者的公司治理效应。值得一提的是，对于政府干预较强的公司和国有企业，本书并未发现境外机构投资者对上市公司并购绩效的正向促进作用。因此，中国处理好市场与政府的关系仍是一项重要课题。应继续深化国有企业产权制度改革，并为境外投资者发挥作用提供相匹配的市场环境。

（4）由于中国经济增长的基础和经济结构尚不稳定，政府调控能力尚未得到有效提高，金融机构和企业对抗经济风险的能力普遍较弱，一旦宏观经济或调控政策有较大幅度的变化，股票市场的外资流入尤其是部分国际性游资可能会在短时间内以较大规模发生逆转，最终引发金融危机。本书并未发现来源地治理水平较差以及较小持股比例（低于5%）的境外机构投资者对上市公司的投资有促进作用。因此，中国在对外开放提速的同时应对来源地治理水平较差以及较小持股比例（低于5%）的境外机构投资者加强监督。本书也并未发现境外机构投资者对中国治理水平较差，政府干预较多的上市公司投资有正向激励作用，因此，应加强监督治理水平较差的上市公司的境外股东，以防范加速开放可能带来的金融风险。

6.3
研究局限性与未来研究方向

本书存在以下三个方面的局限性：

第一，本书样本数据的时间跨度只是2003～2016年，而2014年11月中国开通"沪港通"，2016年12月开通"陆港通"，可能对境外机构投资者有较大的影响，本书的研究未能覆盖2016年之后的境外机构投资者数据。除此之外，中国在2018年6月纳入MSCI指数，为本书提供了很好的工具变量，但局限于样本年限限制，未能使用该工具变量。

第二，由于中国公开披露的前十大股东数据，在2009年之前是半年期数据，2009年之后才是季度数据。数据披露频率周期太长，导致境外机构投资者持股比例影响动态变化的把握则稍显不足。同时，无法根据其交易频率区分具体的境外机构投资者属于短期投资者还是长期投资者，因此，研究结果少了一项境外机构投资者的重要维度。

第三，在内生性问题的处理上，本书参考已有文献中工具变量的选用方法进行了测试，但依然有待加强。应该寻找像纳入 MSCI 指数这样相对更加有效的工具变量控制内生性。

从本书现有的研究出发，未来还可以在以下两个方面加以拓展：

第一，可开展境外机构投资者参与中国证券市场可能带来的其他经济后果的扩展性研究。本书的研究集中于境外机构投资者对微观企业投资的影响，但正如本书文献评述中所指出的，资本市场开放引入境外机构投资者，对证券市场以及上市公司的影响应该是多方面的，除了已有研究，还可以对以下问题展开研究：如债务融资成本、企业社会责任、避税、违规行为以及对实体经济发展的影响等，这一层面的研究在国内尚不多见，基于其理论和实践意义，是本书的重要拓展方向之一。

第二，可以增加样本时间区间跨度，利用中国纳入 MSCI 指数作为工具变量，克服境外股东持股可能存在的内生性问题。同时，由于 2009 年之后才公布股东的季度数据，那么设置起始时间为2009 年，区分境外机构投资者是否长期投资者，以丰富研究结果。

参考文献

[1] 白俊红，李婧．政府 R&D 资助与企业技术创新——基于效率视角的实证分析 [J]．金融研究，2011，(6)：181 - 193．

[2] 陈钦源，马黎珺，伊志宏．分析师跟踪与企业创新绩效——中国的逻辑 [J]．南开管理评论，2017，(3)：15 - 27．

[3] 陈爽英，井润田，龙小宁，邵云飞．民营企业家社会关系资本对研发投资决策影响的实证研究 [J]．管理世界，2010，(1)：88 - 97．

[4] 陈运森，谢德仁．网络位置、独立董事治理与投资效率 [J]．管理世界，2011，(7)：113 - 127．

[5] 邓柏峻，李仲飞，梁权熙．境外股东持股与股票流动性 [J]．金融研究，2016，(11)：142 - 157．

[6] 方军雄．政府干预、所有权性质与企业并购 [J]．管理世界，2008，(9)：118 - 123．

[7] 顾夏铭，陈勇民，潘士远．经济政策不确定性与创新——基于我国上市公司的实证分析 [J]．经济研究，2018，(2)：109 - 123．

[8] 黄俊，陈信元．集团化经营与企业研发投资——基于知识溢出与内部资本市场视角的分析 [J]．经济研究，2011，(6)：80 - 92．

[9] 江轩宇．政府放权与国有企业创新——基于地方国企金字塔结构视角的研究 [J]．管理世界，2016，(9)：120 - 135．

[10] 姜付秀，马云飙，王运通．退出威胁能抑制控股股东私

利行为吗？[J]. 管理世界，2015，(5)：147 – 159.

[11] 解维敏，唐清泉，陆姗姗. 政府 R&D 资助，企业 R&D 支出与自主创新——来自中国上市公司的经验证据 [J]. 金融研究，2009，(6)：86 – 99.

[12] 金宇超，靳庆鲁，宣扬. "不作为"或"急于表现"：企业投资中的政治动机 [J]. 经济研究，2016，(10)：126 – 139.

[13] 鞠晓生，卢获，虞义华. 融资约束、营运资本管理与企业创新可持续性 [J]. 经济研究，2013，(1)：4 – 16.

[14] 黎文靖，郑曼妮. 实质性创新还是策略性创新？——宏观产业政策对微观企业创新的影响 [J]. 经济研究，2016，(4)：60 – 73.

[15] 李善民，周小春. 公司特征、行业特征和并购战略类型的实证研究 [J]. 管理世界，2007，(3)：130 – 137.

[16] 李善民，朱滔. 多元化并购能给股东创造价值吗？——兼论影响多元化并购长期绩效的因素 [J]. 管理世界，2006，(3)：129 – 137.

[17] 刘波，李志生，王泓力，杨金强. 现金流不确定性与企业创新 [J]. 经济研究，2017，(3)：166 – 180.

[18] 刘春，李善民，孙亮. 独立董事具有咨询功能吗？——异地独董在异地并购中功能的经验研究 [J]. 管理世界，2015，(3)：124 – 136.

[19] 刘慧龙，王成方，吴联生. 决策权配置、盈余管理与投资效率 [J]. 经济研究，2014，(8)：93 – 106.

[20] 刘少波，杨竹清. 资本市场开放及金融自由化的经济后果研究述评 [J]. 经济学动态，2012，(5)：137 – 145.

[21] 柳建华，卢锐，孙亮. 公司章程中董事会对外投资权限的设置与企业投资效率——基于公司章程自治的视角 [J]. 管理世界，2015，(7)：130 – 142.

[22] 吕长江，张海平. 股权激励计划对公司投资行为的影响

[J]. 管理世界, 2011, (11): 118-126.

[23] 倪骁然, 朱玉杰. 劳动保护、劳动密集度与企业创新——来自2008年《劳动合同法》实施的证据 [J]. 管理世界, 2016, (7): 154-167.

[24] 潘红波, 夏新平, 余明桂. 政府干预、政治关联与地方国有企业并购 [J]. 经济研究, 2008, (4): 41-52.

[25] 潘越, 潘健平, 戴亦一. 公司诉讼风险、司法地方保护主义与企业创新 [J]. 经济研究, 2015, (3): 131-145.

[26] 屈文洲, 谢雅璐, 叶玉妹. 信息不对称、融资约束与投资—现金流敏感性——基于市场微观结构理论的实证研究 [J]. 经济研究, 2011, (6): 105-117.

[27] 申慧慧, 于鹏, 吴联生. 国有股权、环境不确定性与投资效率 [J]. 经济研究, 2012, (7): 113-126.

[28] 唐雪松, 周晓苏, 马如静. 上市公司过度投资行为及其制约机制的实证研究 [J]. 会计研究, 2007, (7): 44-52.

[29] 王克敏, 刘静, 李晓溪. 产业政策、政府支持与公司投资效率研究 [J]. 管理世界, 2017, (3): 113-124.

[30] 王艳, 李善民. 社会信任是否会提升企业并购绩效？[J]. 管理世界, 2017, (12): 125-140.

[31] 肖土盛, 李丹, 袁淳. 企业风格与政府环境匹配：基于异地并购的证据 [J]. 管理世界, 2018, (3): 124-138.

[32] 徐欣, 唐清泉. 财务分析师跟踪与企业R&D活动——来自中国证券市场的研究 [J]. 金融研究, 2010, (12): 173-189.

[33] 余明桂, 钟慧洁, 范蕊. 业绩考核制度可以促进央企创新吗？[J]. 经济研究, 2016, (12): 104-117.

[34] 张功富, 宋献中. 我国上市公司投资：过度还是不足？——基于沪深工业类上市公司非效率投资的实证度量 [J]. 会计研究, 2009, (5): 69-77.

[35] 钟覃琳, 陆正飞. 资本市场开放能提高股价信息含量

吗？——基于"沪港通"效应的实证检验［J］. 管理世界，2018，(1)：169 – 179.

［36］朱冰，张晓亮，郑晓佳. 多个大股东与企业创新［J］. 管理世界，2018，(7)：151 – 165.

［37］Acharya V V, Subramanian K V. Bankruptcy codes and innovation［J］. The Review of Financial Studies, 2009, 22 (12)：4949 – 4988.

［38］Aggarwal R I E, and Ferreira M. Does governance travel around the world? evidence from institutional investors［J］. Journal of Financial Economics, 2011, 100 (1)：154 – 181.

［39］Aghion P, Van Reenen J., Zingales L. Innovation and institutional ownership［J］. American Economic Review, 2013, 103 (1)：277 – 304.

［40］Aghion P, Bloom N, Blundell R. Competition and innovation: An inverted-U relationship［J］. The Quarterly Journal of Economics, 2005, 120 (2)：701 – 728.

［41］Aghion P, Bacchetta P, Banerjee A. Financial development and the instability of open economies［J］. Journal of Monetary Economics, 2004, 51 (6)：1077 – 1106.

［42］Agrawal A, Walkling R A. Executive careers and compensation surrounding takeover bids［J］. The Journal of Finance, 1994, 49 (3)：985 – 1014.

［43］Ahern K R, Daminelli D. Fracassi C. Lost in translation? The effect of cultural values on mergers around the world［J］. Journal of Financial Economics, 2015, 117 (1)：165 – 189.

［44］Ahlstrom D, Young M N, Nair A. Managing the institutional environment: challenges for foreign firms in post WTO China［J］. SAM Advanced Management Journal, 2003, 68 (2)：41 – 49.

［45］Allen F, Qian J, Qian M. Law, finance, and economic

growth in China ［J］. Journal of Financial Economics, 2005, 77 (1): 57 –116.

［46］ Almeida H, Campello M, Hackbarth D. Liquidity mergers ［J］. Journal of Financial Economics, 2011, 102 (3): 526 –558.

［47］ Amihud Y B L, Travlos N G. Corporate control and the choice of investment financing: the case of corporate acquisitions ［J］. The Journal of Finance, 1990, 45 (2): 603 –616.

［48］ An Z, Li D, Huang G. Corporate Risk-Taking, Foreign institutional ownership and the role of macro corporate governance ［J］. Foreign Institutional Ownership and the Role of Macro Corporate Governance (May 1, 2016), 2016.

［49］ Andriosopoulos D, Yang S. The impact of institutional investors on mergers and acquisitions in the United Kingdom ［J］. Journal of Banking & Finance, 2015, 50: 547 –561.

［50］ Ayers B C, Ramalingegowda S, Yeung P E. Hometown advantage: the effects of monitoring institution location on financial reporting discretion ［J］. Journal of Accounting and Economics, 2011, 52 (1): 41 –61.

［51］ Bae K, Ozoguz A, Tan H. Do foreigners facilitate information transmission in emerging markets? ［J］. Journal of Financial Economics, 2012, 105 (1): 209 –227.

［52］ Bae K, Chan K, Ng A. Investibility and return volatility ［J］. Journal of Financial Economics, 2004, 71 (2): 239 –263.

［53］ Bae K, Goyal V K. Equity market liberalization and corporate governance ［J］. Journal of Corporate Finance, 2010, 16 (5): 609 –621.

［54］ Balsmeier B, Fleming L, Manso G. Independent boards and innovation ［J］. Journal of Financial Economics, 2017, 123 (3): 536 –557.

〔55〕 Bebchuk L A, Brav A, Jiang W. The long – term effects of hedge fund activism 〔R〕. NBER Working Papers 21227, National Bureau of Economic Research InC. 2015.

〔56〕 Bekaert G, Harvey C R, Lundblad C. Does financial liberalization spur growth? 〔J〕. Journal of Financial Economics, 2005, 77 (1): 3 – 55.

〔57〕 Bekaert G, Harvey C R, Lundblad C. Financial openness and productivity 〔J〕. World Development, 2011, 39 (1): 1 – 19.

〔58〕 Bekaert G, Harvey C R, Lundblad C. T. Equity market liberalization in emerging markets 〔J〕. Journal of Financial Research, 2003, 26 (3): 275 – 299.

〔59〕 Bekaert G, Harvey C R. Time-varying world market integration 〔J〕. The Journal of Finance, 1995, 50 (2): 403 – 444.

〔60〕 Bena J, Ferreira M A, Matos P. Are foreign investors locusts? The long-term effects of foreign institutional ownership 〔J〕. Journal of Financial Economics, 2017, 126 (1): 122 – 146.

〔61〕 Ben-David I, Drake M S, Roulstone D T. Acquirer valuation and acquisition decisions: identifying mispricing using short interest 〔J〕. Journal of Financial and Quantitative Analysis, 2015, 50 (1 – 2): 1 – 32.

〔62〕 Beneish M D, Jansen I P, Lewis M F. Diversification to mitigate expropriation in the tobacco industry 〔J〕. Journal of Financial Economics, 2008, 89 (1): 136 – 157.

〔63〕 Beneish M D, Yohn T L. Information friction and investor home bias: A perspective on the effect of global IFRS adoption on the extent of equity home bias 〔J〕. Journal of Accounting and Public Policy, 2008, 27 (6): 433 – 443.

〔64〕 Bergh D D, Lawless M W. Portfolio restructuring and limits to hierarchical governance: The effects of environmental uncertainty and diversification strategy [J]. Organization Science, 1998, 9 (1): 87 – 102.

[65] Bertrand M, Mehta P, Mullainathan S. Ferreting out tunneling: An application to Indian business groups [J]. The Quarterly Journal of Economics, 2002, 117 (1): 121 – 148.

[66] Bertrand M, Mullainathan S. Enjoying the quiet life? Corporate governance and managerial preferences [J]. Journal of Political Economy, 2003, 111 (5): 1043 – 1075.

[67] Bhagwat V, Dam R, Harford J. The real effects of uncertainty on merger activity [J]. The Review of Financial Studies, 2016, 29 (11): 3000 – 3034.

[68] Bharath S T, Jayaraman S, Nagar V. Exit as governance: An empirical analysis [J]. The Journal of Finance, 2013, 68 (6): 2515 – 2547.

[69] Bhattacharya S, Ritter J R. Innovation and communication: signalling with partial disclosure [J]. The Review of Economic Studies, 1983, 50 (2): 331 – 346.

[70] Bhaumik S K, Selarka E. Does ownership concentration improve M&A outcomes in emerging markets? evidence from India [J]. Journal of Corporate Finance, 2012, 18 (4): 717 – 726.

[71] Biddle G C, Hilary G, Verdi R S. How does financial reporting quality relate to investment efficiency? [J]. Journal of Accounting and Economics, 2009, 48 (2 – 3): 112 – 131.

[72] Black B S. Shareholder passivity reexamined [J]. Michigan Law Review, 1990, 89 (3): 520 – 608.

[73] Bloom D E, Cafiero E, Jané-Llopis E. The global economic burden of noncommunicable diseases [R]. 2012.

[74] Bonaime A, Gulen H, Ion M. Does policy uncertainty affect mergers and acquisitions? [J]. Journal of Financial Economics, 2018,

129 (3): 531 –558.

[75] Bonfiglioli A. Financial integration, productivity and capital accumulation [J]. Journal of International Economics, 2008, 76 (2): 337 –355.

[76] Borochin P, Cu W H. Alternative corporate governance: domestic media coverage of mergers and acquisitions in China [J]. Journal of Banking & Finance, 2018, 87: 1 –25.

[77] Boubakri N, Cosset J, Saffar W. The role of state and foreign owners in corporate risk-taking: evidence from privatization [J]. Journal of Financial Economics, 2013, 108 (3): 641 –658.

[78] Boubakri N, Guedhami O, Saffar W. Geographic location, foreign ownership, and cost of equity capital: evidence from privatization [J]. Journal of Corporate Finance, 2016, 38: 363 –381.

[79] Boyson N M, Gantchev N, Shivdasani A. Activism mergers [J]. Journal of Financial Economics, 2017, 126 (1): 54 –73.

[80] Bradley M, Desai A, Kim E H. Synergistic gains from corporate acquisitions and their division between the stockholders of target and acquiring firms [J]. Journal of Financial Economics, 1988, 21 (1): 3 –40.

[81] Brav A, Jiang W, Ma S. How does hedge fund activism reshape corporate innovation? [J]. Journal of Financial Economics, 2018, 130 (2): 237 –264.

[82] Bris A, Cabolis C. The value of investor protection: firm evidence from cross-border mergers [J]. The Review of Financial Studies, 2008, 21 (2): 605 –648.

[83] Brooks C, Chen Z, Zeng Y. Institutional cross-ownership and corporate strategy: the case of mergers and acquisitions [J]. Journal of Corporate Finance, 2018, 48: 187 –216.

[84] Brown J R, Martinsson G, Petersen B C. Law, stock mar-

kets, and innovation [J]. The Journal of Finance, 2013, 68 (4): 1517 – 1549.

[85] Brown J R, Petersen B C. Cash holdings and R&D smoothing [J]. Journal of Corporate Finance, 2011, 17 (3): 694 – 709.

[86] Brown R, Sarma N. CEO overconfidence, CEO dominance and corporate acquisitions [J]. Journal of Economics and Business, 2007, 59 (5): 358 – 379.

[87] Bruton G D, Peng M W, Ahlstrom D. State-owned enterprises around the world as hybrid organizations [J]. Academy of Management Perspectives, 2015, 29 (1): 92 – 114.

[88] Bushee B J. Do institutional investors prefer near – term earnings over long-run value? [J]. Contemporary Accounting Research, 2001, 18 (2): 207 – 246.

[89] Bushman R M, Piotroski J D, Smith A J. What determines corporate transparency? [J]. Journal of Accounting Research, 2004, 42 (2): 207 – 252.

[90] Cai H, Fang H, Xu L C. Eat, drink, firms, government: an investigation of corruption from the entertainment and travel costs of Chinese firms [J]. The Journal of Law and Economics, 2011, 54 (1): 55 – 78.

[91] Capron L, Guillén M. National corporate governance institutions and post-acquisition target reorganization [J]. Strategic Management Journal, 2009, 30 (8): 803 – 833.

[92] Cella C. Institutional investors and corporate investment [J]. Finance Research Letters, 2019.

[93] Chae J, Jung J Y, Yang C W. A reexamination of diversification premiums: An information asymmetry perspective [J]. Asia-Pacific Journal of Financial Studies, 2014, 43 (2): 223 – 248.

[94] Chan C M, Makino S, Isobe T. Does subnational region

matter? foreign affiliate performance in the United States and China [J]. Strategic Management Journal, 2010, 31 (11): 1226 –1243.

[95] Chang C. Herding and the role of foreign institutions in emerging equity markets [J]. Pacific-Basin Finance Journal, 2010, 18 (2): 175 –185.

[96] Chang S. Takeovers of privately held targets, methods of payment, and bidder returns [J]. The Journal of Finance, 1998, 53 (2): 773 –784.

[97] Chari A, Ouimet P P, Tesar L L. The value of control in emerging markets [J]. The Review of Financial Studies, 2010, 23 (4): 1741 –1770.

[98] Chemmanur T J, Loutskina E, Tian X. Corporate venture capital, value creation, and innovation [J]. Review of Financial Studies, 2014, 27 (8): 2434 –2473.

[99] Chen R, El Ghoul S, Guedhami O. Do state and foreign ownership affect investment efficiency? evidence from privatizations [J]. Journal of Corporate Finance, 2017, 42: 408 –421.

[100] Chen S, Sun Z, Tang S. Government intervention and investment efficiency: evidence from China [J]. Journal of Corporate Finance, 2011, 17 (2): 259 –271.

[101] Chen X, Lee C J, Li J. Government assisted earnings management in China [J]. Journal of Accounting and Public Policy, 2008, 27 (3): 262 –274.

[102] Chen X, Harford J, Li K. Monitoring: Which institutions matter? [J]. Journal of Financial Economics, 2007, 86 (2): 279 –305.

[103] Chen Z, Du J, Li D. Does foreign institutional ownership increase return volatility? evidence from China [J]. Journal of Banking & Finance, 2013, 37 (2): 660 –669.

[104] Cheng M, Dhaliwal D, Zhang Y. Does investment efficien-

cy improve after the disclosure of material weaknesses in internal control over financial reporting? [J]. Journal of Accounting and Economics, 2013, 56 (1): 1 – 18.

[105] Chi J, Sun Q, Young M. Performance and characteristics of acquiring firms in the Chinese stock markets [J]. Emerging Markets review, 2011, 12 (2): 152 – 170.

[106] Cho M. Ownership structure, investment, and the corporate value: an empirical analysis [J]. Journal of Financial Economics, 1998, 47 (1): 103 – 121.

[107] Cocco J O F, Volpin P F. Corporate pension plans as take-over deterrents [J]. Journal of Financial and Quantitative Analysis, 2013, 48 (4): 1119 – 1144.

[108] Cosh A, Guest P M, Hughes A. Board share-ownership and takeover performance [J]. Journal of Business Finance & Accounting, 2006, 33 (3 – 4): 459 – 510.

[109] Czarnitzki D, Hussinger K. The link between R&D subsidies, R&D spending and technological performance [J]. ZEW-Centre for European Economic Research Discussion Paper, 2004 (4 – 56).

[110] Daines R. Does Delaware law improve firm value? [J]. Journal of Financial Economics, 2001, 62 (3): 525 – 558.

[111] Delong G L. Stockholder gains from focusing versus diversifying bank mergers [J]. Journal of Financial Economics, 2001, 59 (2): 221 – 252.

[112] Delong G, Deyoung R. Learning by observing: information spillovers in the execution and valuation of commercial bank M&As [J]. The Journal of Finance, 2007, 62 (1): 181 – 216.

[113] Demir F. A failure story: Politics and financial liberalization in Turkey, revisiting the revolving door hypothesis [J]. World Development, 2004, 32 (5): 851 – 869.

［114］ Demir F. Financial liberalization, private investment and portfolio choice: Financialization of real sectors in emerging markets ［J］. Journal of Development Economics, 2009, 88 (2): 314 – 324.

［115］ Deng L, Jiang P, Li S. Government intervention and firm investment ［J］. Journal of Corporate Finance, 2017.

［116］ Denis D K, Mcconnell J J. International corporate governance ［J］. Journal of Financial and Quantitative Analysis, 2003, 38 (1): 1 – 36.

［117］ Devers C E, Mcnamara G, Wiseman R M. Moving closer to the action: examining compensation design effects on firm risk ［J］. Organization Science, 2008, 19 (4): 548 – 566.

［118］ Djankov S, La Porta R, Lopez-De-Silanes F. The law and economics of self-dealing ［J］. Journal of Financial Economics, 2008, 88 (3): 430 – 465.

［119］ Ederer F, Manso G. Is pay for performance detrimental to innovation? ［J］. Management Science, 2013, 59 (7): 1496 – 1513.

［120］ Edmans A. Blockholders and corporate governance ［J］. Annu. Rev. Financ. Econ. , 2014, 6 (1): 23 – 50.

［121］ Eichengreen B, Gullapalli R, Panizza U. Capital account liberalization, financial development and industry growth: A synthetic view ［J］. Journal of International Money and Finance, 2011, 30 (6): 1090 – 1106.

［122］ Erel I, Liao R C, Weisbach M S. Determinants of cross-border mergers and acquisitions ［J］. The Journal of Finance, 2012, 67 (3): 1045 – 1082.

［123］ Faccio M, Marchica M, Mura R. Large shareholder diversification and corporate risk-taking ［J］. The Review of Financial Studies, 2011, 24 (11): 3601 – 3641.

［124］ Fama E F. Agency problems and the theory of the firm ［J］.

Journal of Political Economy, 1980, 88 (2): 288 – 307.

[125] Fama E F. Efficient capital markets: II [J]. The Journal of Finance, 1991, 46 (5): 1575 – 1617.

[126] Fang V W, Maffett M, Zhang B. Foreign institutional ownership and the global convergence of financial reporting practices [J]. Journal of Accounting Research, 2015, 53 (3): 593 – 631.

[127] Fang V W, Tian X, Tice S. Does stock liquidity enhance or impede firm innovation? [J]. The Journal of Finance, 2014, 69 (5): 2085 – 2125.

[128] Fazzari S, Hubbard R G, Petersen B. Investment, financing decisions, and tax policy [J]. The American Economic Review, 1988, 78 (2): 200 – 205.

[129] Ferreira M A, Massa M, Matos P. Shareholders at the gate? Institutional investors and cross-border mergers and acquisitions [J]. The Review of Financial Studies, 2010, 23 (2): 601 – 644.

[130] Ferreira M A, Massa M, Matos P. Shareholders at the gate? Institutional investors and cross-border mergers and acquisitions [J]. The Review of Financial Studies, 2009, 23 (2): 601 – 644.

[131] Ferreira M A, Matos P. The colors of investors' money: The role of institutional investors around the world [J]. Journal of Financial Economics, 2008, 88 (3): 499 – 533.

[132] Fishman M J. Preemptive bidding and the role of the medium of exchange in acquisitions [J]. The Journal of Finance, 1989, 44 (1): 41 – 57.

[133] Fu F, Lin L, Officer M S. Acquisitions driven by stock overvaluation: are they good deals? [J]. Journal of Financial Economics, 2013, 109 (1): 24 – 39.

[134] Galindo A, Schiantarelli F, Weiss A. Does financial liberalization improve the allocation of investment? Micro-evidence from de-

veloping countries [J]. Journal of Development Economics, 2007, 83 (2): 562 –587.

[135] Gamra S B. Does financial liberalization matter for emerging East Asian economies growth? Some new evidence [J]. International Review of Economics & Finance, 2009, 18 (3): 392 –403.

[136] García Lara J M, García Osma B, Penalva F. Accounting conservatism and firm investment efficiency [J]. Journal of Accounting and Economics, 2016, 61 (1): 221 –238.

[137] Gaspar J, Massa M, Matos P. Shareholder investment horizons and the market for corporate control [J]. Journal of Financial Economics, 2005, 76 (1): 135 –165.

[138] Gillan S, Starks L T. Corporate governance, corporate ownership, and the role of institutional investors: a global perspective [J]. Journal of Applied Finance, 2003, 13 (2).

[139] Gomez-Mejia L, Wiseman R M. Reframing executive compensation: an assessment and outlook [J]. Journal of Management, 1997, 23 (3): 291 –374.

[140] Gong Y, Chow I H, Ahlstrom D. Cultural diversity in China: dialect, job embeddedness, and turnover [J]. Asia Pacific Journal of Management, 2011, 28 (2): 221 –238.

[141] Goranova M, Dharwadkar R, Brandes P. Owners on both sides of the deal: mergers and acquisitions and overlapping institutional ownership [J]. Strategic Management Journal, 2010, 31 (10): 1114 –1135.

[142] Gordon J N. Institutions as relational investors: a new look at cumulative voting [J]. Columbia Law Review, 1994, 94 (1): 124 –192.

[143] Gorton G, Kahl M, Rosen R J. Eat or be eaten: a theory of mergers and firm size [J]. The Journal of Finance, 2009, 64 (3):

1291 – 1344.

[144] Graves S B. Institutional ownership and corporate R&D in the computer industry [J]. Academy of Management Journal, 1988, 31 (2): 417 – 428.

[145] Greenwood R, Schor M. Investor activism and takeovers [J]. Journal of Financial Economics, 2009, 92 (3): 362 – 375.

[146] Gregory A. An examination of the long run performance of UK acquiring firms [J]. Journal of Business Finance & Accounting, 1997, 24 (7 – 8): 971 – 1002.

[147] Grinblatt M, Keloharju M. The investment behavior and performance of various investor types: a study of Finland's unique data set [J]. Journal of Financial Economics, 2000, 55 (1): 43 – 67.

[148] Grinstein Y, Hribar P. CEO compensation and incentives: Evidence from M&A bonuses [J]. Journal of Financial Economics, 2004, 73 (1): 119 – 143.

[149] Gu F, Lev B. Overpriced shares, ill-advised acquisitions, and goodwill impairment [J]. The Accounting Review, 2011, 86 (6): 1995 – 2022.

[150] Gu Y, Mao C X, Tian X. Banks' interventions and firms' innovation: evidence from debt covenant violations [J]. The Journal of Law and Economics, 2017, 60 (4): 637 – 671.

[151] Guadalupe M, Kuzmina O, Thomas C. Innovation and foreign ownership [J]. American Economic Review, 2012, 102 (7): 3594 – 3627.

[152] Guedhami O, Pittman J A, Saffar W. Auditor choice in privatized firms: empirical evidence on the role of state and foreign owners [J]. Journal of Accounting and Economics, 2009, 48 (2 – 3): 151 – 171.

[153] Gupta N, Yuan K. On the growth effect of stock market liberalizations [J]. The Review of Financial Studies, 2009, 22 (11):

4715 – 4752.

[154] Haleblian J, Devers C E, Mcnamara G. Taking stock of what we know about mergers and acquisitions: a review and research agenda [J]. Journal of Management, 2009, 35 (3): 469 – 502.

[155] Hall B H, Jaffe A, Trajtenberg M. Market value and patent citations [J]. RAND Journal of Economics, 2005: 16 – 38.

[156] Han Kim E, Singal V. Stock market openings: experience of emerging economies [J]. The Journal of Business, 2000, 73 (1): 25 – 66.

[157] Hansen G S, Hill C W. Are institutional investors myopic? a time-series study of four technology-driven industries [J]. Strategic Management Journal, 1991, 12 (1): 1 – 16.

[158] Hao Y, Lu J. The impact of government intervention on corporate investment allocations and efficiency: evidence from China [J]. Financial Management, 2018, 47 (2): 383 – 419.

[159] Harford J, Jenter D, Li K. Institutional cross-holdings and their effect on acquisition decisions [J]. Journal of Financial Economics, 2011, 99 (1): 27 – 39.

[160] Harford J, Schonlau R J. Does the director labor market offer ex post settling-up for CEOs? the case of acquisitions [J]. Journal of Financial Economics, 2013, 110 (1): 18 – 36.

[161] Hargis K. Forms of foreign investment liberalization and risk in emerging stock markets [J]. Journal of Financial Research, 2002, 25 (1): 19 – 38.

[162] Hart O D. The market mechanism as an incentive scheme [J]. The Bell Journal of Economics, 1983: 366 – 382.

[163] Hau H. Location matters: an examination of trading profits [J]. The Journal of Finance, 2001, 56 (5): 1959 – 1983.

[164] Hayward M L. When do firms learn from their acquisition

experience? evidence from 1990 to 1995 [J]. Strategic Management Journal, 2002, 23 (1): 21 –39.

[165] He J J, Tian X. The dark side of analyst coverage: the case of innovation [J]. Journal of Financial Economics, 2013, 109 (3): 856 –878.

[166] He W, Li D, Shen J. Large foreign ownership and stock price informativeness around the world [J]. Journal of International Money and Finance, 2013, 36: 211 –230.

[167] He Z, Wintoki M B. The cost of innovation: R&D and high cash holdings in US firms [J]. Journal of Corporate Finance, 2016, 41: 280 –303.

[168] Hitt M A, Ireland R D, Camp S M. Strategic entrepreneurship: entrepreneurial strategies for wealth creation [J]. Strategic Management Journal, 2001, 22 (6 –7): 479 –491.

[169] Holmstrom B. Agency costs and innovation [J]. Journal of Economic Behavior & Organization, 1989, 12 (3): 305 –327.

[170] Honig A. Addressing causality in the effect of capital account liberalization on growth [J]. Journal of Macroeconomics, 2008, 30 (4): 1602 –1616.

[171] Hope O, Thomas W, Vyas D. The cost of pride: why do firms from developing countries bid higher? [J]. Journal of International Business Studies, 2011, 42 (1): 128 –151.

[172] Huang J, Kisgen D J. Gender and corporate finance: are male executives overconfident relative to female executives? [J]. Journal of Financial Economics, 2013, 108 (3): 822 –839.

[173] Huang Q, Jiang F, Lie E. The role of investment banker directors in M&A [J]. Journal of Financial Economics, 2014, 112 (2): 269 –286.

[174] Huang R D, Shiu C Y. Local effects of foreign ownership in

an emerging financial market: evidence from qualified foreign institutional investors in Taiwan [J]. Financial Management, 2009, 38 (3): 567 – 602.

[175] Huang W, Zhu T. Foreign institutional investors and corporate governance in emerging markets: evidence of a split-share structure reform in China [J]. Journal of Corporate Finance, 2015, 32: 312 – 326.

[176] Jensen M C. Agency costs of free cash flow, corporate finance, and takeovers [J]. The American Economic Review, 1986, 76 (2): 323 – 329.

[177] Jensen M C. The modern industrial revolution, exit, and the failure of internal control systems [J]. The Journal of Finance, 1993, 48 (3): 831 – 880.

[178] Jensen M C, Meckling W H. Theory of the firm: managerial behavior, agency costs and ownership structure [J]. Journal of Financial Economics, 1976, 3 (4): 305 – 360.

[179] Jeon J Q, Lee C, Moffett C M. Effects of foreign ownership on payout policy: evidence from the Korean market [J]. Journal of Financial Markets, 2011, 14 (2): 344 – 375.

[180] Jiang F, Cai W, Wang X. Multiple large shareholders and corporate investment: evidence from China [J]. Journal of Corporate Finance, 2018, 50: 66 – 83.

[181] Joseph E S. Reforming the global economic architecture: lessons from recent crises [J]. The Journal of Finance, 1999, 54 (4): 1508.

[182] Julio B, Yook Y. Political uncertainty and corporate investment cycles [J]. The Journal of Finance, 2012, 67 (1): 45 – 83.

[183] Kang J K, Kim J M. The geography of block acquisitions [J]. The Journal of Finance, 2008, 63 (6): 2817 – 2858.

[184] Kang J, Kim J. Do foreign investors exhibit a corporate governance disadvantage? an information asymmetry perspective [J]. Journal of International Business Studies, 2010, 41 (8): 1415 – 1438.

[185] Kaufmann D, Kraay A, Mastruzzi M. Governance matters VIII: aggregate and individual governance indicators 1996 – 2008 [M]: The World Bank, 2009.

[186] Kaya I, Lyubimov K, Miletkov M. To liberalize or not to liberalize: political and economic determinants of financial liberalization [J]. Emerging Markets Review, 2012, 13 (1): 78 – 99.

[187] Khan M, Kogan L, Serafeim G. Mutual fund trading pressure: firm-level stock price impact and timing of SEOs [J]. The Journal of Finance, 2012, 67 (4): 1371 – 1395.

[188] Kho B C, Stulz R M, Warnock F E. Financial globalization, governance, and the evolution of the home bias [J]. Journal of Accounting Research, 2009, 47 (2): 597 – 635.

[189] Kim J, Pevzner M, Xin X. Foreign institutional ownership and auditor choice: evidence from worldwide institutional ownership [J]. Journal of International Business Studies, 2019, 50 (1): 83 – 110.

[190] King A W. Disentangling interfirm and intrafirm causal ambiguity: a conceptual model of causal ambiguity and sustainable competitive advantage [J]. Academy of Management Review, 2007, 32 (1): 156 – 178.

[191] Klein M W, Olivei G P. Capital account liberalization, financial depth, and economic growth [J]. Journal of International Money and Finance, 2008, 27 (6): 861 – 875.

[192] Kochhar R, David P. Institutional investors and firm innovation: a test of competing hypotheses [J]. Strategic Management Journal, 1996, 17 (1): 73 – 84.

[193] Kole S R. Measuring managerial equity ownership: a com-

parison of sources of ownership data [J]. Journal of Corporate Finance, 1995, 1 (3 –4): 413 –435.

[194] Kortum S S, Lerner J. Assessing the impact of venture capital on innovation [J]. RAND Journal of Economics, Winter, 2000.

[195] Kose A M, Prasad E S, Taylor A D. Thresholds in the process of international financial integration [J]. Journal of International Money and Finance, 2011, 30 (1): 147 –179.

[196] La Porta R, Lopez De Silanes F, Shleifer A. Corporate ownership around the world [J]. The Journal of Finance, 1999, 54 (2): 471 –517.

[197] La Porta R, Lopez De Silanes F, Shleifer A. Investor protection and corporate valuation [J]. The Journal of Finance, 2002, 57 (3): 1147 –1170.

[198] La Porta R, Lopez-De-Silanes F, Shleifer A. The economic consequences of legal origins [J]. Journal of Economic Literature, 2008, 46 (2): 285 –332.

[199] Laksmana I, Yang Y. Product market competition and corporate investment decisions [J]. Review of Accounting and Finance, 2015, 14 (2): 128 –148.

[200] Lang L H, Stulz R, Walkling R A. A test of the free cash flow hypothesis: the case of bidder returns [J]. Journal of Financial Economics, 1991, 29 (2): 315 –335.

[201] Lebedev S, Peng M W, Xie E. Mergers and acquisitions in and out of emerging economies [J]. Journal of World Business, 2015, 50 (4): 651 –662.

[202] Lee G K, Lieberman M B. Acquisition vs. internal development as modes of market entry [J]. Strategic Management Journal, 2010, 31 (2): 140 –158.

[203] Leuz C, Lins K V, Warnock F E. Do foreigners invest less

in poorly governed firms? [J]. Review of Financial Studies, 2009, 22 (8): 3245 –3285.

[204] Levchenko A A, Ranciere R, Thoenig M. Growth and risk at the industry level: the real effects of financial liberalization [J]. Journal of Development Economics, 2009, 89 (2): 210 –222.

[205] Levine R. International financial liberalization and economic growth [J]. Review of International Economics, 2001, 9 (4): 688 –702.

[206] Li D, Moshirian F, Pham P K. When financial institutions are large shareholders: the role of macro corporate governance environments [J]. The Journal of Finance, 2006, 61 (6): 2975 –3007.

[207] Li D, Nguyen Q N, Pham P K. Large Foreign ownership and firm-Level stock return volatility in emerging markets. [J]. Journal of Financial & Quantitative Analysis, 2011, 46 (4): 1127 –1155.

[208] Li J J, Poppo L, Zhou K Z. Do managerial ties in China always produce value? competition, uncertainty, and domestic vs. foreign firms [J]. Strategic Management Journal, 2008, 29 (4): 383 –400.

[209] Li L, Tong W H S. Information uncertainty and target valuation in mergers and acquisitions [J]. Journal of Empirical Finance, 2018, 45: 84 –107.

[210] Lin Z, Peng M W, Yang H. How do networks and learning drive M&As? an institutional comparison between China and the United States [J]. Strategic Management Journal, 2009, 30 (10): 1113 –1132.

[211] Liu Q, Luo T, Tian G. Political connections with corrupt government bureaucrats and corporate M&A decisions: a natural experiment from the anti-corruption cases in China [J]. Pacific-Basin Finance Journal, 2016, 37: 52 –80.

[212] Luong H, Moshirian F, Nguyen L. How do foreign institutional investors enhance firm innovation? [J]. Journal of Financial and

Quantitative Analysis, 2017, 52 (4): 1449 – 1490.

[213] Ma M, Sun X, Waisman M. State ownership and market liberalization: evidence from China's domestic M&A market [J]. Journal of International Money and Finance, 2016, 69: 205 – 223.

[214] Maksimovic V, Phillips G, Yang L. Private and public merger waves [J]. The Journal of Finance, 2013, 68 (5): 2177 – 2217.

[215] Malatesta P H, Thompson R. Government regulation and structural change in the corporate acquisitions market: the impact of the Williams Act [J]. Journal of Financial and Quantitative Analysis, 1993, 28 (3): 363 – 379.

[216] Malkiel B G, Fama E F. Efficient capital markets: a review of theory and empirical work [J]. The Journal of Finance, 1970, 25 (2): 383 – 417.

[217] Malmendier U, Tate G. Who makes acquisitions? CEO overconfidence and the market's reaction [J]. Journal of Financial Economics, 2008, 89 (1): 20 – 43.

[218] Manso G. Motivating innovation [J]. The Journal of Finance, 2011, 66 (5): 1823 – 1860.

[219] Manso G, Balsmeier B, Fleming L. Heterogeneous innovation over the business cycle [J]. Working Paper, 2017.

[220] Matsusaka J G. Did tough antitrust enforcement cause the diversification of American corporations? [J]. Journal of Financial and Quantitative Analysis, 1996, 31 (2): 283 – 294.

[221] Maury B, Pajuste A. Multiple large shareholders and firm value [J]. Journal of Banking & Finance, 2005, 29 (7): 1813 – 1834.

[222] Mccahery J A, Vermeulen E P. The case against reform of the Takeover Bids Directive [J]. European Business Law Review, 2011, 22 (5): 541 – 557.

[223] Mcconnell J J, Servaes H. Equity ownership and the two

faces of debt [J]. Journal of Financial Economics, 1995, 39 (1): 131 - 157.

[224] Mclean R D, Zhang T, Zhao M. Why does the law matter? Investor protection and its effects on investment, finance, and growth [J]. The Journal of Finance, 2012, 67 (1): 313 - 350.

[225] Meyer K E, Estrin S, Bhaumik S K. Institutions, resources, and entry strategies in emerging economies [J]. Strategic Management Journal, 2009, 30 (1): 61 - 80.

[226] Mitton T. Stock market liberalization and operating performance at the firm level [J]. Journal of Financial Economics, 2006, 81 (3): 625 - 647.

[227] Modigliani F, Miller M H. The cost of capital, corporation finance and the theory of investment [J]. The American, 1958, 1: 3.

[228] Moeller S B, Schlingemann F P. Global diversification and bidder gains: a comparison between cross-border and domestic acquisitions [J]. Journal of Banking & Finance, 2005, 29 (3): 533 - 564.

[229] Morck R, Shleifer A, Vishny R W. Management ownership and market valuation: an empirical analysis [J]. Journal of Financial Economics, 1988, 20: 293 - 315.

[230] Morck R, Shleifer A, Vishny R W. Do managerial objectives drive bad acquisitions? [J]. The Journal of Finance, 1990, 45 (1): 31 - 48.

[231] Morck R, Nakamura M. Banks and corporate control in Japan [J]. The Journal of Finance, 1999, 54 (1): 319 - 339.

[232] Moshirian F, Tian X, Zhang B. Stock market liberalization and innovation [J]. Journal of Financial Economics, 2021, 139 (3): 985 - 1014.

[233] Muehlfeld K, Rao Sahib P, Van Witteloostuijn A. A contex-

tual theory of organizational learning from failures and successes: a study of acquisition completion in the global newspaper industry, 1981 – 2008 [J]. Strategic Management Journal, 2012, 33 (8): 938 –964.

[234] Myers S C, Majluf N S. Corporate financing and investment decisions when firms have information that investors do not have [J]. Journal of financial economics, 1984, 13 (2): 187 –221.

[235] Naceur S B, Ghazouani S, Omran M. Does stock market liberalization spur financial and economic development in the MENA region? [J]. Journal of Comparative Economics, 2008, 36 (4): 673 –693.

[236] Nadolska A, Barkema H G. Good learners: how top management teams affect the success and frequency of acquisitions [J]. Strategic Management Journal, 2014, 35 (10): 1483 –1507.

[237] Nain A, Yao T. Mutual fund skill and the performance of corporate acquirers [J]. Journal of Financial Economics, 2013, 110 (2): 437 –456.

[238] Noy I, Vu T B. Capital account liberalization and foreign direct investment [J]. The North American Journal of Economics and Finance, 2007, 18 (2): 175 –194.

[239] Palia D. The managerial, regulatory, and financial determinants of bank merger premiums [J]. The Journal of Industrial Economics, 1993: 91 –102.

[240] Pan X, Tian G G. Political connections and corporate investments: evidence from the recent anti-corruption campaign in China [J]. Journal of Banking & Finance, 2017.

[241] Peng M W. Making M&A fly in China [J]. Harvard Business Review, 2006, 84 (3): 26 –27.

[242] Poncet S. A fragmented China: Measure and determinants of Chinese domestic market disintegration [J]. Review of International Economics, 2005, 13 (3): 409 –430.

［243］ Porter M E. Capital disadvantage: America's failing capital investment system. ［J］. Harvard Business Review, 1992, 70 (5): 65 - 82.

［244］ Pound J. Proxy voting and the SEC: Investor protection versus market efficiency ［J］. Journal of Financial Economics, 1991, 29 (2): 241 - 285.

［245］ Qi J. The threat of shareholder intervention and firm innovation ［J］. New York Law Journal, 2009.

［246］ Quinn D P, Toyoda A M. Does capital account liberalization lead to growth? ［J］. The Review of Financial Studies, 2008, 21 (3): 1403 - 1449.

［247］ Richardson S. Over-investment of free cash flow ［J］. Review of Accounting Studies, 2006, 11 (2 - 3): 159 - 189.

［248］ Roll R. The hubris hypothesis of corporate takeovers ［J］. Journal of Business, 1986: 197 - 216.

［249］ Rossi S, Volpin P F. Cross - Country determinants of mergers and acquisitions. ［J］. Journal of Financial Economics, 2004, 74 (2): 277 - 304.

［250］ Sapra H, A. Subramanian, Subramanian K V. Corporate governance and innovation: theory and evidence ［J］. Journal of Financial and Quantitative Analysis, 2014, 49 (4): 957 - 1003.

［251］ Savor P G, Lu Q. Do stock mergers create value for acquirers? ［J］. The Journal of Finance, 2009, 64 (3): 1061 - 1097.

［252］ Schilling M A, Steensma H K. Disentangling the theories of firm boundaries: a path model and empirical test ［J］. Organization Science, 2002, 13 (4): 387 - 401.

［253］ Schwert G W. Hostility in takeovers: in the eyes of the beholder? ［J］. The Journal of Finance, 2000, 55 (6): 2599 - 2640.

［254］ Semmler W, Young B. Lost in temptation of risk: financial market liberalization, financial market meltdown and regulatory reforms [J]. Comparative European Politics, 2010, 8 (3): 327 –353.

[255] Serdar D I, Erel I. Economic nationalism in mergers and acquisitions [J]. The Journal of Finance, 2013, 68 (6): 2471 –2514.

[256] Servaes H. Tobin's Q and the gains from takeovers [J]. The Journal of Finance, 1991, 46 (1): 409 –419.

[257] Shi W S, Sun S L, Yan D. Institutional fragility and outward foreign direct investment from China [J]. Journal of International Business Studies, 2017, 48 (4): 452 –476.

[258] Shleifer A, Vishny R W. Management entrenchment: the case of manager-specific investments [J]. Journal of Financial Economics, 1989, 25 (1): 123 –139.

[259] Sleptsov A, Anand J, Vasudeva G. Relational configurations with information intermediaries: the effect of firm-investment bank ties on expected acquisition performance [J]. Strategic Management Journal, 2013, 34 (8): 957 –977.

[260] Solow R M. Technical change and the aggregate production function [J]. The review of Economics and Statistics, 1957: 312 –320.

[261] Stein J C. Agency, information and corporate investment [A]. Handbook of the Economics of Finance [C], 2003.

[262] Stettner U, Lavie D. Ambidexterity under scrutiny: exploration and exploitation via internal organization, alliances, and acquisitions [J]. Strategic Management Journal, 2014, 35 (13): 1903 –1929.

[263] Stigler G J. The economies of scale [J]. The Journal of Law and Economics, 1958, 1: 54 –71.

[264] Stiglitz J E. Risk and global economic architecture: why full financial integration may be undesirable [J]. American Economic Review, 2010, 100 (2): 388 –392.

[265] Stiglitz J E. Capital market liberalization, economic growth,

and instability [J]. World development, 2000, 28 (6): 1075 - 1086.

[266] Stulz R M. Golbalization, corporate finance, and the cost of capital [J]. Journal of Applied Corporate Finance, 1999, 12 (3): 8 - 25.

[267] Stulz R M. The limits of financial globalization [J]. The Journal of Finance, 2005, 60 (4): 1595 - 1638.

[268] Stulz R. Managerial discretion and optimal financing policies [J]. Journal of Financial Economics, 1990, 26 (1): 3 - 27.

[269] Sun S L, Peng M W, Ren B. A comparative ownership advantage framework for cross-border M&As: the rise of Chinese and Indian MNEs [J]. Journal of World Business, 2012, 47 (1): 4 - 16.

[270] Thomsen S, Pedersen T. Ownership structure and economic performance in the largest European companies [J]. Strategic Management Journal, 2000, 21 (6): 689 - 705.

[271] Thornton P H. Personal versus market logics of control: a historically contingent theory of the risk of acquisition [J]. Organization Science, 2001, 12 (3): 294 - 311.

[272] Travlos N G. Corporate takeover bids, methods of payment, and bidding firms' stock returns [J]. The Journal of Finance, 1987, 42 (4): 943 - 963.

[273] Umutlu M, Akdeniz L, Altay-Salih A. The degree of financial liberalization and aggregated stock-return volatility in emerging markets [J]. Journal of Banking & Finance, 2010, 34 (3): 509 - 521.

[274] Uysal V B. Deviation from the target capital structure and acquisition choices [J]. Journal of Financial Economics, 2011, 102 (3): 602 - 620.

[275] Vijh A M, Yang K. Are small firms less vulnerable to overpriced stock offers? [J]. Journal of Financial Economics, 2013, 110 (1): 61 - 86.

[276] Vithessonthi C, Tongurai J. The impact of capital account liberalization measures [J]. Journal of International Financial Markets, Institutions and Money, 2012, 22 (1): 16 –34.

[277] Wahal S, Mcconnell J J. Do institutional investors exacerbate managerial myopia? [J]. Journal of Corporate Finance, 2000, 6 (3): 307 –329.

[278] Wansley J W, Lane W R, Yang H C. Gains to bidder firms in cash and securities transactions [J]. Financial Review, 1987, 22 (4): 403 –414.

[279] Whalley J, Xian X. China's FDI and non-FDI economies and the sustainability of future high Chinese growth [J]. China Economic Review, 2010, 21 (1): 123 –135.

[280] Wright P, Kroll M, Lado A. The structure of ownership and corporate acquisition strategies [J]. Strategic Management Journal, 2002, 23 (1): 41 –53.

[281] Xia L, Fang Y. Government control, institutional environment and firm value: evidence from the Chinese securities market [J]. Economic Research Journal, 2005, 5: 40 –51.

[282] Xin X, Whalley J. China's FDI and Non-FDI Economies and the sustainability of future high Chinese growth [M]: National Bureau of Economic Research, 2006.

[283] Yang H, Lin Z, Lin Y. A multilevel framework of firm boundaries: firm characteristics, dyadic differences, and network attributes [J]. Strategic Management Journal, 2010, 31 (3): 237 –261.

[284] Yang Y Y, Yi M H. Does financial development cause economic growth? implication for policy in Korea [J]. Journal of Policy Modeling, 2008, 30 (5): 827 –840.

[285] Zhang W, Mauck N. Government-affiliation, bilateral political relations and cross-border mergers: evidence from China [J]. Pa-

cific-Basin Finance Journal, 2018, 51: 220 –250.

[286] Zhu H, Zhu Q. Mergers and acquisitions by Chinese firms: a review and comparison with other mergers and acquisitions research in the leading journals [J]. Asia Pacific Journal of Management, 2016, 33 (4): 1107 –1149.